新闻学与传播学经典译丛·大师系列

展江　何道宽　主编

加图来信
Cato's Letters
中文版

[英]约翰·特伦查德(John Trenchard)　著
[英]托马斯·戈登(Thomas Gordon)
贺文发　译

中国传媒大学出版社
·北京·

约翰·特伦查德(John Trenchard,1662—1723),作家、律师、议员、自由共和主义者。特伦查德出身富有,一生大量时间投入到政论文写作当中。他极力支持辉格党,强烈反对高教会派(High Church Party,英国基督教圣公会中的一派,要求维持教会的较高权威地位,主张在教义、礼仪和规章上大量保持天主教的传统)。1697年出版《论常备军与自由政府的不相容》。1698年出版《英格兰常备军简史》。1709年出版《迷信的自然发展史》。1720年与托马斯·戈登创办《独立辉格党人》期刊。1720—1723年与托马斯·戈登以书信体的格式假托古代罗马共和派的领头羊"加图"之名先后在《伦敦新闻报》与《不列颠新闻报》上发表了144篇通信文集,1724年结集成四卷本《加图来信》,至1755年已印刷出版6个版次,其影响力可见一斑。

托马斯·戈登(Thomas Gordon,1691—1750),作家、自由共和主义者,特伦查德的私人文书助手。与特伦查德联手撰写的《加图来信》成为当时英国自由共和主义思想传统的奠基石,为当时强烈反对英国"宫廷党"(Court Party)的"在野党"(Country Party)思想观念的成型打下基础,也为当时英国共和主义思想的成型与发展起到了极其重要的启蒙与推动作用。《加图来信》虽在英国出版,但对日后美国的影响力却要远远大于英国。据相关资料统计,美国革命前十三个殖民地有一多半的私人图书馆都藏有《加图来信》文集。戈登1728年出版2卷本《塔西佗》英译版。1744年出版《萨鲁斯特文集》,并翻译出版西塞罗《反对喀提林的四篇演讲集》。1747年出版《论政府文集》。大英博物馆藏有其未完成的手稿《英格兰历史》。

贺文发,国际新闻学专业博士,中国传媒大学副教授,纽约州立大学访问学者,硕士生导师。代表作品有:《言论表达与新闻出版的宪政历程——美国最高法院司法判例研究》(2015),《为什么民主需要不可爱的新闻界》(2010)。

总　序

新闻与大众传播事业在现当代与日俱增的影响与地位，呼唤着新闻学与传播学学术研究的相应发展和跟进。而知识的传承，学术的繁荣，思想的进步，首先需要的是丰富的思想材料的积累。

"新闻学与传播学经典译丛·大师系列"的创设，立意在接续前辈学人传译外国新闻学与传播学经典的事业，以一定的规模为我们的学术与思想界以及业界精英人士理解和借鉴新闻学与传播学在西方方兴未艾之际的精华，提供基本的养料，便于站在前人的肩膀上作进一步的探究，以免长期在黑暗中自行低效摸索。

将近十年前，在何道宽教授与我的发起和主持下，在司马兰女士的大力支持下，"新闻与传播学译丛·大师经典系列"开始启动，至今已推出十来种名著的中译本，在学界也较有影响。这首先是何道宽教授的贡献，作为英语科班出身、口译笔译俱佳的高手，依然投身于传播学经典的引进；退休后更是一发不可收，每天清晨起床开始工作，每年推出好几本译著，而且专攻技术学派（何老师称之为"环境学派"），不但包办了哈罗德·伊尼斯、马歇尔·麦克卢汉著作的所有中译本，而且还延伸到保罗·莱文森等当代名家。

记得何老师说过，他热爱传播学学术翻译到了这样的程度："不给我钱（稿费）我也愿意翻译。"我当时就感慨，新闻传播学界要是多有一些像何老师这样外语水平高、热衷翻译的专才就好了。可是在目前的学术考核著作下，译著辛苦和稿费低暂且不提，在多数学校还是不被承认科研工作量的。这就妨碍了许多为教学科研和生活所累的年轻学人接续这一事业，尽管也出现了像刘海龙这样的优秀青年译者。

好在随着新闻传播学的发展，越来越多的学人意识到了我九年多前说的两个80%：新闻学与传播学是舶来品，80%的学术和思想资源不在中国；而日见人多势众的研究队伍将80%以上的精力投放到虽在快速发展，但是仍处在"初级阶段"的国内新闻与大众传播事业的研究上。这两个80%倒置的现实，导致了学术资源配置的严重失衡和学术研究的肤浅化、泡沫化；专业和学术著作的翻译虽然在近几年渐成气候，但是其水准、规模和系统性不足以摆脱"后天失调"的尴尬。

如果说当年启动时，我们深感百余年前梁启超呼吁"国家欲自强，以多译西书为本；学子欲自立，以多读西书为功"对于当代新闻传播学的意义，如果说任公所言西学著述"今之所译，直九牛之一毛耳"的巨大落差，如果说新闻学与传播学相关典籍的译介比其他学科还要滞后许多，以至于我们的学人们对这些经典知之甚少，眼界相当狭窄，那么这种状况已经有所改观。如今的新闻传播学，虽然仍属小学科，但是近十年出版的图书数量猛增，其中译著的大量问世是最为引人瞩目的现象。

这些新闻传播学译著可能并非本本经典，事实上也出现了些许重复翻译。一些译本的翻译质量存在问题，译校也比较粗糙。但是总体而言，它们对于学术的推动和学科地位的提升功不可没，尤其是比较媒介理论、传播研究方法类译著，直接烘托了和滋润了年轻学子，令他们的研究水准迅速提升。回想十年前，尽管几乎所有新闻传播专业学生言必称传播学"四大奠基人"或"四大先驱"，可是当时他们的传播学译著一本也没有被翻译成中文。

本译丛将奉献新闻学与传播学大师的经典之作，如哈罗德·拉斯韦尔、埃尔·塔尔德、哈罗德·伊尼斯、麦克卢汉、库尔特·卢因、卡尔·霍夫兰等人的佳作。大部分名著是新近翻译出版的，部分名著是中文版的修订本，还另附英文全文，以便读者查阅。"译事之艰辛，惟事者知之。"从事这种恢弘迫切而又繁难备至的工作，需要好几代人做出不懈努力，幸赖同道和出版者大力扶持。我们自知学有不逮，力不从心，因此热忱欢迎中青年学人加入译者队伍，我们也将虚心聆听各界读者提出的批评和建议。

展　江
2012年11月20日

目 录

译序一:千秋罗马共和情　万古凯撒加图恨　/ 1
译序二:一座伟大而荣耀的桥梁——衔接上古今世横跨新旧大陆的
　　　　《加图来信》　/ 49

11. 一些恶极之罪虽没有违背国家现存之法律,但对其严惩的必要性与正义性　/ 1

　　　　阁下,人民的利益与安全是法律的终极体现,也是普天下政府存在之原因与服务乃至捍卫之永恒目标。对此,任何法规律令,包括风俗习惯与立法机构都不得改变更不得废除,任岁月流逝都不得抹去和隐藏这一自然法之内核与人民缔结政府之要义。人们缔约结成政治社会的唯一目的是求得共同保护和防御。故此,若任何权力的行使与此一目标相龃龉则背离政府存在之正义而堕落为对人民权益之侵犯、霸占和篡夺。

12. 论成文法中缺失的叛逆罪,以及立法机关对于叛逆罪的宣判权　/ 8

　　　　不同就在这里——其他国家的叛逆罪指的是企图消灭国王本人,或是把他废黜拉下帝王的宝座;而英格兰的叛逆罪则从对此一人的叛逆延伸至企图颠覆破坏议会或人民的种种权利和特权。……因此,议会生来最为主要的事务一直就是传唤那些滥用皇家主人的信任,为他的人民所蔑视、所不屑、所不齿的人来过堂做述职报告。正是借助于这种制度安排,从而挫其官家威权,使其时时感觉如坐针毡,无时不觉身为官家,其人身之风险。

13. 借助于花言巧语误导人民的艺术　/ 14

国与国之间的不同更多是由于不同国家政治制度的优劣不同所致——一种政治制度可能会使得常识成为危险,探索变成罪犯,由此鞭打恐吓人们的求索精神,叱责阻碍人们美德的迸发;而另一种政治制度却推动人们改进智识理解,鼓励发现真理,培养人们热爱自由和热爱祖国的美德。……现世的幸福是政府得以存在的全部意义和目的,因此,随着幸福的增加或减少,人民也总是会变得快乐或愤怒。这是一条放之四海而皆准的普适规律。

14. 与依法治国的幸福明君相比,专制暴君无疑是痛苦的;而且由于后者滥用人民之委托信任,可能会丢掉头上的皇冠　/ 21

除了限制国王做出对其臣民,并因之对其本人,有害的事情外,对国王再无任何束缚。人民的利益一直以来一以贯之:只要宪法各部门得以稳定连续运行,人民从来没有任何动机拒绝效忠皇室。……任何君主立宪制下的国王应当对他的国家做出公开宣言:他头上的皇冠出于国家的法律;他手中的全部权力也是通过这些法律所授予;他非常清楚,对于他所发誓遵守的那些法律的维护以及人民的福祉是他享受皇家尊贵尊严之唯一之顾虑。

15. 论言论自由,兼论与言论自由不可分割之公共自由　/ 27

阁下,若无思想自由,就没有所谓的智慧;若无言论自由,就断无公共自由可言。言论自由权为人人所有,前提是不伤害、不侵犯他人权利,这是人们唯一需要承受的制约,唯一需要谨记的界限。言论自由与财产安全紧密相连,是对自由政府而言至关重要的神圣权利。不幸之国家,人民无言论之权,何况其他权利?人民叛徒视民众舆论如洪水猛兽,任何人想要推翻国家自由,必然从限制言论自由开始。……若无加图,自由将情何以堪?若无自由何来加图。

16. 政党领袖们的通识——为政党不再被引入歧途而给出的建议　/ 34

人民的利益即公共的利益,两者本质上是一样的。不论背叛者得到了什么,人民总是要相应地失去一部分。若不毁灭布鲁图斯,暴政不可能得以建立;同样,只有除掉布鲁图斯的儿子们,自由政府也才能得以保有。因此我们要拿出处理天下事的决心,彰显大不列颠的国家精神,不负自由人民的自由之心。……人们应摒弃前嫌,共同把愤怒的矛头指向党派斗争和党棍头目们的钩心斗角;我们要以身作则,不遗余力地惩罚叛国逆贼,声讨全民公敌。

17. 无良大臣们在狗急跳墙时会采取何等手段来戕害国家 / 39

用正当的名声掩盖自己叛国罪行的做法向来是背叛者的一贯行径,他们用糖衣炮弹将其包裹,让自己成为大众的宠儿,人们一方面厌恶他们的行径,另一方面又在助纣为虐。……他们掠夺人民,富裕自己,因为他们深知财富和权力总能吸引来一批谄媚的依附者。……他们会通过战争达到自己的目的,也会出于别的动机而达成和解,他们眼中全无公众利益。……他们建立党派扩充党派,并把他们玩弄于股掌之间,让他们互相敌视,从而达到对双方进行控制的目的。他们会施行一切可行的镇压手段,最后剥夺人民的自由与特权,而他们自己却以国家法律的名义天生享有特权。

18. 论公共腐败对国家的潜在危害——以罗马为鉴 / 44

罗马,是英雄的摇篮、诸国的统领、帝国的荣耀,是美德与知识的源泉、标准和模范,也是人类一切值得赞扬的价值所在,但在衰败之后,很快就落入了腐败和沦丧的万丈深渊。……纵欲享乐取代了节欲自制,慵懒懈怠代替了兢兢业业,自私自利泯灭了对自由的热爱,奢侈傲慢成了新时尚。……腐败就是亡国的原因所在。人性是不变的,行为方式也大同小异,当我们了解人们在一千年前在某一环境下做了什么之后,我们就能知道在一千年后在同一环境下人能做出什么。这就是所谓的经验,也是最可靠的智慧。

19. 对某些人而言,人民喜爱和厌恶的力量——这种力量一旦爆发何其强大,一旦爆发影响深远 / 49

对于明辨的百姓而言,只有善良正直的君王和政府才能赢得敬重、威望与归顺。他们必须亲眼目睹政府所表达的施政方针和颁布的施政方案不仅诚实可信,而且以公众之福祉和百姓之昌盛为唯一依归。君王如此待民自然会免于百姓愤懑抱怨离心离德之危险,亦不必担忧邻国强大之威胁;他忠诚的子民便是其忠诚侍卫,因为捍卫政府就是保卫自我。百姓时刻准备响应君王的召唤去摧毁那些企图反对或削弱其公正权威的敌对势力。

20. 以显著实例论社会正义对国泰民安的必要性及忽视社会正义对英国的危害 / 54

御降人以柔,制强梁以威,刚柔并济,赏罚分明,保护无辜清白之好人,惩戒压迫人民之叛逆是政府治国理政之关键,亦是人们结成社群组成社会之主要目的。……备受敬仰身居高位之士以民众为衣食父母,理应视自己为人民之公仆,视自己为人民之公器,从而为公众谋福利保安全。他们理应时时反省数以千万计的国民同胞拥有与他们同等或许更高的资历以居其位谋其政,而他们自己不过误打误撞中受到命运之神眷顾才得以与公众有今日之不同。当其揽镜自照扪心自问时,理应内省世间再没有什么能比服务于这些衣食父母更为知恩图报,当然也再没有什么其他东西能比为这些恩人施主服务而更为高尚伟大或危险重重。

21. 约翰·凯奇先生的一封来信:斩断肆行无忌的经纪人的脖颈以捍卫自身权利　/ 64

这些经纪人不过是大恶棍之流的皮条客,而那些大恶棍本身也不过是在为更大的恶棍拉皮条而已。因此,如果这一逻辑成立的话,狮子必然会倾尽全力来搭救豺狼。……这些经纪人和其后台老板因邪恶败坏而分得一杯羹,就理应与其同受绞刑之苦。他们疯狂敛财、中饱私囊。如果偷取平民钱财的人就须施以绞刑,那么盗取整个国家财产的人就更应处以绞刑后再大卸八块、五马分尸。

22. 若不受误导,民众的判断力通常是对的,兼论说服奈特先生归国认罪的重要性和可能性　/ 71

若不是外在的欺骗与外在的暴力,人们应该一直处在真理和自由的润泽里。驱走恐怖与暴力,人们便不会沦为奴隶和应声虫;驱走欺诈与骗局,人们便不会上当和抱偏见。……民众深知,凡那些苟利国家生死以,岂因祸福避趋之官员实乃国家之真栋梁贤达。如此,则居庙堂之上者能对生民之喜怒哀乐感同身受。由是,则民众亦会爱憎分明——为民谋利、为民系情之官员总会赢得人民的爱戴和喜悦;反之,那些视民为草芥、与民争利之官僚国贼必会受到人民的诅咒和唾弃。

23. 布鲁图斯致西塞罗的一封令人难以忘怀的信函,兼及对信函的说明性介绍　/ 79

你写给屋大维的这封信使我心如刀绞,不胜哀婉。你的语言措辞和行文风格如此低三下四,奴颜婢膝,字里行间,无处不在清晰地表明您内心的懦弱和舔舐,似乎要向世人宣告——您仍然拥有一个主子。想到您目前这种猥琐尴尬的处境,我不禁惆怅困惑,悲从心来,然而这一切怨不得别人,端是你咎由自取。长太息以掩涕兮,哀罗马共和之多艰。……殊不知兄台之好意却是愈发平添了我的痛苦,为我向屋大维求生不若一死了之。与其哀求跪着生,毋宁挺胸站着死。

24. 论民众的诚实本性及他们的合理诉求，兼谈政府顾及民众喜好与利益之重要性 / 92

　　民众对世间诸多事务通常可以做出大致无误之良好判断。他们与那些地位或级别更高一级的贵族在天赋的才能资格上大略相当；很多情况下，高手在民间，那些挥汗于地头田间，行走于乡间巷陌的人往往比那些着长衫、罩素袍的人更能洞察纷繁世相，明了本质真相。世间本不存在如圣人般之全能之人来治国理政，若有也是骗子。他们精心包装自我，向世人吹嘘自己拥有本没有的天分和智慧。鉴古知今，更让我们相信——若能怀有袒露情感之忠厚意，做到鉴别常识之坦诚心，就治国理政而言已足矣。

25. 论专制强权的破坏性与毁灭性，兼论自由之益处，及我国宪法 / 98

　　人民的利益当是政府存在的唯一目的。那些让人民过上幸福快乐日子的政府一定是最伟大和最出色的政府；反之，让人民感觉猥琐下贱，水深火热乃至走上邪恶之路的政府一定是最糟糕的政府。……权力就像火一样。若权力得以约束和监管，则权力之火能给人类带来温暖；若权力受到挑衅，则权力之火能给人类带来灼伤；若权力无限扩充，则权力之火会毁灭人类。因此，权力不仅于人类有用而且于人类危险。掌控和运用权力的唯一规则即是人民之利益。……我们的宪法痛恨绝对权力；我们的国王也没有追求绝对权力；自由的人民永远不会容忍也不会屈服于绝对权力。

26. 阿尔格农·西德尼论普遍腐败的恶果 / 109

　　如果人们的举手投足都被腐败所浸润销蚀，则自由无以保存；同理，无论人们多么正心诚意，绝对王权下的君主专制也产生不出自由。……当权力落在卑劣的唯利是图之小人手中，他们就会利用职权以获取和他们的官位相匹配的尽可能多的利益。不仅各种小恩小惠可以通过钱权交易买卖，就连公平和正义也会被明码标价；通过这种方式获取官职的人不可能做到为官一任两袖清风，因为没人肯做赔本生意；他认为自己的权力既然可以花钱买来，就一定可以卖掉把钱再交换回来；他如果最初就不想以腐败的方式来做交易，那么他就不会花钱买官来做。

27. 再论普遍腐败——其对公众之不祥预兆，令美德之人沮丧泄气，凡有腐败温床之地，必有致命创伤之处 / 117

　　凡是那些诱惑人民堕落腐败来获取自身安全的选任官员无一不是葫芦僧乱判葫芦案，疯狂、粗暴、野蛮而无理性。自以为通过强力压制可以使得民众成为顺民,殊不知却把人民缔造成狂野粗俗邪恶缺德之小人。……对于那些把贪腐作为目的的官僚而言,想尽一切手法来贪腐并且嫌恶和憎恨所有不屈服于贪腐的官僚是再自然不过,而且也是必定而为之的。……但凡有贪腐和贿赂的地方,其背后铁定有不可告人之危害与祸根,我以为这是一条可供世上所有国家借鉴和参考的律令规则;贪腐贿赂越多,则危害与祸根越多。

28. 回击诽谤者,为加图辩护　　／125

至于那些可怜的文人记者们,他们的原则就是为钱而活,所谓有奶便是娘。他们诽谤"加图来信",败坏其名声纯属为了养家糊口而非故意伤害,所以这帮人虽可恶但并不值得我们抱怨。他们的职业就是为人豢养供人差遣。教堂的神圣和肃穆并没有因之而减损,因为这些受人差遣的诅咒和辱骂无论怎样高踢脚和高抬腿,但面对教堂伟岸的身躯,无非狂犬吠日而已。因此,可怜的不是加图而正是这些吠日的豢养之犬,我们除了可怜它们也应该对它们抱以轻蔑的无视。

29. 对议会发布调查某些莫须有渎神俱乐部决议的反思　／132

就宗教信仰的调查而言,这至多只是关乎我们私底下的道德与伦理,与那些明火执仗公开劫掠人民财富的流氓政客显然不可同日而语。……凡正义受到尊崇的地方,宗教也必受到虔敬的对待。只有真正的美德才能生发出虔敬的宗教,甚至,美德本身即是宗教。反之,凡对神不虔敬,亵渎上帝的人必定也会滑向贪腐堕落,一旦腐化,则必然会酿下无穷之苦果和罪孽。……与那些掌握着公权公开抢夺和劫掠的政治流氓恶棍相比较,个体民众私底下对宗教的亵渎对人类社会的危害不及十一。全体人类的美满与幸福自然是上帝存在的原因。

30. 一封布鲁图斯致阿提卡斯的美文信函,兼对此信函的解释性介绍／141

西塞罗本质上襟怀坦荡正心诚意,高风亮节正直诚实。……但思前想后踟蹰犹豫间使得他成为可怕如马可·安东尼一样敌手的嫌恶对象。他自忖自己如此行事全是为着共和国的利好;但恰恰相反事与愿违,他这样做,不仅没有如他内心所想达到制衡和约束屋大维之危险权力之目的,反而进一步点燃和提高了屋大维的政治野心和权力欲望。……想想,西塞罗一生叱咤风云,荣耀等身,对罗马共和的奉献更是让人有几多难以忘怀。可是转眼间,西塞罗竟然晚节不保,把一生所追随与坚守的东西弃置脑后,令人何其羞耻又何其痛心,真所谓一失足成千古恨呐!……就我本人而言,只要我一息尚存,我必与安东尼势不两立;换言之,我之要战斗的对象就是所有那些把人抬高到超越法律的极权与专制;因此,不论条件多么优越多么诱人,只要其中含有奴役的成分,都甭想诱惑我偏离这伟大而高贵的生活理想与德行节操。

31. 关于人性弱点与矛盾的几点思考　／151

研究表明人性当中具有一种向罪恶狂热屈服的特质,即便是基督教也无法平息人类无休无止的罪恶欲望。而欲望常常驱使人们走向罪恶与暴力,这种欲望更是与《圣经·新约》福音书对我们的律令——你们愿意人怎样待你们,你们也要怎样待人——南辕北辙格格不入。……因此,真相就是我们不得不接受这样一个令人忧郁而伤感的事实,即人类律法并不能把人的双手捆绑起来从而远离邪恶,宗教也几近无能为力。我们抵抗暴力最确定的保证就是法律的保证。因此,法律的制定有一个根本假设即所有人本性为恶,而拥有美德最确定的标志就是遵守那些富有美德正义的法律条文。……人性所有情感之中最强烈的当属自爱,这也是所有其他情感之源;或者毋宁说人类所有不同的情感无非是自爱的多种表现形式或模式的多种名称或称呼而已。

32. 对诽谤的反思　／159

故此,曝光与公开那些危害公共利益的邪恶与犯罪就其本质而言永远都不能被看做是诽谤,因为这种曝光与公开是每一位追求真理和热爱自己祖国的人应该肩负的一种义务和责任。……对国家来说,恶言中伤会造成巨大伤害,而有根据的指控则大有裨益。……只要政府官员个体私人的恶习和缺陷与公共管理无涉时,我们就不应当给予干预;但是,当政府官员的恶习和缺陷一旦影响到政府的公共管理事务时,那么就不可能堵住人民的嘴巴。……只要世上还存在如写作和印刷这种东西,就会有诽谤发生;这实际上就好比白璧微瑕。而认为新闻会带来灾难而要将之封锁的人们应注意到,太阳会导致火灾,尼罗河水也会泛滥;所以,若要享受上帝给人类的总体安排和祝福,就应当忍受这当中特定的些微不便,岂能因为火灾和水患而拒水火于千里之外。

33. 千万警惕权力滥用的本性　／167

若人拥有了至高无上的权力,那么要让他受太多的约束和限制近乎是不可能的。因之一定要对权力的行使提高警惕。……当野心给人民造成的伤害与残暴的后果一样巨大,那么野心并不比残暴强多少。……权力就其本质而言具有积极主动性、令人警惕性与不可信任性。由于这三种本质特性使然,权力会采用各种手段和方法来固化和强化权力本身,来破坏和消灭一切反对权力的因素,哪怕是萌芽中的反对因素,而且只要有任何约束权力的因素存在,都会让权力感觉焦躁不安。……而今,因为人民的自由可以惩罚权力也可以约束权力,所以权力必欲清除自由而后快。……在大多数情况下,没有自由的地方,权力可以生存,而没有权力的地方,自由却不能存活。……因之,自由的敌人就在一门之隔。……不受控制的权力仅仅和上帝有关;除了上帝,世间再无一人有资格拥有如此之权力,因为肉身凡胎不相匹配。

译后记 / 175

译序一

千秋罗马共和情　万古凯撒加图恨

　　"独立宣言"点燃了美国脱离英国的独立革命。独立宣言开篇所谓"我们认为下面这些真理是不言而喻的(We hold these truths to be self-evident)",这里"不言而喻"即由古希腊哲学思想启蒙,由古罗马政治实践所生发出的自然法公理。西塞罗的《论共和国》与《法律篇》或许是自然法最早也是最成熟的理论阐述之一。质言之,自然法认为凡是正义的法律必然符合自然、顺应自然。因之,正义的法律等于永恒的神的智慧。任何人,包括国王在内,都当遵守自然法。凡是不遵守自然法的人就是对其自身人性的否认,因为自然法某种程度即是将自然理性注入人心的道德法。反之,不正义的法律,不管是谁制定的,则不属于自然法或道德法。简言之,即恶法非法。可以说没有自然法思想就不会有美国革命与日后支撑美国建国的"联邦宪法"和"权利法案"的出笼。①

独立革命胜利后的费城制宪会议上,联邦党和反联邦党围绕宪法

---

① 罗马法的复兴不仅使得西欧民族与主权国家战胜罗马基督教世界,而且帮助构建了现代国家的政治秩序。然而,民族国家一旦站稳了脚跟,罗马法的使命也就结束了。随即国家法(实在法、成文法)代替了罗马法(自然法、道德法);民法学家也随之取代了罗马法学家。法学也终于摆脱了19世纪之前受哲学、政治学、宗教与伦理学的控制,成为一门独立的科学。18世纪后半期,西方主要资产阶级革命完成后,继之,资产阶级民族主权国家在整个19世纪的立法工作也基本完成。19世纪之前,法律理论实质上是哲学、宗教、伦理学或者政治学的副产品,伟大的法律思想家主要是哲学家、教士或者政治家。然而经资产阶级国家的立法运动之后,"曾经作为超国家的普遍秩序的罗马法消失了,代之以国家的领土疆界作为有效范围的国家法;多元的法律渊源消失了,代之以成文法作为唯一的法律渊源;作为普遍道德体现的自然法不见了,代之以主权者颁布的以国家暴力作为后盾的实在法,曾经为天地立法的罗马法学家也不见了,代之以讲授民法典的民法学教授。12世纪类似于柏拉图雅典学院智慧家园的法学院变成了19世纪的培养社会治国者摇篮的法学院,技术取代智慧,对法律的操纵取代了对法律的信仰。12世纪对历史上罗马法注释的法学家变成了19世纪对法国民法典和德国民法典注释的概念法学家"。在此背景下,法律即主权者的命令(主权理论);法律以国家的强制制裁为基础(强制理论);以及法律(实然)与道德(应然)相分离(换言之,即法律就是法,哪怕是恶法)构成了法律实证主义(分析实证法学)的三角命题。尽管第二次世界大战期间的纳粹帝国已经使得法律实证主义前面的两项命题大打折扣,但如果说在以民族国家为主体背景的20世纪,在不能找到更好的替代方案之前,前面两项命题还不得不被大家所接受的话,那么其第三项命题则引发了"自然法论"的强烈反对。见强世功.法律的现代性剧场:哈特与富勒论战[M].北京:法律出版社,2006:15-25.纵观人类文明史,革命时代的人们莫不求诸自然法的光辉思想:从"王侯将相,宁有种乎!"的秦末革命至"天下为公"的辛亥革命;从罗马共和的开篇"任何试图自立为王的人,人人可得而诛之而不受审判"至美国《独立宣言》之"不言而喻"之公理,古中外之革命史就是高举"自然法"旗帜发动革命的一个长注脚。然而,革命一旦完成"诛暴君"的任务后,革命的领导阶级通常又从激进转而回归保守,按照政治学的术语即原先的在野党和革命党摇身变成了执政党和保守党。中国两千多年帝王专制一家一姓之王朝更替治乱循环莫不如是,西方虽然由于中世纪的千年宗教政治打断了罗马帝国的王朝进程,但文艺复兴与启蒙运动以来的资产阶级革命亦遵循此一规律。终其了,这实在是人性当中的"自爱"(self-love)与"自利"(self-interest)在作祟作怪。由此出发,承认"自爱""自利""我执""心执"则为"现实""现世""俗世",反之,宣扬"他爱""他利""仁爱"乃至"无我""无为"则为"理想""来世""圣世""大道""自然",后者不正是世界几大宗教念兹在兹之"黄金律"与"千千结"吗?而且后者存在之意义不也正是以此"仁""爱""空""苦"等对前者之"歧路"之"邪路"之"恶路"时时刻刻之"耳提面命"与"余音绕梁"之警醒、匡扶、修正乃至补救吗?

的底色展开大讨论,虽然双方互有妥协和让步,但最终宪法反映更多的是联邦党人的意志,为应对独立革命,以"邦联"名义联合起来的十三个州最终得以"联邦"。当然,作为补偿,反复强调州权自主自治的反联邦党人所提议的"权利法案"随后也顺利通过。两党围绕制宪会议发表在报刊上的系列辩论报章,最终以《联邦党人文集》和《反联邦党人文集》结集出版。前者假借"普布利乌斯"为笔名,后者则假托"布鲁图斯"与"加图"为笔名。普布利乌斯是罗马共和国首任执政官。而加图和布鲁图斯则是罗马共和末期坚决捍卫共和的勇士,前者是凯撒的死敌,虽九死而不悔,后者是刺杀凯撒的主力。可见,美国自立国之初虽有争议,但无论"宪法"抑或"权利法案",其底色都是"共和"而非"民主",抑或至少是"民主的共和"而非"共和的民主",甚或更为确切的表述应该为"民主的架构,共和的灵魂"。至此,古代罗马共和甚或共和帝国的香火在新大陆后继有人,是所谓"千秋罗马共和情",所谓"新罗马共和帝国"的美利坚共和帝国。①

应该说1860年代的"内战"使得民主在美国政治生活中有了极大的推进,但依然不能占据主流。可以说单就美国而言,一直到了20世纪开局,民主才在其政治生活中渐次成为影响元素,至1960年代终至于开花结果。换言之,自古代罗马共和国始,一直到20世纪前,主导西方政治与自由哲学的都属于共和体制和共和思想。而民主很大程

---

① 英国"光荣革命"所延续的对"大宪章"中所彰显的"个人自由、财产权、普通法、王在法下"等条款的遵守以及"光荣革命"本身所确立的"王在议会、议会主权以及代议制政府"等新共和元素当然亦是对罗马共和思想的继承,甚至,美利坚的这些共和思想也是从盎格鲁-撒克逊的英联邦继承而来,但相较美国独立革命及其最终确立的联邦宪政与共和政体而言,英国所确立的君主立宪制就多少显得有些保守。当然,英国的君主立宪制是历史发展的合力,有其合理而理性的成分,故与其说"光荣革命"保守,不若说美国革命更为"光荣",这光荣有建国之父华盛顿的一半光芒。领导美国革命胜利后的华盛顿虽然威望如日中天但执意要解甲归田。他直言,他之革命绝非为了换个国君来替代英王乔治三世。经革命战友的百般挽留后,连续两届总统任期满后,虽然联邦党人与国会山大多数议员极力挽留总统继续就任,但华盛顿去意已决,自愿放弃权力,终至于回归老家弗农山庄园,恢复其平民生活。华盛顿淡泊权力,毅然拒绝"王治"在美利坚的复活,就此而言,是美利坚而非英格兰更恰如其分地肩负起古代罗马共和制的正宗衣钵传人角色。

度上属于一个消极乃至贬义之政治词汇。再换言之,20世纪之前的所谓政治民主基本不能划为"公共民主"(public democracy),更多是"共和民主"(republic democracy)。① 就我国而言,1911年,孙中山先生以"天下为公"的旗帜拉开了中国迄今一百多年来走向共和的帷幕。从1919年我国"五四运动"对"德先生"和"赛先生"的呼吁和呐喊当中,亦可见,20世纪前的中国传统政治生活中少有"共和民主",或至少民主元素在国家政治生活中并不扮演主要角色,而"公共民主"更是鞭长莫及。

自柏拉图以降直至1787年美国宪法会议及至内战前后,"公共民主"政治更多被看作是"平民政治"乃至"暴民政治"。由此,自罗马共和时代起迄至19世纪末,所谓共和民主就只能是少部分人的民主。这少部分人或以公民身份,或以政治身份,或以财富多寡等而享有所谓的自由权利。1776年宣告脱离英国的北美殖民地的"独立宣言"开篇指出:"我们认为下面这些真理是不言而喻的:人人生而平等,造物者赋予他们若干不可剥夺的权利(unalienable Rights),其中包括生命权、自由权和追求幸福的权利。"然而,这里的"人人"在当时至多也只能是那些从旧大陆迁移过来的欧洲移民,而且即便是欧洲移民更多也只是指那些有一定财产的盎格鲁-撒克逊民族的白种男人。

1868年,美国宪法第十四条修正案第一款明确指出:"所有在合众国出生或归化合众国并受其管辖的人,都是合众国的和他们居住州的公民。任何一州,都不得制定或实施限制合众国公民的特权或豁免权

---

① 所谓"公共民主"与"共和民主"是笔者自己搭建的两个概念,简单讲,一个国家和社会中的大多数公民群体成员在政治生活中有享受民主权益的政治制度架构和实际的政治参与实践,则为"公共民主";反之,若仅局限于少部分人,或为贵族,或为传统政治、经济乃至社会的上层精英,则为"共和民主"。17、18世纪直至20世纪上半期,一些西方国家包括政治民主走在前列的英美等国应该说具备第一种条件,即满足理论上的政治制度架构,但究其政治参与实践则差强人意。梁启超在《李鸿章传》中亦是如此描述:抑中国数千年历史,流血之历史也,其人才,杀人之人才也。盖中国自开辟以来,无人民参与国政之例,民为官吏所凌逼,憔悴虐政,无可告诉者,其所以抵抗者,只有两途,小则罢市,大则作乱,败者为寇,成者为王。故数千之史传,实则脓血充塞,以肝脑涂覆,此无可为讳者也。

(privileges or immunities)的任何法律;不经正当法律程序,不得剥夺任何人的生命、自由或财产;在州管辖范围内,也不得拒绝给予任何人以平等法律保护。"至此,至少在理论上,公民权的外延包括进了在美利坚合众国这片土地上各个人种无论黑白等乃至各个民族族裔包括亚非欧等。而所谓的"特权"或"豁免权"无疑首先指的是"公民权",而这一点可以上溯至古代罗马共和国,那时的"公民权"即拥有罗马城邦公民的资格特权。凡拥有"公民权"的罗马人则是自由身,反之,则多为奴隶身。而奴隶生不如死,所谓"不自由,毋宁死!"①奴隶就等于不自由,哪怕其主人有多么仁慈、开明和宽厚。而公民就等于自由,哪怕其生活状态与文明状态不如奴隶。因为奴隶主即便不干涉奴隶,但奴隶受支配的性质没有改变。而公民哪怕处处受到共和国政府和法律的干预,但这种干预根本上不同于受支配。②

因之,近代西方政治文化实践中"自由"与"权利"的源头在于古代罗马共和国的"公民权"及其种种"共和"思想,尤其以罗马法为支撑的制度建构,所谓一脉相承,一以贯之。德国法学家耶林指出"罗马曾三次征服世界:第一次以武力,第二次以宗教,第三次则以法律。而这第三次征服也许是其中最为平和、最为持久的一次"。莫理斯也认为"他们用武力征服全世界并没有像用他们那种伟大法学之不朽的力量那样来得大"③。据此有学者认为,古代罗马留给西方文明的两大遗产——一为文化和宗教瑰宝的《圣经》文本,一为奠定西方法学思想之历史基石的罗马法。罗马共和时代,在种种智力活动中,唯有法律领域让罗马人觉得有资格蔑视希腊人。美国史学家杜兰也有类似观点:没有其他国家能像意大利一样,成为那么久的历史中心——最初是政

---

① 而"罗马公民最可宝贵的特权就是他的身体、财产、权利受法律保护之。他在诉讼之时刻不受刑罚或粗暴,《罗马法》最值得赞美的是它保护个人对抗国家"。反之,"《罗马法》不承认奴隶为人,而称之为不具人格之人"。杜兰.世界文明史:卷三:下册[M].台湾幼狮文化公司,译.北京:东方出版社,1998:480-481.
② 佩迪特.共和主义:一种关于自由与政府的理论[M].刘训练,译.南京:江苏人民出版社,2009:33.
③ 莫理斯.法律发达史[M].王学文,译.北京:中国政法大学出版社,2003:114.

治,其次是宗教,再其次是艺术。自政治家加图(Cato)到艺术家米开朗基罗(Michelangelo),历时1700年,罗马一直是西方的中心。① 撇开宗教不谈,单就政治与罗马法而言,其最为本质的核心即对公民政治权利、选举权利、民主平等与公民权利等自由元素的确认与保护。而叙述罗马共和思想必然要从台伯河边的古代罗马说起。

古代罗马的历史大致可以划分为三个时期。第一个时期即王政时期,约公元前753—公元前509年;第二个时期即罗马共和时期,约公元前509—公元前31年;最后一个时期为罗马帝国时期,约公元前31—至公元476年。罗马真正的伟大和发达正是在其共和时期,而这也正是本文要集中探讨和重点着墨的时空阶段。

两千年来,除了机械和工业时代的物质成就,再无可与罗马媲美之处。著名的英裔美国哲学家怀特海在谈到西方哲学和柏拉图的关系时有一句很值得玩味的话:"两千五百年的西方哲学只不过是柏拉图哲学的一系列脚注而已。"② 就此语言修辞与逻辑辨析,笔者不揣冒昧狗尾续貂:两千年来西方政法哲学、自由民主乃至权利文明亦无不是罗马共和时代之注脚而已,虽渐次有进步,但究其本质而言无出其右者也。"质言之,罗马共和国给西方政治思想留下的最经久的遗产,也许是把对立和竞争作为自由的组成部分和效率政府的催化剂,让他们具有了合法性和可欲性。"③ 与本译文相关的一个重要人物古代罗马共和制末期的加图之所以在近代西方启蒙运动乃至资产阶级革命和立宪时期当中被屡次提及、不断复活,被用来借古喻今、借古鉴今,乃至被雕塑金身、念兹在兹、推上神坛,其逻辑亦在此中,真真妙不可言。

---

① 杜兰.世界文明史:卷三:上册[M].台湾幼狮文化公司,译.北京:东方出版社,1998:6.杜兰还指出"在历史上,罗马代表秩序,就如同希腊之代表自由。希腊留下的民主和哲学,成为个人自由的依据;罗马留下的法律和政绩,则成为社会秩序的基础。如何将这两种不同和极端相反的遗产相互协调,是伟大政治家的责任。"也因此,"西方后世科学和哲学的术语大半来自希腊,而法学术语大半出自拉丁。"(杜兰.世界文明史:卷三:下册[M].台湾幼狮文化公司,译.北京:东方出版社,1998:476.)
② 巴雷特.非理性的人:存在主义哲学研究[M].杨照明,艾平,译.北京:商务印书馆,1995:79.
③ 林托特.罗马共和国政制[M].晏绍祥,译.北京:商务印书馆,2014:299.

诚所谓"千古罗马一加图"矣！① 叙述加图必然离不开凯撒,因为没有凯撒也就无所谓加图。加图存在的意义正在于对凯撒不屈的反对,所谓的"和平共和"对"武力专制"的反对。是所谓"万古凯撒加图恨"。

我们先从头说起。

从古罗马王政到共和时代
(公元前753—公元前509年)

公元前10世纪左右,在今意大利的台伯河附近最早出现了古代罗马原始部落聚居群,经过几百年的部落战争,一说公元前753年罗马城建立(这一年也是古代罗马神话传说即母狼喂养的两兄弟哥哥罗慕路斯杀死弟弟雷穆斯后建立罗马城的时间)。多数西方历史学家认为共和制之前的古罗马历史以传说为主,故不赘述。

罗马城诞生244年后,即公元前509年,奴隶制的罗马王国发生了改制,即从罗马王政改为共和制。而改制的带头人即是罗马共和制的创始人布鲁图斯(Lucius Junius Brutus,罗马史传多认为日后刺杀凯撒的布鲁图斯与共和制的创始人系同一族裔)。改制的原因就是奴隶制的君主制被"高傲者"国王塔奎(Sextus Tarquin)完全搞成残暴的个人专制独裁。② 塔奎本身即是通过谋杀岳父篡夺政权,日后他废除法律,与儿子小塔奎一起实行恐怖统治。布鲁图斯本是国王老塔奎的侄儿,但他的父亲和兄长都被塔奎处死。小塔奎更是有恃无恐,觊觎远房堂兄科拉提努斯(Lucius Tarquinius Collatinus)的妻子卢克雷蒂亚,后强行侮辱了堂嫂。卢克雷蒂亚含恨自尽前召集族人揭发了小塔奎的罪恶。科拉提努斯与布鲁图斯一拍即合,率领民众与军人废黜了国

---

① 罗马共和时期有两个加图彪炳史册,一位老加图,一位小加图,前者为后者的曾祖父辈,本文意指小加图。
② "塔奎"也有译为"泰尔昆"的,可参考杜兰.世界文明史:卷三:上册[M].台湾幼狮文化公司,译.北京:东方出版社,1998:23.也有翻译为"塔克文"的,可参考赞恩.法律的故事[M].于庆生,译.北京:中国法制出版社,2011:154.

王塔奎,宣布成立罗马共和国。①

  自此,共和制的贵族政治代替了君主独裁的王权政治直至凯撒(Gaius Julius Caesar)为止。终身制的国王制被废黜,代之以经过选举的有任期的执政(Consul),通常任期为一年,而且选出的两位执政分享国家最高统帅权且权力平等相互制约,两位执政相互拥有否决权。不经执政官提案,元老院不能通过立法。当然选举执政并非全民公选,而是贵族阶层中遴选出的"百人团会议"(Comitia Centuriata)方有选举执政的权利。② 布鲁图斯与科拉提努斯为第一届的两位执政,但科拉提努斯辞职,代替他的普布利乌斯·瓦勒利乌斯(Publius Valerius)因为促使议会通过了几个名垂千古的法案而获得了"人民之友"(Publicola)的伟大称号。③

  这几个法案迄今仍是"罗马法"的灵魂和基本法:

  1. 任何试图自立为王的人,人人可得而诛之而不受审判。

  2. 任何不经人民同意而企图擅自担任公职者,应处

---

① 罗马史传大多认为这些早期的罗马故事、事件与人物既有部分真实,也有部分杜撰和传说的元素在里面。可参见施纳普,勒布莱特.100 名画:古希腊罗马历史[M].吉晶,高璐,译.桂林:广西师范大学出版社,2007:122.

② 百人团会议是罗马军队与政府的基础。凡选任官员(magistrates)的选拔,对所有官吏或元老院的所提议案的通过或拒绝,听取对选任官员判决之上诉,审判所有罗马市民的死刑案件,及宣战或媾和的决定,都是百人团会议官员大会的事情。然而它的权力又受很多限制,只有在执政或保民官提议召开时始能集会,它所能表决的议案,只以选任官员或元老院提交者为限。它不能讨论或修改议案,只能表决可行与否。执政的权力,虽因为后来渐次添置的副执政(praetor)、督察官(censor)、市政官(aediles)而逊色不少,但在罗马共和时代他们仍是国家元首,会同元老院控制整个帝国,颁布元老院批准的法案;后来到了元首政治时代(The Principate),执政的权责锐减,任期更短(从 1 年缩为 6 个月,甚至 2 个月);到帝国时代,执政真正被架空,成了傀儡,虽位高但无权。

③ 日后围绕美国在费城制宪会议中的大辩论,联邦党人发表在纽约报纸上的系列文章(后结集成册为《联邦党人文集》)多采用"普布利乌斯"的笔名,其用意即出于此位被认为是"人民之友"的罗马首任执政。

死刑。

  3. 任何市民一经选任官员（magistrates）判处死刑或鞭笞罪者，均有权向议会上诉。

  除此之外，普布利乌斯还创下一个惯例，即当执政进入议会时，必须将其手下所持之斧头自束棒取开，以表示服从人民主权，以及平时宣判死刑的唯一权利属于人民。罗马历史上最为著名的传说之一"大义灭亲的布鲁图斯"则是讲述布鲁图斯为捍卫共和制度，亲手把两位儿子送上绞刑架的故事。布鲁图斯的父亲和兄长被自己的叔辈塔奎国王杀害，而自己又亲手把亲生儿子推向刑场，因为儿子与保皇派密谋恢复君主制拥戴废主塔奎复位。①

共和时代争取"公共民主"的萌芽、奋斗与革命斗争（公元前509—公元前264年）

  自公元前509年开始的罗马共和制某种程度上也是一部贵族阶级与平民阶级为争取各自自由、民主与权利而发起的阶级革命斗争史。贵族和平民（或庶民）并非我们今日所想象根据出生的社会地位和受教育的差别等而给出的名称，在罗马共和时代早期无非原住民（即土地上最初的居留民）和后来民（后来从外地迁居而来的居留民）的区别而已。这一点与日后英国的平民与贵族的区分有相似之处。

  古代罗马两个阶级的区分延续了整个共和时代，并且延续到帝国时代才最终消逝。质而言之，虽是共和制度，但毕竟是奴隶社会的贵族共和制度。"正是靠着对底层平民、贫民乃至奴隶的残酷剥削，共和国的一切高贵事务才有了它的基础：无论是公民文化、对自由的热切信念、还是对羞辱和坏名声的恐惧。有了其他人的强迫劳动，公民才有闲暇献身于共和国。没有其他人的所失，就没有一个人的所得。连

---

① 施纳普，勒布莱特.100名画：古希腊罗马历史[M].吉晶，高璐，译.桂林：广西师范大学出版社，2007：124.

最穷的公民也知道,他比待遇最好的奴隶高贵。奴隶们也接受这种逻辑,没有人反对自由与不自由的界限,反对的只是自己在其中的位置。奴隶革命的起义军追求的不是打破奴隶制,而是先前主人的特权。只有斯巴达克斯是为真诚的理想而奋斗,在古代世界的奴隶起义中鹤立鸡群。"①

早期的贵族只是农业贵族,粗茶淡饭,四体要勤,五谷要分,亲历亲为,纺棉织布。贵族阶级由农业领导转变为政治权威,这种贵族统治在罗马维持了5个世纪之久,所有的罗马将军、执政,及一切法律都由他们产生,指代贵族的拉丁文单词Classicus即谓拥有一切的最高阶级。日后西方文明史当中的所谓长老(patres,有当家做主的父权之意)即源于此。贵族之外的骑士与商人组成第二阶层,他们的财富虽然接近贵族,但政治权利低下,共和时代早期的罗马,人民(populus)或公民的概念亦只包括这两个阶层。② 第三个阶层即平民阶层,包括工匠、商人,有些是自由民,大多是农民,这个阶层的人没有政治投票自由,要依赖附庸于上层阶级的保护。最底层则为奴隶。奴隶必须为主

---

① 霍兰.卢比孔河:罗马共和国的胜利与悲剧[M].杨军,译.上海:远东出版社,2006:91.
② 骑士即equites,最初拉丁文中的骑士或骑兵为Cavalrymen,日后英文传统误译为Knights。但是很快,早期罗马共和时代的骑士就失去了原有之意义,而变成了上层的中等阶级,或商人阶级。古代罗马的人民或确切地说公民身份实乃一种具有荣誉性质的特权,所谓"特权"即凡公民即享有依法拷问与监禁的"豁免权"以及"上诉权",后者尤其可从帝国境内的任何官员起,上诉到罗马的"族派会议",或后来的罗马皇帝。拥有"公民权"(civitas)意味着人的"文明化"(civilised),从拉丁文接续到英文当中再到今天一直是这样表述的。职是之故,公民身份人人艳羡,众人争取,但由于奴隶社会的本质使然,也只能限定一小部分团体之内的人拥有此一公民身份的"特权"。然而,有一点需要指出,与这些"特权"俱来的是其必须承担的"义务",尤其是"服兵役"。政治利益与军事责任紧密结合。换言之,即政治投票权与其所缴纳的税额以及所要求的军事义务成正相关比例。质言之,财产越少,则纳税越少,除非紧急状态,服兵役也可有可无。至于财产寥寥的大众贫民阶层,至马略执政前,政府对他们别无要求,只要他们多生孩子即可。在古代罗马,财富的划分是粗线条的,即简单的富人与穷人的区分,没有类似于今天的中产阶级。穷人没有"公民权",也就很难享受到罗马公民所珍视的"共同体特权",他们不参加城市的仪式,不参与社会的律动,自然也在共和国自由的界限之外,在自由公民眼中,他们同野蛮人并无二致。

人工作、服务和效劳,当然如果赚足了钱,也可以赎买自由身份。

有阶级的存在,则必然会激发阶级斗争的仇恨。富有的商人因为被排斥在元老院之外而愤慨;富有的平民则以不能列于商人阶级而不平;贫苦农民则憎恨贫穷,对于因连绵的债务而沦为奴隶更是怨气冲天。公元前494年,平民采取"非暴力不合作"的抗争,移居罗马城外。元老院为了瓦解平民的抗争,不惜以对外战争的名义制造危急状态从而逼迫平民进城"保家卫国",但平民对元老院的军事动员召集令毫不理会。元老院大为震惊,遂密谋采取种种分化瓦解诱惑的谈判乃至宗教之策略,但平民组织依然不为所动。最终代表贵族的元老院妥协和解,平民争取到政治上保护民权的"保民官"(tribunes)的设立。这次平民争取民权的和平起义揭开了罗马共和时代的阶级斗争序幕。并且一直持续到了共和时代的终了。

这次危机之后的第二年,即公元前493年,贵族出身的卡伊乌斯·玛尔西乌斯率队出征,击败罗马的劲敌沃尔西人,声望如日中天。但他从不掩饰自己对平民阶层的蔑视,当他自认为有担任执政的才能与资本时,却不料在选举中铩羽而归。不久之后,他又反对免费发放小麦给贫民,从而获罪流放。对他的流放,贵族阶层自然极力反对,但平民的呼声最终占据上风。为了报复忘恩负义的祖国,他愤而投奔自己的敌人沃尔西人,很快包围罗马城。罗马派代表团前去求情,但他不为所动。最终,他的母亲和妻子乔装改扮来到了沃尔西阵营,动之以情晓之以理,血浓于水的亲情终于让他罢手放过生他养他的故土和家乡。18世纪意大利画家提埃坡罗的油画"罗马城下的科里奥拉努斯"表达的正是这一古代罗马的文明与传说。①

公元前450年,罗马平民举行了第二次"非暴力不合作"的抗议示威。这次示威与前一年(公元前451年)公民大会选举出的十人委员会(decemviri)的专权和擅权有关。十人委员会在两年的任期中应该说留下了影响深远的历史遗产——即经过对希腊"索伦立法"的缜密研究,

---

① 施纳普,勒布莱特.100名画:古希腊罗马历史[M].吉晶,高璐,译.桂林:广西师范大学出版社,2007:130.

在反动头子阿皮乌斯·克劳狄乌斯(Appius Claudius)的主持下,把旧的罗马习惯法改变成为"十二铜表法"(Lex Duodecim Tabularum, Twelve Tables)。这是人类历史上划时代的大事,是后世一切罗马法的根据。① 然而两年任期届满,十人委员会拒绝卸任,克劳狄乌斯更是为所欲为,擅权专制。他垂涎美丽的平民少女维吉尼亚(Virginia),被拒绝后,他恼羞成怒,设计把维吉尼亚降为奴隶身份。维吉尼亚时任百人团队长的父亲路西斯·维吉尼乌斯抗议无果后,为使女儿免遭羞辱,杀死了女儿。

于是军队和平民愤而起义,与第一次的"非暴力不合作"运动一

---

① 早期的罗马法就是祭司的规则,祭司记录、制定、掌管和解释着法律。"十二铜表法"的颁布引起罗马法律的双重革命,即公开透明化和世俗化。从不确定和不成文转为明确的与成文的法律,载在"十二铜表法"上的"公民法"(ius civile),自神的法律中解放出来,罗马遂走出"神权政治"。祭司遂逐步让位于律师而退出罗马人意识与生活的支配权。一直到罗马帝国灭亡,"十二铜表法"一直是罗马法的基础,在西塞罗时代甚至成为儿童教育的基础。但无论如何,"十二铜表法"究其本质维护的是古代罗马奴隶社会的上层贵族利益,对平民、债务人等下层阶级处罚严厉。Lex 和 ius,前者指古罗马国王制定的法律,以及共和国时期贫民会议通过的法律;后者一方面表示法律,另一方面在更多的场合又表示权利。而 ius 这一用法其实来源于拉丁 iustitia(意谓"正义")。此外古代罗马在法律术语上还留下很多对后世产生深远影响的词汇:如诉(actio),法律行为(actus, juridicii),衡平(aequitas),遗产(bonorum),契约(compactum),所有权(dominatus, dominium),民法(jus civile),法学(jurisprudentia),私法(jus privatum),特留份(portio legitima)等。参阅何勤华.西方法律思想史[M].上海:复旦大学出版社,2005:25-28.不过法学者丁耘的解释似乎更加清晰:ius 指自然形成的礼法、习俗,而 Lex 则指专人制定、由世俗权力机构认可、颁布的律条。前者出于人及其氏族的自然本性,其历史远于文字,因此是不成文的;后者起初以发生的原初文本——"十二铜表法"就是 Lex 的最好例子。法律体系是在实践者对原初 Lex 的不断阐释中逐步形成的。同样,在 ius 背景上制定的 Lex 实际上也是一种阐释。如果说对 Lex 的应用是司法阐释的话,那么制定 Lex 的阐释则是政治性的,法律制定者(legislator)对 Lex 来说是立法者,对 ius 来说则是阐释者。每个民族的律条体系(Lex)之上,都有其赖以确立的整个礼法秩序(ius)作为其正当性源泉。因此,ius 同时也就是"正当"或"正义"一词的正式拉丁名称。在英文里,具有正当之意的是 right 而非 law,是以有严谨的学者将 ius natural(自然法或自然正当)翻译为 natural right 而非 natural law。现代政治法学中日益重要的"正当性"与"合法性"对峙问题,实际上便源于 ius 与 lex 的关系。参见丁耘.罗马法何以可能?[J].读书,2003(12):56-57.

样,军队和平民退出罗马城外,驻扎在先前萨宾族聚居区河流附近的圣山(Sacred Mount)。于是贵族在元老院集会,罢免十人委员会,驱逐克劳狄乌斯出境,恢复执政职权,扩大保民官职责,承认保民官神圣不可侵犯,并认可平民的上诉权。对于"选任官员"(magistrates)的决定,得上诉于"百人会议"(Assembly of the Centuries)。4 年后的公元前 445 年,元老院同意由百人会议选出 6 位保民官,具有执政的权力。

正如施纳普和勒布莱特指出的:一位女子——卢克雷蒂亚的牺牲,推动了罗马第一共和国的诞生;而这一共和国从贵族性到平民化的转变,则需要另一位女子——维吉尼亚——在公元前 449 年的献祭来完成。①

公元前 376 年,保民官李锡尼乌斯(Licinius)提出的几项有利于平民的建议被贵族想尽种种方案消极抵抗,同时借助于发动对外战争,穷兵黩武,使人民忙于战事,无暇顾及争取自由与权利。不得已,平民第三次退出罗马城外。最终双方再次达成妥协和解。

这种贵族和平民间的阶级斗争从公元前 509 年开始一直持续到公元前 289 年,约略 220 年之久。贵族一方为维持其特权而争斗,平民一方则为扩大其政治及公民自由权利而争斗。不过,虽然冲突不断,但在对外战争的危急状态中,双方却总是能在最后一刻达成妥协和解,结成对外统一战线,这不能不说是罗马共和时代的一个光荣和奇迹。此后,平民阶级步步朝向元老院的贵族和骑士商人之政治与法律上的平等地位,标志着罗马有限民权成长的一个重要阶段。冲突的阶级斗争,终于使得在公元前 367 年,元老院出台"李西尼安法"(Licinio-Sextian),规定两位执政必须有一位平民出任。公元前 356 年,有一位平民出任狄克推多(dictator),公元前 337 年有平民出任副执政;公元前 300 年,连祭司职位也开放给平民了。最终,公元前 289 年左右,元老院终于同意,族派议会(Tribal Assembly)的决议也有同样的法律效力,甚至当其与元老院的决议相反时亦然。因为在族派会

---

① 施纳普,勒布莱特.100 名画:古希腊罗马历史[M].吉晶,高璐,译.桂林:广西师范大学出版社,2007:132.

议中,贵族们很容易被平民的票数所压倒,所以族派议会的合法性成为罗马民主政治的基石和胜利。①

罗马共和时代几次著名的死刑与暗杀都与这种激烈的阶级冲突有关。公元前 486 年,即第一次和第二次平民"非暴力不合作"运动的中间,当时的执政斯皮尔乌斯·卡修斯(Spurus Cassius)就是由于把战争夺取的土地分给贫民而被贵族指责偏袒平民,欲自立为王而被处死。第二次罗马军队与平民起义后的公元前 439 年,另外一位斯皮尔乌斯·马里乌斯(Spurus Maelius)因为大饥荒时低价把麦子卖给平民而被元老院的贵族刺杀。第三次起义前的公元前 384 年,曾经英勇抵抗高卢、保卫罗马的马尔可斯·曼里乌斯(Marcus Manlius)因为以自己的财产救济破产的债务人,也被元老院处死。当然这种元老院对执政的攻击或谋杀的巅峰事件当属格拉古兄弟与凯撒的遇刺。

共和时代的政治体制与早期民主制度
(公元前 509－公元前 264 年)

罗马共和时代重要的选任官员由百人团会议选举,次要的则由族派会议选举。每一官署由两人以上同僚共管,权限完全相等。除督查官外,其他官员任期仅一年。同一人再任同一职务,十年中只限一次。官员离职再赴新职须有一年的间隔期以待离任后的不法行为审查和检举等。在军中 10 年后,若有从政之兴趣和意愿,则军事服役可为从政之有力资格和资本。

一般在任官员政绩突出,具有一定声望,卸任后即可由百人团会议选举为督查官。督查官每五年对市民调查一次,以评估其财产,确

---

① 与贵族选举产生的百人团会议相对应的是平民自己的平民会议(Concilia plebis),早在公元前 357 年即已行使立法权的族派会议,可能就是平民会议产生的。公元前 289 年左右,元老院正式承认族派会议的立法权力,自是直至公元前 200 年,族派会议的权力日增,成为罗马"司法"的主要来源。与百人团会议的权限相似,族派会议的代表对于选任官员提出的法律或提案并无讨论权,或发言辩论权,只有聆听权,并表决可行与否。对提案同意、赞许乃至反对的发言和辩论权只限于选任官员。

定其政治与军事身份以及纳税税额。此外,还负责监督妇女和儿童的待遇与教育,奴隶的待遇,公共建筑的建造,政府财产出租和税收执行情况等。可以犯罪或不道德行为降低任何公民的阶级,开除元老院元老。督查官一度享有与执政同样的尊严。

公元前367年后,虽然理论上两位执政必有一位平民,但实际上却很少有平民当选。因为共和时代的古罗马四面地中海战事危机,而平民因为没有军事服役的作战训练,所受教育亦十分有限,所以即便平民阶层也宁愿从贵族中遴选执政,以更好地"保家卫国"。由于二位执政权力相等而彼此制衡,并要受元老院的牵制,而保民官又有否决权,因此执政权力颇受限制。

公元前367年后,战时有14位保民官,和平时期有10位保民官。保民官神圣不可侵犯,除非在合法的狄克推多统治之下,否则对他们施加强暴手腕便是渎神死罪。他们的职责是保护人民,对抗政府。无论何时,只要有一位保民官认为必要,只需一个字—veto("即我反对")——就可阻止整个国家行政机关之作为。保民官可以沉默的观察员身份出席元老院会议,其否决权可取消元老院决议的所有法律力量。他神圣而不可侵犯的住宅,日夜敞开大门,让寻求庇护或求助的公民自由进入。这种庇护权,实际是日后英国法律中出现的人身保护令状(habeas corpus)①的先声。若保民官坐在裁判席上,则可执行法官的职务,其判决不可上诉,除非上诉于族派会议。他负责为被告获得公平审判,若可能的话,会使已判有罪的人获得赦免。虽然如此,但保民官的职权行使仅限罗马城及和平时期,战时保民官要服从执政。族派会议选举出的保民官往往是富裕的平民,因为富人的威望与贫民的胆怯使得人民宁愿选择富人以保护平民。10位保民官相互掣肘制约,在行使否决权时必须一致同意,若有一人服膺道德或被金钱收买,则他一个人的否决权就会使其他9人受到挫折。保民官任期届满,也

---

① 人身保护令状是英国普通法中最为基本也最为重要的一个法治层面,即人民应该远离被任意逮捕的恐惧;如果他们被逮捕,他们有权迅速向法庭提出辩解,此即人身保护令状。

可被选举为元老院终身议员。因此,总体而言,虽有平民执政与保民官等阶级制衡制度保障,但共和时代的古罗马其底色依然属于贵族共和政治。

总体而言,元老院是共和时代的最高权力机关。元老院官员除非犯罪或有严重不道德之行为实行终身制(这一点似乎是美国最高法院大法官以及高等院校教授职位终身制的思想与实践源头)。除了氏族首长等元老之外,卸任的执政以及督查官等(其他贵族和骑士阶层也具有提名特权)都可补充加入元老院。一般而言,元老院的讨论范畴与议程以选任官员的提议为限,也主要应选任官员的提议而集会。元老院的讨论大多属于建议性质,没有法律力量。但实际上,由于元老院的威望,选任官员差不多总是接受其建议;而未经元老院许可的任何法案,很少有选任官员提到百人团会议进行再表决的。元老院的决议可被保民官否决,但在元老院中失败的少数派,亦可上诉至百人团会议。但除非在危急的革命时期之外,此类程序极其少见。看似选任官员掌握政治进程的议程设置,但因其只有一年的任期,而元老院会员为终身制,显然,元老院这个不死的主权者,必然支配持有短暂权力的人。除此之外,元老院还专属执掌外交、结盟与缔约、宣战媾和、殖民地与各省区之统治事务、公地的管理与分配、财政的预算与拨付,叛国罪、谋反罪与暗杀罪等等悉由元老院执行法院职务,可谓一身兼容行政、立法和司法。

综上不难看出,共和时代古罗马政体的一个最大特征即议会立法主权的有限民主、元老院领导的贵族政治、短期任期的两位执政类似斯巴达的"两头政治"(dyarchy)。而其政体组织和结构之最大特征即权力的相互制约和制衡。不过,若出现战争等危及国家存亡的紧急状况,元老院可宣布国家进入紧急状态,而提名两位执政之一为狄克推多(dictator)。狄克推多对于全体人民及其财产有完全的权力,只是没有取得元老院的同意,不能动用公共基金,其任期只限于六个月或一年。① 狄克推多制度类似于柏拉图与亚里士多德笔下的君主政体。当苏拉与凯撒违反此一前例时,"共和制"就退回到了先前的王政制度了。

某种程度而言,元老院系今日英美的上院与参议院源头,而百人团会议与族派会议系英美的下院与众议院之源头。而选任官员则对应其经由选举产生的行政官员,执政对应总统和首相,而督查官则相当于今日西方之检察官与司法官等。若不以今人苛求古人,则保民官的设置又充分说明今日之代议制民主政治比之古代罗马的共和民主政治并未高明出多少。

当代英美上下参众两院亦有此权力制衡与相互消解对方之消极面的功用:下院或众院对应民主成分,负责表达民意;而上院或参院对应贵族成分,负责冷却民意,制衡执政或元首,确保政策的延续性。由此参议员的任期远远长于总统和众议员任期。但实际上这种制衡早在罗马共和宪法中已经萌芽并定型:执政官的君主政治、元老院的贵族政治以及百人团、族派会议与保民官的民主政治相辅相成,既互为犄角,又相互制约平衡。执政官短暂的任期时时警醒他们自己并非口含天宪之君王;而一旦贵族元老院退化为唯利是图的寡头集团,则卧榻之侧的人民民主天然就是对抗贵族滑向倨傲的多数力量之象征;反之,若人民仰仗多数以多胜少走向多数暴政之邪恶,则铁板一块众志成城雄踞元老院的贵族们必然会冷静而理性地出面干预。②

---

① 公元前456年,辛辛纳图斯(Cincinnatus)应召为狄克推多,随即放下犁锄,前往挽救国家,一俟任务完成,立即解甲归田。成为日后历届狄克推多之效仿楷模。美国新英格兰地区的辛辛那提州的州名即是对狄克推多辛辛纳图斯的纪念。革命胜利后的华盛顿之拒绝战友推举临朝王位,亦与此乃异曲同工。
② 麦克里兰.西方政治思想史[M].彭淮栋,译.海口:海南出版社,2003:104.

共和时代的军事特征及南征北战之帝国萌芽
（公元前 264—公元前 202—公元前 164 年）

　　古代文明无论怎样美誉，都是建立在各种族氏族乃至部落间相互火并的野蛮冲突和战争之上。就亚平宁半岛而言，源初的古代文明中并没有所谓的古代拉丁罗马人。今日所谓的古代罗马人，实际上是最早聚居在亚平宁半岛上的先民部落与先后向这块土地移居的部落先民之间的血腥冲突和战争洗礼后逐步胜出而滞留在这片土地上的人。从早于古代罗马建城的王政时期一直到公元 476 年的西罗马帝国的灭亡，这块半岛和从这里延伸扩散至欧亚大片的土地上都弥漫着血与火中的战马嘶鸣与刀光剑影。因此，从王政时期到共和时期，古代罗马的政体端靠其在历史上最为成功的军事组织。国民与军队合二为一。军中所有百人队集合起来，就是国家的主要立法机关。一个罗马军团（legion）就是一个混合旅。两个军团为一个执政的部队。每一军团下分若干百人队，由百夫长带领。罗马军队战无不胜的最大保障乃严明的纪律，以及士兵们自小在禁欲主义培育下所养成的视困难为挑战，视死亡为永生的观念。为国献身成为青年人甚至老年人在共和时代最高的荣誉，因此，亚平宁半岛很快得到统一。

　　这种军事征服和扩张虽然野蛮残酷，但其胜利的滋味一旦品尝便无法压抑。而且，如前所述，某种情况下，对外战争也恰好可以适时适当地转移和妥协国内的阶级冲突，不仅如此，战争胜利后的殖民地正好为罗马城人口压力、生活困难和失业等问题提供了解决方案和出口。共和时代的罗马后期尤其如此。意大利统一后，迦太基和希腊就成为下一步战争的目标，终至于战神凯撒横空出世，为征服地中海世界建立横跨欧亚非的古代罗马帝国奠定基础。今日所谓古代罗马的伟大和荣光体现在共和时代，但由于纷乱的战争，尤其是"布匿（Punic）战争"，晚期共和的光荣已经被对外征服战所渐次毁坏。

　　经过公元前 264 年至公元前 241 年的第一次"布匿战争"，以及从公元前219年延续至公元前202年的第二次"布匿战争",最终凭借"扎马之战",罗马彻底击败了迦太基。彼时的迦太基在财富上要比罗马富裕,国力上要强盛于罗马,第二次"布匿战争"更是险些直捣罗马的老巢。然而最终耻辱兵败。究其原因无非以下几点:

第一,迦太基国内贫富差异悬殊,平民阶层与贵族阶级离心离德,因此,迦太基的作战很大程度上依靠雇佣兵。由自由人(尤其国内拥有财富的上层阶级)组成的罗马军队毕竟优于不想流血只想财富的雇佣兵。富裕一派珍惜和平,而底层一派不吝爆发战争。结果国家内部极端分裂,和平不能享有而战争又不能成功。

第二,贵族阶级把持国家政权,在对外战争中,他们完全是以自己的财富安全和商业利益为最高的战略指挥标尺,即便是在国家生死存亡的危急时刻,也不舍与下层阶级分权让利。这当然又是历史上所有富有阶层在面对战争尤其是对外战争时所固有的阿基里斯脚踵。因此,虽然迦太基号称一个国家,但充其量不过是一个由一支强大海军守卫着的大商号而已,是亚里士多德笔下所谓财富寡头之典型政体。这些财富寡头暗箱操纵、掌握和决定着国家的一切,整个国家就好比一个大型公司,他们生活中的全部意义就是贪婪而无休止地从公司榨取丰厚的利润。不断计算收益支出和利害关系的迦太基自然敌不过为荣誉和骄傲而开战的罗马。罗马的公职以美德为基础,除了荣誉之外毫无个人利益;而迦太基的公职可以钱权交换,并且担任公职由国家支付薪酬。

第三,虽然迦太基拥有汉尼拔这样一度令罗马军团闻风丧胆的战神,但终究也是落得个落花流水,雨打浮萍。① 公元前238年,9岁的汉尼拔随父亲哈密尔伽(Hamilcar)离开迦太基去西班牙新迦太基(Nova Carthago, New Carthage)进行殖民开发,积累财富,准备积聚力量还击罗马。但哈密尔伽的一腔报国热情始终受到贵族阶级的百般阻挠。虽得赴西班牙,但迦太基只拨付一小拨军队供哈密尔伽统率。

---

① 史家大多同意西方文明史上四大军事天才和领袖分别为亚历山大大帝、凯撒大帝、汉尼拔将军以及拿破仑大帝。

公元前221年,汉尼拔的父亲终至于被暗杀。第二次"布匿战争"中,汉尼拔更是孤军奋战。虽然公元前216年的"坎尼之战"塑造了汉尼拔"战神"的地位,但国内的迦太基贵族不肯乘胜支援汉尼拔,于是汉尼拔一直滞留在意大利。公元前202年,罗马新军将领大阿非利加·西庇阿趁汉尼拔离开之际,征服了西班牙的新迦太基,后来干脆渡海前往非洲对迦太基形成包抄。国危思良将,迦太基政府这时才想起去国孤悬海外36年之久的汉尼拔将军,遂召其回援首都。奈何,已无回天之力。迦太基终至于被罗马毁灭。

"布匿战争"之后至公元前146年,罗马乘胜进军,迦太基被罗马彻底毁灭,位于西班牙的新迦太基、希腊和马其顿也成为罗马的一个行省。希腊从此在政治史上消失达2000年之久。如果说共和罗马时代前期的战争尚属"保家卫国"的性质,那么后期的战争则多少有些霸权的帝国主义战争性质。说"共和的罗马成也战争,败也战争"虽不科学,但必有一定道理。①

共和的罗马变得很有几分迦太基商业帝国的政权特征,富有的上层贵族和商人阶级乃至政府的各级选任官吏几近完全抛弃了斯多葛

---

① 因为战争,共和国摇身变成帝国,而帝国的支柱军团将领无疑成为破坏元老院共和政体的不安分因素,将领们为染指权力,必定要靠自己的军队,而依靠军队必然会给军人乃至平民或贫民分配自由和权益。一个在海外经常胜利的民族,在国内亦是不大容易被统治者盛气凌人。这些端缘于共和罗马的"不自由,毋宁死";其次,因为罗马由一个城市共和国扩大而为一个世界帝国,罗马城之外的意大利诸民族便开始越来越关心获取罗马人的公民权,因为拥有罗马公民权某种程度上便意味着拥有代表世界主权的权利,如果一个人不是罗马公民就什么都不是,而拥有罗马公民权就等于拥有一切。此即罗马城外或蔓延至意大利区域的"不自由,毋宁死"。罗马城若不舍得给予外族和外地此一珍贵的公民权益,则必然要回缩退回到孤独的罗马城池,若给予,则普天之下皆为罗马人,尽管罗马公民的身份依然有用,但其所包含的"特权"和"荣耀"已被大大稀释,如此一来,则共和的原则就不啻为纸上谈兵,空有理想,因为实践中无法行得通、落得实。因此罗马共和的公民权利成为罗马荣耀和衰败的一把双刃剑,成由其,败亦由其。孟德斯鸠甚至直截了当总结说:引发罗马灾难并把人民的骚动变成内战的,完全是由于共和国的庞大。(孟德斯鸠.罗马盛衰原因论[M].婉玲,译.北京:商务印书馆,1962:51.)这也是美利坚合众国独立后在费城制宪会议中反复争议的宪法所要确立的共和制国家政体,不论是联邦党抑或是主张"州权"的反联邦党,最终都以"自治"为支撑的原因。

主义审慎而简朴的一面,而尽情拥抱奢华享乐的伊壁鸠鲁主义。以族长制和父权制为纽带的家庭治理结构,以及对神的虔敬所养成的以荣誉和责任驱动的家国一体化,还有狂热的保家卫国之心渐次被希腊的哲学、宗教、道德乃至科学与文学艺术所侵略、所腐蚀乃至最终被征服。

罗马虽然成为新世界的主人,但上层的贵族阶级再也不愿意或根本没有时间来金戈铁马枕戈待旦防卫和保护她了。他们对自我要求的道德律令放松了,柔和而文雅了;而下层阶级则变得愈发孔武有力、简单粗暴而玩世不恭。土地越发集中在少数一些贵族家庭和集团当中,赤贫的无产阶级充斥着罗马各个街区。更为重要的是当带领军团的将军们离开罗马到遥远的地方征战时便逐步脱离了元老院的控制而渐次独立起来。军团的士兵也都唯将军马首是瞻而非再忠心于罗马。贵族的共和政体虽然可以有效制约平民的民主政体,然而一旦面对以军团武装为后盾的寡头政治政体,元老院的贵族共和政体就很难对其进行约束和驯服了。

小加图的祖父老加图(Marcus Porcius Cato,公元前 234—公元前 149 年)是这个时代未被财富与骄奢淫逸所麻醉的少数贵族之一。老加图 39 岁时即当选为执政官,43 岁时又当选为保民官,51 岁时当选为监察官。在军队服役 26 年,是一名无畏的士兵,也是一名能干而残酷的将军。他把纪律看作是性格和自由之母。他的一生正是目睹共和的罗马从简朴道德向奢华堕落改变直至完成的一生。老加图高声呐喊呼吁罗马重新振作,不要被财富与享乐所腐蚀,要过一种警醒的生活。他不顾一切地与贪腐战斗,然而,他的呐喊不仅没有任何回响,而且四下树敌,因为就连元老院中他的同侪都不能控制和把握自我,上层的贵族阶级更是以起哄加上嘲笑来回应老加图的断喝。因为大堤已经决口,潮水已经泛滥,老加图自然无力回天。他的贵族敌人因此要消灭他,44 次对他提出公开控诉,而 44 次皆由平民投票救下他。日益扩大的中产阶级也理直气壮地加入到对财富无止境的占有和消费上。农业所积聚的财富已经不能满足人们渴望财富的贪婪之心,商业贸易乃至金钱融资和资本放贷等获利的创新模式很快得以开发和流行。金钱代替了道德成为衡量人判断人或被人衡量被人判断的唯一标准。社会风气变成了笑贫不笑娼。选任官员利用手中的政府权力,与商人密谋勾结悄悄挖掘共和国的政府财产。他们收受贿赂,买官卖官,挥霍公款,尔虞我诈,收买选票。所谓窃钩者诛,窃国者为诸侯。

与迦太基和希腊的战争中,元老院是最大的获利者。民主原则是自由,而战争原则是纪律,二者相互排斥,战争要求高度的智慧与勇气以及迅速的决策和行动。在战马嘶鸣与两军对垒当中,自由和民主自会销声匿迹。每一次战争的胜利或征服,都使罗马变得愈加富裕,愈加腐败,也愈加残忍。罗马赢得了每一次的对外战争和对外征服,但唯独国内的阶级战争失败了。自各省掠夺回来的财富,使得各级官吏徒增贪污腐败和中饱私囊,终于引发革命,毁灭共和。迦太基的毁灭则使得国内内部阶级分裂与阶级斗争失去了最后一个外部的制衡条件。经过100多年的战争与革命,随着迦太基的毁灭与大希腊区的被征服,罗马即将遭到统治世界之后的惩罚。①

因此,在元老院控制的贵族共和制的罗马时代,伴随着商业以及道德方面个人主义的增长,政治上的个人主义也渐次出现。从第二次"布匿战争"也即公元前219年开始,至公元前202年击败汉尼拔的大阿非利加·西庇阿再到公元前146年彻底毁灭迦太基的小阿非利加·西庇阿,罗马的政治史与战争史几乎完全是西庇阿(Scipio)家族的故事。而毁灭贵族共和政治的革命,亦是由大阿非利加·西庇阿的两个外孙辈格拉古兄弟(Gracchus)开始,正所谓革命一定先从统治阶级内部阵营爆发。

---

① 杜兰.世界文明史:卷三:上册[M].台湾幼狮文化公司,译.北京:东方出版社,1998:139.

领导贫民革命的格拉古兄弟求仁得仁死得其所
（公元前145—公元前78年）

提比略·格拉古（Tiberius Gracchus）与盖约·格拉古（Caius Gracchus）的父亲老格拉古公元前177年和公元前163年两次出任执政官，公元前169年出任监察官，他们的母亲本是大阿非利加·西庇阿的女儿，格拉古兄弟的姐姐又嫁给了小阿非利加·西庇阿，因此他们自小就在浓厚的政治与哲学氛围中熏陶成长。他们虽然出身高贵，但内心对底层阶级富有同情。

普鲁塔克记载的格拉古传记中这样表述格拉古(T)对平民的同情心："意大利的野兽都有用来休息的和避难的巢穴，可是那些执干戈以卫社稷和愿意牺牲性命的人，除了空气和阳光却一无所有。他们无处安家立业，带着妻子儿女到处流浪漂泊。他们的奋斗和牺牲，仅是为了别人的荣华富贵，自己号称是世界的主人，脚下却无立锥之地。"① 生于公元前164年的格拉古(T)于公元前133年当选为保民官后，遂立即通过族派会议实行土地改革，将大量罗马征服掳掠来的公地分配给贫民阶层。这一改革引发元老院保守派贵族的愤怒。他们于是不断游说和收买另一位保民官马可·屋大维乌斯（Marcus Octavius），以此分化和瓦解格拉古(T)的改革阵线。因为根据罗马法律，只要任何一位保民官表示异议，法案就无法通过。

虽然马可与格拉古(T)起初有知己之交，但其友谊仍然被元老院贵族挑拨离间分化瓦解。毫无退路的格拉古(T)召集市民大会投票罢黜马可的保民官职务。格拉古(T)的这一激进做法使得元老院大为惊恐，认为格拉古(T)有操纵民意集中权力之嫌疑，于是与格拉古(T)处处作对，事事掣肘。格拉古(T)的改革遇到强大的敌手和障碍。此时的格拉古(T)毫不妥协，更进一步依赖市民大会从而向元老院施加压力。这样，格拉古(T)与元老院的矛盾到了不可调和剑拔弩张的地步。

---

① 普鲁塔克.希腊罗马英豪列传:VII[M].席代岳,译.合肥:安徽人民出版社,2012:188.

于是,元老院四处放风制造谣言,说格拉古(T)有称王称霸的野心。最终公元前132年,格拉古(T)遭到元老院保守贵族发动的攻击而被杀害,很多与格拉古(T)站在同一阵营的人遭放逐。

普鲁塔克认为这是放弃君主政体之后的罗马共和时代出现的第一次暴乱行为,虽然之前也有一些争执,但规模都很小而且都是些无关紧要的琐事。而元老院这次对格拉古(T)的反击则完全丧失理智,整个事件被仇恨与恶意所渲染和掌控,而且还进一步把恐怖行为扩大化,未经合法程序放逐了格拉古(T)的朋友,并且连带杀死了很多格拉古(T)阵营的人。①

格拉古(T)死后,贵族和地主阶级与平民和贫民阶级发生冲突,小阿非利加·西庇阿居中斡旋,使得地主阶级逐步安心,但公元前129年小阿非利加·西庇阿又遭贫民暗杀。生于公元前155年的盖约·格拉古(C)并未退缩,决心继承兄长之遗志。公元前124年,当选为保民官的弟弟格拉古(C)汲取兄长急于求成的经验教训,先巩固自己的政治基础并赢取底层平民的拥护,而后又进一步在海外建立新殖民地以此满足贵族和地主阶级的利益与野心。罗马各个阶层都从格拉古(C)的改革中获得利益,于是阶级冲突缓和下来。赢得了大量支持人群的格拉古(C)于是乘胜进军,连任两届保民官。格拉古(C)在任时对兄长及其阵营的迫害和放逐遭遇提出昭雪法案:

> 任何行政官员在未经合法的审判前便被定罪或放逐,市民大会有权对该案重新审理。这是罗马城过去始终遵循的公正而古老的习惯,哪怕罪行滔天,也必要召唤他赶赴法庭受审。只有经过合法的法定程序,陪审员才可以投票作出定罪与否的判决。我们的祖先对于生死之大事,秉承审慎和保守的态度。②

---

① 普鲁塔克.希腊罗马英豪列传:VII[M].席代岳,译.合肥:安徽人民出版社,2012:198-200.
② 同①105-206.

格拉古(C)的改革与其兄长一脉相承,目的是削减元老院的权力和利益,继而向罗马底层平民及罗马公民之外的意大利拉丁人倾斜。如向底层贫民分配征服掠夺来的公地,同时抑制过高的粮价;规范法庭审判,从骑士阶层挑选陪审员,借此压缩和减少元老院权力,等等。此外,他在罗马及其行省的公共道路以及其他公共工程等的修建方面都取得了辉煌的成就。格拉古(C)在任时还奠定一项传统,即政府公职人员或民意领袖等在发言时从先前的面对元老院转而面对市民大会。总之,格拉古(C)的实干与改革取得了巨大的成就,他的声望也达到如日中天的地步。就在此后,格拉古(C)的改革出现了冒进:他提议在原先300名元老院席位的基础上再从商界增选300席位,同时建议罗马市民有充分的选举权,而其他意大利的自由市民拥有部分选举权。

元老院并不畏惧底层民众,他们知道没有了格拉古(C)的底层民众无非一群乌合之众,正是格拉古(C)使得民众凝聚了起来。十多年前元老院对其兄长格拉古(T)的恐惧,如今同样由格拉古(C)带来了。若说格拉古(C)之前的改革,元老院还能忍受,那么增加元老院的席位,向全体罗马市民及其他意大利人开放政治选举权则无疑触碰了元老院的权力底线。这一大胆而激进的自由民主举措使得元老院忍无可忍,遂采用政治阴谋使得另一名保民官即李维乌斯·德鲁苏斯(Livius Drusus)对底层民众给予更多的让利从而分化和收买被格拉古(C)赢取的民心。与此同时,元老院将格拉古(C)调至迦太基督导重建工程。在格拉古(C)不在罗马的日子里,元老院开始审判格拉古(C)的好友弗尔维斯(Fulvius),指控他谋杀了小阿非利加·西庇阿,同时制造谣言说弗尔维斯暗中策动意大利盟邦及拉丁人叛变。由于弗尔维斯的火爆脾气以及变幻莫测的性格使得他在应对元老院的伎俩时一步步掉入元老院为他量身定做的陷阱。

等格拉古(C)返回罗马后,许多民众对格拉古(C)已经另眼相看,因为元老院制造的假象已经蒙蔽了他们的眼睛。他们被元老院牵引着相信了格拉古(C)正逐步背离他们的利益。格拉古(C)背水一战,以一人之力想要重建他与民众之间的信任与亲和力。奈何,一切都已无力回天,虽然一些民众幡然醒悟,但格拉古(C)的激进与冲动却得罪了自己的同僚以及其他的保民官。这样,格拉古(C)的改革或革命便注定了失败的命运。格拉古(C)最终落选第三次保民官竞选。格拉古(C)的亲信左右向元老院诉诸武力,而格拉古(C)则竭尽所能试图平息冲突,但终至于没有成功。最终公元前121年被元老院武装包围,格拉古(C)与弗尔维斯及其亲信支持者被抛尸台伯河。而受益于格拉古(C)改革的那些民众对此一声不响,不敢作任何抗议,甚至于一些人在元老院的诱骗和恫吓下反水讨伐格拉古(C)。

正如孟德斯鸠所言,平民暴动往往是从激昂狂暴的一个极端而走向软弱无能的另一个极端。① 某种程度上,格拉古兄弟求仁得仁死得其所,悍然成为自己理想的烈士。古代罗马共和国对政治的崇高理想和个人的权力野心并不加以区分。格拉古兄弟的悲惨命运即表明这样一个残酷的事实:任何试图进行根本性变革的人都将被视作独裁者。日后的大知识分子西塞罗正是汲取此中的教训,一生反反复复不断妥协和调整自己的社会实践与参与路径以最终达到其内心对共和国观念和理性的捍卫。②

格拉古兄弟满怀理想主义的改革虽然惨遭失败,但这次事件标志

---

① 孟德斯鸠认为罗马共和历史上的保民官与元老院相比较起来,前者对平民利益的保护往往抵不过后者对贵族利益的看守。然而,一旦手握兵权的出征将领成为平民的利益代言人或保护人,则元老院的全部智慧就变得空洞而无用。最终罗马共和国的垮台也正是由此而引发。(孟德斯鸠.罗马盛衰原因论[M].婉玲,译.北京:商务印书馆,1962:49.)
② 西塞罗(公元前106—公元前43年),受斯多葛主义影响的罗马政治家,折中主义哲学家。他认为罗马共和国的宪法是民主制度、贵族政治和君主制度最为成功的结合。今日人们探讨美国的宪法时亦有此种说法,即总统制沿袭君主制,而参议院和最高法院则沿袭贵族政治,众议院沿袭民主制度。与马略一样,西塞罗出生于外省乡间,但野心勃勃。然而仅此而已,西塞罗从未梦想成为一名军人,而是想做罗马最为成功的起诉人。幼时,西塞罗就有一身出奇的演讲口才。西塞罗认为公共生活好于隐逸江湖,热衷为被告和公众辩护,对罗马共和心存念想,认同共和的传统美德:坚韧刚毅、虔诚节俭、公平公正等美好品质。

着罗马共和已经日过正午,开始了下坡路。也昭示着凯撒大帝和小加图闪亮登场的历史必然性,以及最终以两败俱伤的悲剧收场的命运。这出悲剧与其说是凯撒大帝和小加图的悲剧,不若说是罗马共和制或者确切地说是西方文明中早期共和制的悲剧——虽然共和制的理想是高贵的,但这种镶嵌于奴隶制中的共和制天然是有缺陷的。这种缺陷只有等待千年之后的蛰伏,在启蒙运动的理性之光再次沐浴之下方能慢慢弥补。

格拉古兄弟的改革或者说革命事件中,元老院在罗马共和国权力的中心依然占据强势地位;然而,到了凯撒与小加图对峙的时候,权力的格局已经反转,元老院的地位不仅处于弱势而且其对共和权力的掌控已岌岌可危。这也是为什么人们会对格拉古兄弟如旭日东升般的改革与革命以及对小加图舍生取义捍卫夕阳西下的罗马共和给予千秋礼赞的原因:人们不是认为格拉古兄弟的改革与革命完美无瑕,而是厌恶格拉古兄弟时代的元老院不肯与民分权与民让利;同样,人们不是认为小加图完美无瑕,也不是认为小加图时代的元老院心中装着民众,而是厌恶乃至恐惧凯撒在战袍与刀剑下的权力集中会把罗马共和倒退至王权时代。

凯撒大帝与共和加图的爱恨情仇
(公元前60—公元前47年)

格拉古兄弟之后的罗马虽然暂时把农民革命的浪潮压制了下去,但革命的深层次原因即农民对土地的实际占有问题以及越来越大的贫富差距并没有从根本上解决。上层对财富的无底洞似的渴望和贪婪导致罗马空前的政治贪腐,经济混乱,军纪腐败,国防松弛;底层群众对凄凉生活的无奈乃至最终绝望造就了游手好闲,得过且过,麻木放荡,民心涣散。然而祸不单行,在罗马内政虚弱疲惫的同时,其外交更是面临南北夹击。公元前113年阿尔卑斯山北部的日耳曼部落已经对富裕而丰沃的罗马垂涎欲滴而虎视眈眈已久,公元前112

年南部的怒米底亚发生朱古达之乱。国家生死存亡之际正是需要英雄也是产生英雄的时代，而马略和苏拉则是先于凯撒登上挽救罗马的英雄谱序的。

马略因为挽救国家有功，被视作再造罗马的大功臣，不仅因此富可敌国，而且六次当选执政。然而最终马略依然不能解决平民与贵族之间的阶级矛盾，马略部下沿袭格拉古兄弟路线的激进革命派要给平民分田分地，低价配售谷物，但元老院为了保持财政与国库的平衡，遂唆使保民官设法投反对票。公元前100年，双方从和平抗议发展至武装内战。戎马一生的马略对革命本无好感，知其有百害而无一利，于是尽量采取中庸的妥协与平衡策略。奈何阶级矛盾已经不可调和，元老院的命令又不得违抗，不得已的马略于是出兵镇压平息暴乱。由是，马略一生最大的抉择终究是两边不讨好，一边让与他出生入死的兄弟们寒了心，也为平民百姓所不谅解；另一边又让元老院不放心，而为贵族阶层所不齿。这与大宋朝聚义厅水泊梁山上的宋公明接受朝廷招安后带领兄弟们出征义军方腊倒有几分相似。至此，革命已经完全演化为内战。不仅罗马殖民地上的奴隶纷纷揭竿而起，而且就连罗马城外的意大利诸王国也不能忍受罗马城的盘剥和歧视而纷纷举旗反对罗马。此时的罗马贵族和上层各党派再次同舟共济同仇敌忾，马略从隐居地再度出山挽救了罗马城。这次，马略坚定地站在革命派一边，反对贵族体制，很多元老院议员和贵族惨遭屠杀。苏拉很多同情贵族一方的朋友都被追杀。公元前86年，革命派首领辛纳(Cinna)再次当选为执政，而马略也第七次当选为执政，但旋即去世。辛纳于是把共和国政体改为独裁政体，任命主要官职，并使自己选为连任4年的执政。

马略之后的罗马风雨飘摇，是马略先前的部将苏拉重振旗鼓，再次把罗马的革命战火扑灭。苏拉虽出身贫贱，但如同出身高贵的格拉古兄弟与凯撒之成为贫民的领袖一样，他则一直是贵族政治的护卫者。这种对自身阶级的背叛看似矛盾，实则有其自身的规律。如美国革命后的联邦党领袖汉密尔顿同苏拉如出一辙，而反联邦党领袖杰斐逊则与格拉古兄弟和凯撒又有惊人之相似。

军人出身的苏拉性格镇定而刚毅、少有感情淹没理智的时候,做事讲求实际效果,为达目的不择手段,凶狠残忍。最终,苏拉镇压国内革命,平息了殖民地上的反叛与起义。大量的奴隶与平民,革命派与贵族派死伤无数,革命充满了恐怖。辛纳被部下刺杀,马略的儿子也举刀自尽。很快,元老院不得已推选苏拉为狄克推多。借着狄克推多的权威,苏拉再次把罗马的政体改组回贵族政体。苏拉颁布政令说凡行政措施非经元老院同意不得呈送议会,停止向贫民分配谷物,降低保民官的权限和威望,不准商界加入陪审团,陪审团的特权只属于元老院。格拉古兄弟革命前元老院享有的立法、司法、行政和社会特权都得以恢复和继续。

苏拉是罗马共和政体后出现的第一位军事独裁者。苏拉借着使他的部队贪腐而巩固自己的军事独裁。自苏拉开始,只要有机会,军队就会将公民的财富据为己有。从苏拉开始,因为自保和恐惧清算,人们对共和国的忠诚变成对强权的忠诚。苏拉极力限制保民官的权力,甚至取消保民官提议案的权力。此外,他还堵塞了从保民官职务上向上攀爬的渠道,禁止担任保民官的人争取其他的行政官职务。经过苏拉的修正,保民官成为一种橡皮图章。元老院中很多苏拉的支持者也对苏拉的倒行逆施很是吃惊。

苏拉宣称自己的改革是清除权力的掣肘所引发的政治混乱,然而殊不知,混乱正是共和国的本质特征,对于罗马这样一个成长在马背上的共和国而言尤其如此。如孟德斯鸠所言:"在一个自由的国家里,要求人们在战争中大胆而在和平时期胆怯,这无异是要求不可能的事情:可以说有这样一个普遍的惯例,这便是每当人们在一个自称为共和国的国家里看到,所有人都安静无事的时候,那就可以肯定,在那里是没有自由的。"①苏拉独裁两年后于公元前78年死去。苏拉去世仅3年,限制保民官的法律被庞培通过一项法案废除了。

苏拉之后,便是罗马历史上所谓的"前三头政治"(triumvirate)——凯撒、庞培与克拉苏。苏拉当政期间没有什么创新,更多只是复古。因此,苏拉死后仅10年,罗马共和帝国愈发日薄西山摇摇欲坠。苏拉支持的贵族政治日益演化为寡头政治。议会选举的选票完全被金钱买断,法院的司法也被贪腐所腐蚀,几乎除了杀人罪之外,没有什么罪行不可以用金钱注销。这是一个坏人当道的时代,这是一个劣币驱逐良币的时代,正直与诚实基本就是傻瓜和无用的代名词。这个城市的一切都待价而沽。公元前61年,凯撒不惜高额举债买到西班牙地方长官的职务,翌年,便把所有债务都还清了。所谓"三年清知府,十万雪花银"。

就连西塞罗这样珍惜自身羽毛的知识分子,在西里西亚(Cilicia)担任总督时,一年也中饱私囊数万元之巨。庞培和凯撒等远征的将军更是一夜暴富,克拉苏则是以贪婪著称。殖民地的税吏也对当地人民掘地三尺强取豪夺,耶稣时代的耶路撒冷就是由彼时的罗马总督彼拉多镇守。很多亚洲的领地由于无法缴付正常的税金,不得不向罗马的贵族借贷,然后由此承担巨额的利息。这一时期的罗马是最为富有、最为强势的政府,但也是最为腐败的政府。富有造就权势,而权势必然导致豪华与奢侈的生活方式。希腊以及东方大量有才华和专长的奴隶就在这个时候陆续成为罗马富有贵族的侍者乃至家庭教师和专业服务人员,并因此使得罗马帝国逐渐希腊化。围绕奢侈品的消费和

---

① 孟德斯鸠.罗马盛衰原因论[M].婉玲,译.北京:商务印书馆,1962:51.一个政治联盟共同体内所谓的和谐并非指其内部没有矛盾,而是指不论有什么样的矛盾,都能被共同体自身的制度架构所吸纳和消化,并最终使得整个社会向着更加幸福的方向前进,这就如同平铺直叙的音符大约很难带给人们赏心悦目的美感是一样的道理。因此,所谓和谐,其真谛在于其表面必然存在着一些混乱,所谓表面乱哄哄,但却外乱而内不乱,如此的和谐也方能称得上和平幸福的和谐。反之,在专制和高压下所看到的政府和谐中,其内部却总是酝酿着一些点火就着的危机和混乱,表面的平静无非是受压迫和奴役的一方无力反抗而已。这种看似平静的死亡般的沉默往往孕育着血腥而残酷的革命暴力,正如鲁迅先生所言"不在沉默中爆发,就在沉默中灭亡"。

炫耀使得国际贸易空前繁盛,大量的剧院包括圆形斗兽场等也得以在这一时期被建造以供富人们寻欢作乐和醉生梦死。政府腐败与私人的暴富导致道德空前衰落和婚姻制度的破产。婚姻与爱情无关,更多是向权力攀爬和攫取更多财富的垫脚石。苏拉以继女诱劝庞培抛弃妻子,而凯撒一边与庞培的太太私通,一边又把女儿嫁给庞培以作为政治联盟的保证,克拉苏更是如此,虽然明知自己的太太与凯撒有染,但依然用大把金钱资助凯撒竞选执政,以便得到凯撒的提拔和庇护。

把三驾马车结合起来的是恐惧,而不是彼此间的友谊。因为没有一个强权能抵抗另外两个。东汉之后的三国魏蜀吴短暂而稳定的三足鼎立亦是如此。当然,最终毁灭共和国的也不是由于三驾马车的敌视,而恰恰是他们的联盟,以及联盟破裂之后的暴政。克拉苏是追随苏拉的贵族将领,其父曾因反对马略被杀,其兄亦在清洗中被杀,家族财产旋即被抄。克拉苏深受其父之影响,认为财富是权力的基础,笃信枪杆子里面出财富,因此他招募私家军队,最终投奔苏拉。克拉苏认为所谓原则无非是一场宏大而复杂的游戏所需要的策略,一旦战略需要,完全可以抛弃。金钱是他最喜欢的权力工具,保持平衡是克拉苏的拿手好戏,他把整个共和国都网罗进去了。然而,在政治的这片荣耀与危险的丛林中,幸运总是特别垂青于庞培而非克拉苏。庞培也是带着自己的私家军队投靠苏拉并深受苏拉器重。依仗在西班牙的平叛功劳,庞培很快威望日盛,而后与克拉苏双双瓜分执政官职位。一山不容二虎,双方起初相互攻击,给对方使绊子,但由于势均力敌,所以只得选择和解。由此,双方小心翼翼,谁也不敢让自己显得比对方更强大。

因为人们对苏拉军事独裁的回忆依然清晰如昨,所以这是共和国吸取的一个教训:虽然成为最优秀公民是共和国的荣耀,但过多的荣耀对国家是一个威胁。罗马虽然重视荣誉,但更警惕荣誉的风险。因为荣誉尝起来越甜蜜,人们就越容易上瘾。不管一个公民有多伟大,但最终的伟大还是属于共和国。由于马略娶了朱利安家族的人,作为马略外甥的凯撒甫一登场就与苏拉成为敌对派而走上了流亡之路。

不过,在苏拉大权独揽之前,庞培与凯撒已经崛起。凯撒比庞培小6岁,比克拉苏小15岁。

庞培的野心比起凯撒来较有节制,较为温和。庞培虽然以军事发家,但比起凯撒却相形见绌。凯撒在没有运气降临时,知进知退,游刃有余;而庞培若无运气眷顾,就会陷入绝望境地。逆境只会让凯撒越挫越勇,而庞培则会因无力承受而堕入深渊。凯撒和苏拉一样,手中一旦掌握了军队,就想取得最高权力。但庞培却有些像马略,马略虽然彪悍,但始终要以合法的程序来作为获取权力的遮羞布。同样,喜好权力的庞培也不愿意用强制的办法,不能同意篡夺政权,希望人民能顺服地把权力交到他手上。庞培从未想过要建立一个王朝,他追求的不过是被罗马体制所接受的权力。相对于凯撒而言,与其说庞培沽名钓誉,有绅士风范,不若说作为一名政治家的庞培远不如凯撒来得开门见山和大气沉稳。

庞培的家族声望很难望加图之项背,因此,加图的声望折磨着庞培,令他对加图既是钦佩又是嫉妒。加图在"三头政治"的罗马,他的为人就是他的成就,而他的成就就是他的为人。庞培百般祈愿能得到加图的认可和尊敬,就像他尊敬和崇拜加图一样。然而,加图对庞培不仅吝惜给予哪怕一丁点的恭维与赞美,甚至以怨报德,回敬给庞培的满是不屑和讥讽。公元前62年,当庞培从东方征战归来,声望达到巅峰乃至超越了克拉苏时,加图迅速和克拉苏结成同盟老练地封杀了庞培。

贵族和平民之间的阶级斗争有增无减,平民革命和奴隶起义如星星之火呈燎原之势。公元前73年著名的斯巴达克斯奴隶大起义几近使罗马帝国应对得筋疲力尽,克拉苏与庞培的联手和夹击才最终绞杀了义军。之后,克拉苏与庞培很快以武力威胁元老院得选执政。这两位本是苏拉手下的杰出将领,但执政后竭力推翻苏拉所恢复的贵族体制。大力削减贵族代表元老院的权力,恢复保民官的权力,扩大税吏在东罗马收税的权力以此巩固与平民和商界的联盟。他们进一步加强了军队对政府和人民的管制,在苏拉军事独裁的基础上又前进了一大步。克拉苏利用权力独霸了亚洲的金矿发了大财,而庞培则以扫荡西里西亚的海盗为名,全权率军东征给罗马带来成山的贡品、财物和金钱。军管完全背离了苏拉恢复的贵族政体,基本废除了元老院手中的权力,相当于建立了一个临时的君主国,这一切都为凯撒的最终登场揭开了帷幕奏响了序曲。

凯撒于公元前100年出生,16岁顺从父意与原配结婚,父死后即离婚。后与辛纳的女儿科尔尼利娅结婚,苏拉取得政权后命令凯撒与其离婚,凯撒不从并逃离意大利。凯撒拒绝苏拉的勇气、对爱情的忠诚以及强烈的贵族式骄傲却引发了苏拉的欣赏。凯撒32岁时,辛纳女儿逝世,其遂与苏拉孙女蓬佩伊娅结婚,该婚姻属于纯粹政治联姻,因此凯撒肆无忌惮地与其他女人私通。后来,凯撒在埃及有艳后克娄巴特拉(Cleopatra),在努米底亚有皇后尤诺(Eunoe),在高卢的情妇更是不计其数。加图的妹妹塞尔维莉娅(Servilia)对凯撒更是一往情深,史家传说塞尔维莉娅年老后曾把自己的女儿泰蒂娅(Tertia)送给凯撒,后来泰蒂娅嫁给了卡西乌斯(Cassius)。日后刺杀凯撒的主力之一便是这位卡西乌斯。因此,早年的凯撒可以说是一位孔武有力的军人政客与风流倜傥生活放荡的浪子。

凯撒32岁时任职财政官,被派往西班牙,因此发了一笔横财。35岁当选市政官。36岁被任命为审理谋杀案的审判长,对苏拉时期逍遥在外的罪犯进行重新审理,一并流放和处死。37岁时,凯撒在元老院投票反对处理喀提林的共谋,同年,被选为罗马的大祭司。38岁被选为副执政。39岁在克拉苏的援助下,被任命为驻西班牙的省执政,从此成为拥有自己地盘和武装的实力派人物。凯撒在西班牙巧取豪夺,为罗马带回大量的金银财富。公元前60年,即凯撒40岁时,他与当时罗马另两个巨头庞培和克拉苏结成历史上有名的"前三头同盟"。

当克拉苏和加图联手对抗庞培时,庞培则迅速打破僵局,快速出手选中和支持凯撒于公元前59年当选为执政。平民和商界支持凯撒,而上流社会的贵族阶层包括加图则反对凯撒。凯撒当选执政后,即对庞培的支持投桃报李,向元老院提出当年庞培被驳回的议案:把国有土地分给庞培军内两万左右的贫民;批准庞培在东方的一切设施,并减低三分之一的租税。以加图为首的元老院百般阻挠,凯撒忍无可忍,令侍从把加图带出元老院。但元老院议员集体抗议,宁愿随加图一起被凯撒捆绑。于是凯撒效法格拉古兄弟,直接将议案呈送给公民大会。就在双方难分难解之时,克拉苏反水脱离了加图而投靠了庞培和凯撒。克拉苏翻手为云覆手为雨,但其最根本的出发点只有一个,即对权力的无限热情和欲望。至此,"三头政治"正式结成,而加图则是英雄气短仰天长叹。凯撒于是再进一步,要求政府分配给贫民土地。虽遭元老院反对,但议会最终通过议案。格拉古兄弟的政策迟至近百年后终于开花结果。加图虽然被迫后退,但越挫越勇,毫不畏惧,成为反对"三头政治"的急先锋。

公元前58年,凯撒被派往外高卢地区担任总督。其时的罗马正像500年以后日耳曼民族猛扑罗马帝国一样,若不是靠着凯撒的文治武功平定和征服高卢地区的各个日耳曼部落,恐怕罗马帝国的历史就无从谈起了。从这一角度讲凯撒是罗马帝国的缔造者恰如其分,当然也正是在高卢的岁月奠定了凯撒的"战神"称号,更为日后的凯撒成长为伟大的军事家和政治家奠定了资本和基础。然而,当凯撒凭借一己之力为罗马的安全夙兴夜寐殊死奋战时,罗马城内的保守派和革命派却正酝酿着要罢黜凯撒的阴谋诡计。公元前59年,凯撒担任执政时支持普布利乌斯·克劳狄乌斯(Publius Clodius)竞选保民官。①。

克劳狄乌斯与凯撒一样,虽然出身贵族,但积极支持领导贫民对抗贵族。然而,随着形势的变化,克劳狄乌斯内心的权力私欲逐渐膨胀,欲取代凯撒和庞培而独自担任平民领袖。克劳狄乌斯娴熟地使用政治权谋和手腕将共和派加图和西塞罗驱逐出罗马,然而,庞培很快与西塞罗结成同盟将克劳狄乌斯击败。此时的西塞罗在加图和庞培

---

① 后来凯撒的妻子即苏拉的孙女蓬佩伊娅与克劳狄乌斯私通,但作为政治家的凯撒并不介意,依然支持克劳狄乌斯。公元前58年,凯撒又设法使他的朋友盖比尼乌斯与皮索当选为执政,后凯撒遗弃蓬佩伊娅后与皮索女儿结婚。

之间选择站在后者一边,力挺"三头政治",因为西塞罗很清楚,面对"三头政治",他与加图等共和派的力量本是以卵击石,根本无力扭转乾坤。与其玉石俱焚,不如加入到"三头政治"的阵营,以一己之力积极影响和引导"三头政治"抛却革命的武力血腥和军事独裁而向着民主协商与共和共存的良性方向前进。

虽然遭到加图等保守派贵族的"背叛"的指责,但西塞罗选择隐忍的不辩解策略。克劳狄乌斯则在绝望之际迅速调转船头与返回罗马的加图结成同盟。克劳狄乌斯起初只是想独自担任平民领袖,不料结果却是彻底背叛革命,沦为加图誓死捍卫以元老院为核心的贵族共和体制的工具,在罗马制造凯撒的各种谣言,甚至派刺客抵达高卢与日耳曼首领密谋里应外合刺杀凯撒,哪怕由此引狼入室也在所不惜。是所谓"攘外必先安内"也,革命形势由此自然急转直下。

凯撒在高卢的胜利改变了一切,不仅给罗马帝国带来了和两个意大利一样大的土地,而且为罗马贸易打开了 500 万人的市场,使意大利和地中海免于外族入侵达 4 个世纪之久。凯撒的名望、财富和权势一时达到巅峰。凯撒对高卢的征服使得整个广袤而野蛮的高卢地区开始学习和接受拉丁语言,认可罗马文明,并以此为据点使得古代希腊和罗马的古典文化传至北欧洲,成为法兰西文明的缔造者。大量的战利品被运回罗马,缓和了国内的阶级矛盾,巩固了"三头政治",庞培与克拉苏分别担任西班牙与叙利亚总督,凯撒的高卢总督任期延长五年,元老院的议员也被凯撒收买和驯服得服服帖帖,于是废除凯撒的立法运动寿终正寝。

庞培和克拉苏总督期满后回罗马担任执政,贿选拉票,借陪审团之势张牙舞爪,行恐怖谋杀政策。执政结束后,庞培与克拉苏撕破脸皮,克拉苏征召一支部队逃亡叙利亚,公元前 53 年死于当地。其时,罗马的军队除了一小支被派往高卢归凯撒应付暴动,其余全部驻扎在意大利由庞培带领。而凯撒的女儿,庞培的妻子此时由于难产而死亡,这使得联结凯撒与庞培的唯一纽带中断了。克拉苏死亡的消息最终使得独在罗马的庞培政治野心暴涨,公开宣布与保守的共和派联盟,欲孤立乃至废黜凯撒,独自执掌罗马。"三头政治"遂告破产。

而此时的首都罗马城也处处被贪腐、混乱与罪恶的民主气息所充斥。所有的选举都被金钱所玷污,金钱行不通就诉诸谋杀。敲诈勒索横行,城市罪恶遍布,乡村盗匪四起。随着危机感的加深,共和国的气氛不仅恶化,而且充满了血腥。加图不惜谋划启用米洛来竞选公元前52年的执政来对抗庞培。米洛本是庞培狂热的支持者,后被庞培抛弃。元老院里以克劳狄乌斯和米洛为首的两派明争暗斗,终至于前者被后者杀害。不明就里的罗马大众依然把克劳狄乌斯看作烈士,发动平民暴动,元老院被烧成一片灰烬。而元老院的第一个常设法庭也因此灰飞烟灭,而建造法庭的正是加图的祖先。此时的加图,万般无奈只得寻求庞培出面来镇压暴乱,尽管无法认同庞培,但无政府主义状态对共和的危害更大。

庞培顺水推舟带兵平息暴动。居功的庞培于是进一步威吓要挟,把元老院握在手心,里的富豪听凭庞培摆布,而贫困的市民则期待着凯撒班师回朝拯救他们。平息暴乱后,加图虽然认可了庞培担任唯一执政的职务,但对庞培依然不冷不热不卑不亢,他支持庞培无非是为了挽救共和国而已。然而若说加图对庞培生硬而冷淡的态度有一些转变是基于庞培虽然对权力有着无穷的欲望,他依然要在共和国法律的轨道和名义下行进的话,还不若说是基于加图对远在高卢的凯撒的担忧。因为加图清楚地知道庞培和凯撒的区别——凯撒要比庞培更清楚权力的本质和表现,他虽然在意权力获得的合法性,但他决计不会为获取表面的合法性而丢掉实质性的权力。换言之,加图眼中的凯撒是一位十足的政治现实主义者,而庞培则多少会受制于名誉和道德的羁绊。

于是,两大军政开始了争权夺势,内战揭开了序幕。起初,庞培举棋不定,甚至力图调停加图派和凯撒的紧张关系,但在加图对其不停歇的恐怖警告中终至于意识到凯撒的存在对其未来的威胁。而远在高卢的凯撒更是五内如焚,他在前线浴血奋战,而后方却在想方设法挖他的墙角算计他。在凯撒、元老院与庞培三方博弈当中,加图和元老院一些年长的议员都站在了庞培一边,因为庞培虽然可怕,但至少不会突破共和表面的制度框架,所以支持庞培就等于支持法律和共和国。此时的凯撒退无可退,愤怒没有带来恐惧,却激励出无穷的斗志。

凯撒于是积极采取金元外交,他把大把的金钱撒进罗马,以此来讨好和分化元老院和庞培的势力,年轻的急于成功的一代在利害关系的算计下而不是正确错误与否的合法考量下,纷纷选择支持凯撒。因为在高卢的征伐使得凯撒的底牌正是无坚不摧的军团。和平时期可以选择站在正确的一边,但在战争年代,站在强悍的一边总是实用主义的不二选择。而西塞罗则既认同加图的理想,却又反对加图的方案。他深知,对凯撒的降服只能智取而决不可强攻,强攻只会适得其反。后来,西塞罗最终鼓起勇气追随庞培从罗马撤退时既愤怒地责骂凯撒的追随者为凶手,又怨恨庞培不过是无能的罪犯而已。

最终,公元前 50 年当选的保民官库里奥反戈一击站在了凯撒一边。库里奥以对凯撒的支援来反对加图与庞培的联盟,正如当年凯撒以对庞培的支援来反击克拉苏和加图的联盟。而另一位执政则选择站在凯撒的对立集团加图一边。政治于是陷入僵局,形势越发紧张,罗马彻底分裂为两派。自从苏拉军事独裁的黑暗时期以来,内战这个不祥的话语再次在人民心中和口中复活了。

凯撒被勒令交出军团,否则将被视为共和国的敌人。毫无退路的凯撒于公元前 49 年率一个军团冒险渡过卢比孔河,一路势如破竹杀入庞培驻扎的罗马城。① 随后又抢占了加图控制的西西里和庞培盘踞

---

① 诸多关于罗马的历史记载都评论说凯撒下令军团渡过卢比孔河时是其一生最为冒险而痛苦的抉择,因为根据当时罗马的法律,军人在没有元老院允许的情况下不得随意进入罗马城的地界,凡是出兵远征归来的将军在进入罗马城之前,必须就地解散部队,得到元老院的首肯方可解散武装后进入罗马城。而凯撒带兵越过界便意味着入侵,从高卢向意大利乃至罗马入侵,意味着造反,也意味着挑起内战,意味着触犯罗马共和国最严厉的法律。孟德斯鸠在《罗马盛衰原因论》中说凯撒渡过卢比孔河给罗马造成的惊恐与第一次"布匿战争"中公元前 216 年汉尼拔"坎尼之战"给罗马带来的恐怖一样。而凯撒最终的决心注定了罗马共和时代不久的谢幕,共和制将让位于君主制,古代罗马自由制度开始走向毁灭。

的西班牙。公元前48年,庞培战败逃至北非的托勒密王朝后被杀,投靠庞培的布鲁图斯和卡西乌斯也都获得谅解而归顺了凯撒。然而,加图继续高举反对凯撒的旗帜。此时的加图已知共和无望,他之不屈服只是为了早日为共和殉身而求得光荣。所谓求仁得仁无怨无悔。而此时的西塞罗则认为双方应当握手言和结束战争。若不是加图的干预,西塞罗就被忠于庞培的人杀死。后西塞罗随加图逃亡非洲,以加图为首领与灵魂的反凯撒同盟在非洲迅速重新集结。

庞培死后,凯撒又迅速占领了在埃及的托勒密王朝,扶持艳后克娄巴特拉称埃及女王,并与艳后诞下一子。等贪图享乐的凯撒携带艳后欲返回罗马时,罗马已经危机四伏内外交困。罗马城内已经由先前的内战演化为社会革命:激进的革命派为喀林提举行纪念庆祝会,向其坟墓敬献花圈。激进派向议会建议取消所有债务法案,还在意大利南部招募有奴隶参加的军队枕戈待旦。罗马先前在东方的殖民地纷纷联合起来反抗分崩离析的罗马,庞培遗留在非洲的军队日渐壮大,而庞培的儿子在西班牙又组织了一支军队,封锁了罗马的粮源。"不停歇的内战和革命至此已经把自私的贵族政治破坏殆尽,但是始终也没有找到一个可以取而代之的合适的政体。失业和贿赂已经使议会腐化为一个短视浅见、感情用事的暴民集团,自身尚且难保,遑论统治整个帝国。"此种情形正如柏拉图所言,"自由导致放肆,放肆演成紊乱;社会紊乱,则人们厌恶自由,乞求秩序。"①

此时,凯撒作为伟大政治家和军事家的天赋发挥了作用。对激进革命派和贵族保守派分别采取取消小额债务和压低房租以及保护私有财产不受侵犯等安抚平衡政策后,凯撒迅疾重拳出兵。在镇压了东方的起义和叛乱后,挥师南下非洲,把庞培的旧部打得落花流水。流亡盘踞在非洲的贵族保守派如西庇阿等纷纷战败身亡。公元前47年,加图抚剑自杀以身殉国,共和派或立宪派的抗争落下帷幕。凯撒为加图举行了葬礼,赞誉死后的加图依然是他最顽强的敌手。凯撒击败了庞培,却没有打败加图。他给加图的悼词这样写道:我嫉

---

① 杜兰.世界文明史:卷三:上册[M].台湾幼狮文化公司,译.北京:东方出版社,1998:220.

妒你已死去，正如你嫉妒我有饶恕你的机会一样。加图知道若自己不死，凯撒可能会饶恕他。然而若如此，不仅会为凯撒的权力赢取名声，而且会因之毁掉加图一生捍卫共和理想而决不妥协的立场与人生。加图的自杀不仅意味着罗马共和最终的名存实亡，也意味着凯撒的和解已经没有了外在压力，而最终推向凯撒一步步走向军事和政治独裁。

凯撒从非洲班师回朝使得整个元老院如惊弓之鸟，知道他们念兹在兹的贵族共和政体大势已去，而凯撒的专制和独裁则如箭在弦上，他们乃推举凯撒做 10 年的狄克推多。随后，凯撒又出兵西班牙击败庞培的余部（庞培儿子盘踞在西班牙的余部后来被凯撒的养子屋大维最终绞杀）。凯撒接受 10 年的狄克推多终于成为压在元老院贵族保守共和派背上的最后一根稻草。以布鲁图斯和卡西乌斯为首的元老院议员开始策划谋杀凯撒了。① 共和派深知权力会让人上瘾，一个人越是有权力，就越是拼命想取得权力，正是因为他拥有了许多，所以他想占有一切。因此共和制度的本质是分权和限权，避免集权和专权。古代希腊的"贝壳放逐法"，其根本要义亦在此中，即防止个人权力过大，哪怕无端牺牲某些个体的权益亦在所不惜。共和制度的根基不就是建立在对先前王制权力不受约束的基础上吗？共和制双执政以及短短一年的任期不也是为了避免个人独裁吗？元老院、百人团以及族

---

① 据罗马史传该布鲁图斯的先祖即建立罗马共和并且为捍卫共和怒杀其子的老布鲁图斯，他的母亲是小加图的妹妹，更是凯撒的情人，他的太太是凯撒的仇敌拜布鲁斯的遗孀。斯多葛学派的诛杀暴君说对他颇有影响，他认为为了捍卫自由的共和便不应忍受暴君的存在，即便他是自己的父亲。因此，传说凯撒在遭遇刺杀时，起初有反抗，但当他目睹布鲁图斯也举剑相向，遂以袍蒙面，闭目等死。罗马共和之初的老布鲁图斯为捍卫共和将两个阴谋复辟王政的儿子杀死；共和末尾，小布鲁图斯杀凯撒以挽救共和之大厦将倾。前者成功，乃共和之生命力刚刚怒放；而后者不成，乃共和在当时已步入穷途末路。杀子一说可能是传说，但不论传说与否，已然在西方文明中生根发芽，昭示人们一个道理：暴政不得人心，暴君人人得而诛之，即便自己的生身之父或血脉嫡传。反观中国古代的夏桀、商纣王、周幽王与周厉王上古三代的毁灭叙事同样昭示中华文明的一个道理——若在上之执政者残暴对待人民，人民亦会以革命回应。以暴制暴、治乱循环两千余年的中华文明史莫不如是。此亦是西方自然法之核心思想"恶法非法"之自然推导。

派会议的设立不更是对执政权力合法授予与有效制约吗？日后督查官和保民官的出台不也是权力分割的制度设计吗？而如今光芒四射的凯撒一个人就扮演和替代了一个共和国，一个人就包办和决定了政府的一切。罗马先前的殖民地叙利亚、西班牙、非洲和高卢将不再对共和国表达忠心，凯撒将会接受他们全部的忠诚。底层庶民越是为凯撒欢呼和流泪，上层的贵族阶级则越是担忧和恐惧。因为他们深知欢呼过后的共和必将让位于专制与独裁的王权。

正如加图与庞培的关系，"西塞罗对凯撒的感情没有左右摇摆，这点一直没变。他从来都不喜欢凯撒，这点就像凯撒对西塞罗的喜爱那样一目了然。凯撒需要西塞罗的友谊，而西塞罗从未给过他"①。加图自杀后，西塞罗选择和解并且被凯撒认可为贵族元老院中妥协和屈从的首领。当然，西塞罗认为这只是战术上的和解。尽管如此，西塞罗被元老院少数抵抗派认为是软骨投降派。等凯撒遇刺后，西塞罗期望再次挽救共和国于既倒，遂与元老院联合凯撒的接班人屋大维反制安东尼。后屋大维发现西塞罗和元老院只不过是利用他来作为反对安东尼的暂时工具而已，于是就与安东尼、李必达达成妥协，组成"后三头政治"。"后三头政治"妥协成型后，罗马元老院贵族和保守派分子纷纷逃亡意大利南部，议会只得批准新政府成立，并且授权"后三头"统治罗马五年。

"后三头政治"的血腥和残酷更胜于"前三头政治"，罗马共和在临终前注定要遭受物质和性灵的双重洗劫与屠戮。很多元老院议员和商人被处死，人民公敌名单上的人数节节攀升。罗马全城戒严，很多富人和贵族被追杀，还有畏惧者投案自首，更多则是绝望自杀。贵族和商人的财产被没收以支付巨额的军饷或分给普通罗马公民和奴隶，很多继承了大笔遗产的小孩子和遗孀也被处死。就连当时的保民官萨尔维乌斯（Salvious）也被砍头处死。有奴隶甘愿乔装主子报恩而死，也有儿子为继承遗产而出卖父亲的。这是罗马共和后期社会各阶级矛盾激化和家庭伦理被金钱腐化堕落的种种反映，也是自此之后，

---

① 汉密尔顿.罗马精神[M].王昆,译.北京：华夏出版社,2012:89.

世界各国革命史上屡见不鲜反复出现的阶级矛盾和家庭冲突的先声。圣经中所谓"太阳底下无新事"也。

西塞罗可能从未呈现如加图那样的崇高,但他仍然拥有美德,值得尊敬。西塞罗在本质上属于思考者而非加图般的行动者。然而在生命的最后阶段,西塞罗变身加图。他虽没有军团支撑亦手无缚鸡之力,但他无与伦比的演讲才能和他崇高的政治声望为罗马共和献上最后一曲挽歌:

> 呼吸是为了活着,但活着并非只有呼吸。
> 奴隶虽然活着,但没有真正的生命。
> 其他民族可以忍受奴役,而罗马则不能。①

西塞罗一生都在热爱共和的人生理念和选择捍卫共和的实践路径之间犹豫和徘徊,他已自我压抑了太久,在生命走向终点的时候,他需要爆发。若非如此,他必将终身遗憾和后悔。最终,安东尼对西塞罗下达追杀令,此时的西塞罗仰天长叹,知道无论如何合纵连横也不能再挽救罗马共和。然而,若是西塞罗闭上嘴巴,或许能苟且偷生,因为他的声望和影响足以换取"后三头政治"对他的赦免和开恩。因此,为共和殉身还是跪地求生成为西塞罗生命最后的选择。西塞罗毅然选择追随加图——因为加图先前曾对他言讲:噩梦比死亡更为糟糕。公元前43年,西塞罗挺直了脖颈舍生取义杀身成仁。这最后的一跃奠定其罗马共和时代乃至西方文明史上伟大、高尚而正直的知识分子地位。曾写下雄辩如滔滔江水的反安东尼演讲辞的西塞罗,视正直、

---

① 共和主义的思想传统可以追溯至古代罗马,西塞罗是那个时代的伟人。因此原初的"共和主义传统是根据自由与奴役、公民与奴隶的对立来定义的"。奴隶就等于不自由,哪怕其主人有多么仁慈、开明和宽厚。而公民就等于自由,哪怕其生活状态与文明状态不如奴隶。因为奴隶主即便不干涉奴隶,但奴隶受支配的性质没有改变。而公民哪怕处处受到共和国政府和法律的干预,但这种干预根本上不同于受支配。参见佩迪特.共和主义:一种关于自由与政府的理论[M].刘训练,译.南京:江苏人民出版社,2009:33.

正义与高尚为生命的西塞罗,其头颅和双手被割下后钉在会堂的柱子上,他死后的舌头也没能逃过针刺的折磨。若说加图之死乃向死而生,则西塞罗之死亦几近相似。

血腥的以儆效尤的恐怖政治代替了文明的辩论言说的共和政治。而布鲁图斯和卡西乌斯于公元前42年也被屋大维和安东尼联军最后绞杀。后来,凯撒养子屋大维认为安东尼与元老院的保守派贵族媾和而背叛了凯撒的革命意愿,遂自立山头,公元前44年与安东尼决战于穆蒂纳,安东尼战败。屋大维班师回罗马,成为元老院军团和自己军团的统帅,并处死诸多参与刺杀凯撒的人。最终"后三头政治"以屋大维的胜出而瓦解。罗马共和最终被罗马帝国所取代。

千古罗马一加图　自由共和传万代

公元前202年第二次"布匿战争"的胜利使得大阿非利加·西庇阿在罗马政坛的声望达到巅峰。当大阿非利加·西庇阿与其弟弟卢修斯从亚洲战场胜利归来,被加图派要求向元老院呈报所缴获的款项账目时,大阿非利加·西庇阿傲慢地拒绝了,不仅如此,他还在元老院将所有账目记录单据撕得粉碎。当兵员大会传唤其接受审判时,大阿非利加·西庇阿更是不予理会,反之,他却组织自己的人马庆祝"布匿战争"的胜利,以此向议会示威。这个罗马共和政体,不久就被不受约束、有能力的伟人所毁灭。①

而阻止这些伟人来毁灭共和罗马的人当中,加图家族无疑是最有代表性的。小加图与一百多年前的曾祖父老加图一样,鄙视一切形式的铺张,尊崇简朴严肃和稳重。他把继承传统看作是神圣的、深刻的道德使命,对同胞的责任和义务是他毕生恪尽的职责。正如加图以其

---

① 苏拉之前,罗马的共和贵族政治虽时有受寡头政治的家族支配现象,但不至于出现个体垄断和独裁政坛的现象,或者说由于早期共和的权力制约与配置体系以及其他种种因素,尚未有伟大的政治家出现。苏拉之后,寡头政治让位于个人独裁政治,至凯撒大帝担任狄克推多起,共和的罗马已经走向穷途末路。见杜兰.世界文明史:卷三:上册[M].台湾幼狮文化公司,译.北京:东方出版社,1998:117.

清贫和道德在上层贵族阶级中流芳千古,所谓富贵而不骄奢;而凯撒之被下层民众当作偶像则是因为他的慷慨大方,他熟稔如何通过权力来获取民意。两人在天资方面旗鼓相当,但在性格上则截然相反。为捍卫共和国这唯一目的,哪怕为此一条胡同走到天黑,理想主义浇铸的加图九死而不悔。为了对抗庞培对共和国的威胁,加图不惜和他讨厌乃至鄙视的克拉苏以及米洛达成妥协和联合。而现实主义的凯撒从未把任何规范包括共和看作其挥斥方遒的制度限制。凯撒之不择手段端是为自己的所思和所想以及其冷静的理智所引导,为有利于自己的情境和形式所服务。理想主义的加图还是一名顽固的法律形式主义者或法律实证主义者。在非洲尤提卡的反凯撒联盟军中,对于解放所有能披挂上阵的奴隶的提议,加图以其对私人财产的非法侵害而不予接受,而提议当由奴隶主以爱国热情自动奉献。"宁愿让共和国合法毁灭,也不愿以不合规章的步骤将其挽救。"①加图这种对法律规范即程序正义的虔敬可见一斑。②

尽管以加图为代表的共和派拼尽全力也无非是螳臂当车,以卵击石而已,但其意义恰在其中,所谓一颗求真求善并求美的心知其不可而为之也。因此,"加图的死,比他的生更为高贵,更有裁决性。加图虽不能说是伟人,他短视、偏执、啰嗦、枯燥,代表了缺乏反省的共和主义者之典型,然而,他仍是唯一高贵而勇敢的为那伟大体制卓绝奋斗至最后的一人。"③在加图的内心,若凯撒不消灭,则共和的法律治国必将屈辱于凯撒的武力之下,而共和若被武力所欺凌,那就不成其为共和。加图身后,哀荣备至,金身得塑乃至被推上神坛。每到时代和社会的转折点,加图就会成为正直、公正和正义的试金石和航向标。一个人在历史上的印记和地位取决于正直而非精明,所谓大智若愚;反

---

① 蒙森.罗马史:从起源、汉尼拔到凯撒[M].孟祥森,译.上海:上海三联书店,2014:284.
② 法律规范主义或法律实证主义是相对于自然法论而言,关于这二者的区分与联系以及背后西方法哲学思想的流变,有兴趣的读者可参阅强世功.法律的现代性剧场:哈特与富勒论战[M].北京:法律出版社,2006.亦可参阅贺文发.言论表达与新闻出版的宪政历程:美国最高法院司法判例研究[M].北京:中央编译出版社,2015:211-218.
③ 同①292.

之,则所谓生前机关算尽太聪明,反误了卿卿性命。至启蒙运动后,西方各国君主专制体制轰然坍塌,这是加图凛然面对生死给其政敌的馈赠,亦是加图共和魂魄生生不息的明证。

加图所表现出来的不妥协性常常令他的盟友沮丧。西塞罗虽然对他甚为钦佩,但也禁不住抱怨"他在元老院大唱高调,就像他生活在柏拉图的共和国,而不是罗慕路斯的垃圾堆"。与加图相反,西塞罗一生都在试图试探妥协的限度,而加图则无视盟友的做法,只坚持自己的原则。别人哪怕屈膝也要追着胜利的方向奔跑,而加图则昂首前进,哪怕拥抱失败,也要遵循正义的原则。加图的固执或偏执凸显的正是人性的尊严和光荣。生时的加图可能会被认为是书呆子,是现实主义的笑料,是撞到南墙而不回头的唐吉诃德,但一俟死后,很快人们就会将其当做圣贤来敬拜。这或许是人性的悖论,但恰恰彰显了人性的虚弱和悲哀。由此,加图之死,所谓悲夫大哉,壮乎哉!①

如果说格拉古兄弟壮志未酬死得其所,其死重于泰山,那么凯撒显然在格拉古兄弟的肩膀上继续前进了一步,这一步即是战神凯撒的南征北战,对罗马共和来说是"挽狂澜于既倒,扶大厦之将倾",巩固了贵族阶级的利益,同时也保障了平民等下层阶级的利益。如果说马略在后期虽然站在了平民阶层一边,但终究没能在制度上有所建设,而苏拉是典型的贵族体制的拥趸,庞培和克拉苏亦复如是。然而凯撒的

---

① 孔子何尝不是如此,生前四处游走于列国而积极宣扬"仁义"之政治理想,奈何现实残酷,春秋战国诸侯称霸争雄,所谓黄钟毁弃、瓦釜雷鸣。因此,孔子处处碰壁,惶惶如丧家之犬,然其并未知难而退,反是知其不可而为之,所谓壮怀激烈,空怀唐吉诃德之理想。孔子死后亦屡屡被推上圣坛。与加图所不同者,孔子之被封圣乃后世的皇家帝王为维护自身之专制权力所为,而加图之被后世念兹在兹恰恰乃新兴资产阶级反君权神授与君主专制。同是成圣,失之毫厘谬以千里哉!诚所谓东方西方之大不同也!自然孔孟在华夏文明的封圣并非一无是处,至少保留了由其生发出来的以"仁爱"为中心的道德政治与礼乐教化之儒家"道统"文化,日后薪火相传一脉相承的"程朱理学"乃至"陆王心学"为华夏文明的"道德礼教""人文伦理""人道主义"乃至"生命之学"与"心性之学"构筑了一座雄伟而坚固的思想大厦。即便当代新儒家的代表人物牟宗三先生亦是认为传统上所谓儒家儒教之"内圣外王"在今日已然畏缩退化为"内生"之修身养命之心学,而今天这个时代所要求的"新外王"即是科学之"学统"与民主之"政统"。

伟大即彰显在这里,作为一名伟大政治家的凯撒深知若是不能创建一个比他推翻的政权更好的制度,则他的一切胜利都会因此而被淡化。因此,凯撒以执政身份扩大了罗马公民的政治权利。他控制了共和罗马的各个政府机构,大刀阔斧地进行新的帝国蓝图设计和建造。他深知罗马的革命是农业革命而非工业革命,因此效法格拉古兄弟把土地分配给退伍军人和贫民。他打压贵族和高利贷投机者,而联合商人支持其农业和财政改革。西塞罗试图把中产阶级和贵族联合起来,而凯撒则意欲使他们和贫民和谐相处。若说西塞罗的想法还有几分实现的可能,凯撒的愿望则纯粹是镜中花与水中月。这也注定了日后凯撒遇刺的千古悲剧。

凯撒最遭贵族阶层埋怨的是他不仅把罗马公民权广泛赐予罗马的大众,而且更进一步把罗马公民权赐给了山南的高卢人——他想把意大利所有自由人的地位提高到与罗马市民一样。换言之,罗马的代议共和政治不再由罗马公民来决定,他要使整个意大利各城市都享有作为罗马帝国一分子的民主权利和治理罗马帝国的政治权力。然而,再宏大的政治蓝图,再理想的政治改革,若是与现实社会各个阶级利益的博弈乃至力量的对抗格格不入,则最终注定只能是一场悲剧而已。换言之,扫荡完庞培残余势力,完成一场军事武装革命的凯撒在罗马城内又掀起一场轰轰烈烈的政治、经济乃至社会上的大革命。曾以研究罗马共和史而获诺贝尔文学奖的德国古典学者蒙森认为:"凯撒此时的情况与日后的亨利四世与奥兰治的威廉相似,最艰巨的任务是胜利后才开始的,凯撒不能再把自己仅仅局限为民主派或人民派的首脑,他要用举国的福利来代替本党本派的必然而片面的利益和规划,如此,他必然面临各党派联合的敌意,甚至他革命起家的本党和本派也会对他产生敌意,因为首领和党魁的目标不再是他们自己的目标。"①

革命理想越纯真,这种情形便越逼真。凯撒的革命蓝图就是如此理想,革命的变革又是如此剧烈,令人如此眼花缭乱,如此振聋发聩。

---

① 蒙森.罗马史:从起源、汉尼拔到凯撒[M].孟祥森,译.上海:上海三联书店,2014:304.

在凯撒还沉浸在庶民与军人的欢呼与荣耀当中时,立宪派、共和派或贵族派中的大多数虽然也已获得凯撒的谅解和宽容,但对于节节败退的他们而言,谅解越宽宏,则羞辱越强烈。尊严和正直的理智终至于战胜偷生与苟且的情感,被逼至墙角退无可退不得已而图穷匕见。公元前 44 年 3 月 15 日,凯撒遇刺身亡。

凯撒的寿命虽然与苏拉(58 岁)一样短,但若是其人生的时钟再早一点停摆,则凯撒不啻为千古罗马的千古伟人。或者在征服高卢带给罗马日后 500 年的和平发展外部环境后,凯撒能够急流勇退,还政于元老院,于保民官,于议会政治,则凯撒就真的成为罗马的保护神了,所谓"千古罗马—凯撒"。与此相应,没有了凯撒的加图也便失去了其存在之意义。然而,历史永远没有假设,设身处地为凯撒着想,越过卢比孔河并不能说是凯撒的罪过,只能说是罗马城里的元老院和庞培把凯撒逼上梁山。凯撒向元老院缴械放弃兵团,虽然可能成为罗马的圣贤乃至神祇,但极有可能会因此而难以自保。或再假设,庞培死后,凯撒重新还政于共和,以武力和军管助推奄奄一息的共和复活后,淡然隐居江湖。若如此,则华盛顿对总统权力告别演说的神圣光环也必然为凯撒所遮蔽,甚或西方的共和历史会因之而重构重述。然而,此种假设更是一厢情愿,因为若如此,则历史当属于凯撒一人之历史,凯撒不为圣必为神。事实上,即便凯撒之改革并未成功,死后的凯撒在革命后的平民阶层乃至更低的贫民阶层甚至一些得到解放和自由的奴隶心目中已然升格为神祇了。同样,美国内战甫一胜利,领导内战的统帅林肯总统即遭刺杀,用一人之宝血救赎了几百年殖民之罪恶,南北达成和解,林肯成为美国的神祇。

因此,凯撒遇刺是凯撒个人的悲剧,也是罗马共和的悲剧。终其了,共和的终结在于其气数已尽,而非凯撒的篡夺,而加图的捍卫留给世间的亦只能是拔剑四顾心茫然,英雄气短空怅然。对于加图和刺杀凯撒的布鲁图斯以及卡西乌斯等而言,宁可为玉碎、决不为瓦全地捍卫自由共和乃至权利的斗志与勇气,恰恰是罗马共和时代最为珍贵的高尚品质!庞培之后的岁月把近乎成神的凯撒拉下了神坛,转而却把加图等凯撒的敌对派推上了神坛。似乎是人生的最后一步使得凯撒一世英名毁于一旦,然而凯撒本意并非要废除共和罗马的制度建构,他的理想无非以个人英雄主义为支撑来重构共和主义的制度内核。换言之,当时的集权是历史之必然,是客观之要求,只是历史的偶然选中了凯撒来集权。再换言之,凯撒的军事专政是自然成长的,而非人为强就的,因为凯撒时代,共和的内核已枯萎死掉。凯撒以大无畏的英雄气概慨然登场,他要拯救国家,他知道他的一切必然引发同代人的仇恨,然而,为了后代人的福祉,他选择与反对派和解。"他这样做不是由于高傲者的宽宏,也不是出于妇人之仁,而是出于政治家的深思熟虑,因为对被击败的党派,比较快而比较无伤楚的处理方式,是将他们吸收到国体之内,而不是把他们扫除到国体之外。"①

共和国朝不保夕,除了一人之治外,别无其他道路可走。虽然贵族自己不能再进行统治了,但他们坚决拒绝接受一人之治。他对共和派贵族的不设防最终造成他的悲剧,他要以自身人格的信任来换取彼等对革命的信任。凯撒甫一成功便四面楚歌。若是凯撒的革命最终成功,必定引发上帝对人性完美的妒忌。因此,凯撒遇刺,死得悲壮,死得其所,与其说是罗马共和的悲剧,不若说是人类性灵之悲剧! 是所谓壮乎哉,悲乎也!②

---

① 蒙森.罗马史:从起源、汉尼拔到凯撒[M].孟祥森,译.上海:上海三联书店,2014:302.
② 1902年在85岁高龄上,凭借《罗马史》而斩获诺贝尔文学奖的德国古典学者、法学家、历史学家、政治家和考古学家蒙森这样哀叹和赞美凯撒:凯撒是千年一遇的天才。他文治武功,《高卢战记》成为西方文学史乃至军事史的巅峰之作。自古至今,一切真正的文学,必然是反专制的。因此若说凯撒在文学方面敢于进军而竟未失败,则原因在于他心目中仍旧存着自由共和国的伟大梦想。然而,命运比天才的力量更大。凯撒想要的是恢复文人政府,结果建立的却是军事专制政体;他推翻了贵族与银行家的政权,却以军事政权做了替代,而国家仍像以前一样由特权的少数操纵。然而这样以创造的意义陷于错误,乃是禀赋至高者的特权。伟人们为了达到理想而导致的辉煌失败,乃是国家的至宝。好几个世纪之久,罗马的军事政体未演变为警察国家,乃是凯撒之功;罗马的后继的皇帝们,不论如何不同于他们王权的伟大创立者,没有运用军人来对付公民,而只用以对付公敌,乃是凯撒的功劳;因为他们对军队与国家都有足够的敬重,不可能以前者做警察统治后者。见蒙森.罗马史:从起源、汉尼拔到凯撒[M].孟祥森,译.上海:上海三联书店,2014:217-322.

历史永远是当代史。凯撒之前有亚历山大大帝,之后有拿破仑,文治武功,三人各有千秋,然而就政治家的风范和格局而言,凯撒只在另二人之上而不在其下。然而,造化弄人,自文艺复兴以来,尤以启蒙运动直至英国资产阶级革命以来,由于罗马共和在西方历史上的特殊地位,凯撒往往被置于共和派的对立面而被加以指责和挞伐。历史图像中凯撒之悲剧与其说是人们对凯撒军事专政的厌恶和讨伐,不若说是人们对罗马共和乃至捍卫共和之象征加图的癔寐思服。也由此,今日的民主与共和政治都强调文官政治而拒绝军人干政。① 加图珍爱共和的美丽与自由的宝贵,他之赴死是向死而生;凯撒洞悉政治的复杂与人性的残酷,他之赴死是无畏无惧。

诚所谓"千秋罗马共和情,万古凯撒加图恨。天长地久有时尽,此恨绵绵无绝期"。

贺文发
2016年秋末于京城复兴门

---

① 拉丁有谚谓:武力要顺从袍服。这句谚语当中除了强调文官政治之外,还强调军事与武力不得干预司法。这正如日后西谚所谓"凡有战马鼓角争鸣之地刀枪剑戟叮当之处是很难存有自由的"。

译序二

一座伟大而荣耀的桥梁
——衔接上古今世横跨新旧大陆的《加图来信》

英国"光荣革命"后,在托利党与辉格党大辩论的背景下,两位激进的英国辉格党作家约翰·特伦查德(John Trenchard)和托马斯·戈登(Thomas Gordon)在1720至1723年以古罗马政治家"小加图"为笔名写下了一系列文章为"议会主权""共和政府""有限政府""权力制衡""民权政府""自由贸易"以及"言论与新闻自由"等主题进行辩护,强烈反对"君主独裁"或"王权专制"。简言之,即要一个"法治政府"(government of laws)而非"人治政府"(government of men)。显然,这些文字是托古喻今、借古讽今、以古鉴今,借捍卫古代罗马共和的英雄"小加图"的名义来直陈当时英国的政治与社会现状。英国1689年宪政安排确立之后,尽管国王的专断权力得到遏制,但在寡头统治下,国王的专断权力被一种腐败的行政权力所取代,后者的专断性与奴役性丝毫没有减少。要想进一步遏制这种腐败的寡头行政权力,则必须寻求法律的约束,即行政权力必须在国会的立法权力框架之内行走。最初系列文章发表在《伦敦新闻报》,后来又相继在《不列颠新闻报》上刊载,文章总共138篇,在1724年被结集成册,是为《加图来信》。

西方文化言必称希腊罗马,英国自然也不例外。从古代雅典城邦共和制中的直接民主到罗马共和时代的元老院、执政官与议会等混合执政的共和民主,发展到英国君主立宪制中的议会代议制共和民主,也即议会主权的合理性和必要性正是《加图来信》中两位作者念兹在兹的政治理想。君主立宪与议会主权又脱胎于英国近代政治历史进程中最蔚为大观的两大光荣原则——第一,"王在法下",也就是说法律高于国王,国王必须服从法律,1215年的"大宪章"是这一原则确立的滥觞;第二,即"王在议会",也就是说国王必须通过议会来进行统治,1689年以《权利法案》为标志的"光荣革命"正是"王在议会"自中世纪以来的不成文传统的正式成文确立。接受《权利法案》是新国王(即奥伦治的威廉)即位登基的先决条件。某种程度上可以这样认为,1215年的"大宪章"使得英国从古代的王族部落进入到贵族分权自治的封建中世纪时代;而1689年的《权利法案》则把英国从中世纪的分封庄园制推进到资产阶级滑翔起步乃至快速腾飞的市场资本主义制度。19世纪"日不落帝国"的霸权某种程度上仰赖的就是《权利法案》释放出的全球经济活力。

大宪章原则,尤其《权利法案》诉诸英国封建时代的普通法,张扬英国人伸张的自古就有的权利的自然法,如只有议会才可征税、臣民可以自由请愿、议员可以自由发表意见、议会应当定期召开等。《权利法案》是议会(辉格党控制)所代表的人民与新国王之间的新契约,是英国终结中世纪封建制度,终结君主主权制度的标志,也是英国走向宪政和步入近代的奠基性标志文件,为现代英国政治制度的形成打下自大宪章后的又一个坚实基础。除了《权利法案》外,光荣革命还包含有1689年的《兵变法案》与《宽容法案》。前者规定国王若征召常备军,只可维持半年左右时间,否则不拨款,军队的控制权由此由国王手中转向议会;后者则确立了宗教宽容的原则,但仍维持了非国教徒在政治上的不平等地位。"光荣革命"某种程度上是1640年爆发的资产阶级革命或者说英国宗教内战革命所形成的"克伦威尔"护国公执政府与日后查理二世和托利党扶持的其弟詹姆士二世的复辟政府之间的一个妥协。

代表广大人民利益的辉格党抛弃了前者,因为护国公的统治是完全以武力为后盾的军政府,甚至"残缺议会"被护国公以武力强制解散。革命处死了专制的国王,但军政府比之国王有过之而无不及:革命以维护议会的自由权利、反抗国王的专制权力而开始,但国王没有了,议会却也被解散了。克伦威尔实行军事独裁,随意解散议会,全国划片实行军管,军事将领代替了文官政治,将军们随意进行司法裁断,完全凭个人意志,人情关系代替了司法诉讼。清教的道德伦理在军管的荷枪实弹恐怖统治下强行推广和实行,不可饮酒、不可赌咒、严格遵循安息日戒律,不可出门,不可营业。军管体制一旦出现,便形成庞大的军队利益集团。任何对权力限制的议会法案都受到军队的强烈反对,于是解散议会就成为家常便饭。克伦威尔本人已经无法控制局面,因为越要反对他加入革命阵营时对集权和专制的厌恶局面,则越要权力的集中,革命步入了一个恶性循环的无底洞和死胡同,就好像一艘满载的船只由于进水,人们越折腾来堵漏水的洞口,就会把洞口搞得越大。革命以反对一个人(国王)的专制开始,却最终不得不以另一个人(护国公)的专制而结束。①

但同样,查理二世和詹姆士二世所代表的复辟政府也被人民所抛弃。克伦威尔死后,其子不能掌控军队,被迫交出护国公职位。英国走向无政府主义边缘。当此之际,查理二世发表和解声明,对过往的革命既往不咎,但对主权问题依然避而不答。最终,在政治主权和宗教信仰上不肯退半步的复辟政府终于因"光荣革命"的到来而走到了历史的终点。

"光荣革命"的初期并非在英国的政治实践中完全形成了议会主权,而且,"光荣革命"也并没有处理好行政权与立法权之间的关系。新国王威廉此时拥有独立的行政权,也是实际行政首脑,有权遴选政府大臣,并亲自临朝听政,大臣只对国王负责。这种状况下,一旦政府与议会意见相左,国事即陷于混乱,行政与立法呈现双头政治。威廉之后的安妮女王临朝时,议会主权逐步得到确立。政府内阁从议会多数党派中遴选,政府大臣必须与议会多数党相一致。议会换了,政府

---

① 钱乘旦,许洁明.英国通史[M].上海:上海社会科学院出版社,2002:156-192.

也要换,否则政府要受议会的掣肘和抵抗。这实际上正是日后的责任内阁制。1708年,安妮女王在英国历史上最后一次行使国王对议会的否决权,这时,否决权已没有存在的必要了,因为当内阁向议会负责的原则确立后,政府要么服从议会,要么下台。用国王的否决权否决议会,只会使政府与议会严重对抗。至此,议会主权正式得以确立,英国君主立宪政体逐步形成,君主从代表"君权神授"的实际主权控制者逐步转变为虚君,即名义上的国家首脑。

由于安妮女王没有直系继承人,为了阻止詹姆士二世世系继位,议会通过《王位继承法》规定王位由詹姆士二世的姑表姐妹索菲亚(即查理一世妹妹的女儿)支系继承,最终1714年索菲亚的儿子即后来的乔治一世(1714—1727)继位。《王位继承法》彰显了君主立宪的本质,即主权在议会而不在国王。由于乔治一世尤其乔治二世(1727—1760)两位国王自小不在英国成长,不熟悉英国的政治风土人情,在位期间索性放手让内阁大臣料理国事,这样,议会责任内阁制度逐渐得以发展成熟并在英国君主立宪制的框架下牢固确立。

《加图来信》的写作时间正是乔治一世在位期间。《加图来信》的写作缘起于英国历史上的南海资本股票泡沫事件。南海泡沫事件(South Sea Bubble)是英国在1720年春天到秋天之间发生的一次经济泡沫,它与密西西比泡沫事件及郁金香狂热并称欧洲早期的三大经济泡沫,经济泡沫一语即源于南海泡沫事件。南海泡沫事件被认为是世界证券市场首例由过度投机引起的经济事件,是人类历史上第一起全民性投机炒股事件。在此案例中,南海公司、英国政府、社会公众投资者都是利益受损者,但他们同时也都是使泡沫越吹越大的推手,也都难辞其咎。

成立于1711年的南海公司其主要目的是便于英国政府对中南美洲进行战争以及贸易扩张融资筹款。为了迅速筹集还债资金,不堪重负的英国政府允许公司以股票从民众手中回收政府债券。1720年,南海公司采取拉拢贿赂政府高官的手段获得了价值3100万英镑国债的包销权。南海公司股票一夜之间由每股130英镑涨到了每股300英镑。公司承诺购买英国国债,但政府必须要逐年还本付息。为了促销股票,公司造势说在中南美洲发现了金矿、银矿、香料之类赚钱的资源,并允许客户以分期付款的方式来购买新发行的股票。公司以平价或低于面值的价格计算政府债券,而以高于面值的市场价格计算公司股票。在政府默许下,公司管理层为南海公司编造了一个又一个美妙的故事。随后,南海公司海市蜃楼般的利润前景使得股价猛涨,民众超乎寻常的狂热瞬间被唤起。

在4月发行的每股300英镑的股票到5月即迅速攀升至每股900英镑左右,半年后涨幅竟然高达700%。最为疯狂的时候,当南海公司账面资产价值仅为4000万英镑的时候,股票总价值竟然高达4亿英镑,相当于当时英国每年财政收入的6倍。在南海公司股票示范效应的带动下,整个英国的股市变成了巨大的赌场,上至王室下至家庭妇女都蜂拥而至,抢购股票。所有股票的股价都像坐火箭一样猛涨。英国历史上第一次金融泡沫得以形成。事后大科学家牛顿曾感叹道:"我能计算出天体的运行轨迹,却难以预料人们会如此疯狂。"

1720年8月初,当人们知道公司董事会主席以及其他一些董事已经卖掉了自己原本持有的南海公司股票的时候,投资者开始不满并变得警觉。9月底,南海公司的股票价格从每股900英镑下跌到每股190英镑,到12月份最终仅为每股124英镑。当年年底,政府对南海公司资产进行清理,发现其实际资本已所剩无几。那些高价买进南海股票的投资者遭受了巨大损失,政府逮捕了南海公司一些管理层,另有一些董事自杀。

南海泡沫事件使许多地主、商人失去了资产。此后较长一段时间,民众对参股新兴股份公司闻之色变,对股票交易心存疑虑。12月,议会会议指出必须有人承担责任,必须有人受到惩罚。参议院有议员甚至主张把罪犯捆进麻袋投入泰晤士河。没有人指出投机者因为自己贪图暴利和违背常识必然造成这样的命运。调查委员会的报告指出,南海公司将大量股票免费赠予上层官员,财政大臣甚至为此接受了80万英镑的贿赂。

为了防止类似事件的再次发生,辉格派领导人罗勃特·沃波尔于危难之间被任命为新财政大臣,议会通过了《泡沫法案》(Bubble Act),即《取缔投机行为和诈骗团体法》,该法案对股份有限公司的设立提出了许多限制条件,从而也抑制了英国股份公司的发展。在调查南海泡沫事件中,国会委任查尔斯·斯奈尔(Charles Snell)对南海查账,这是国会历史上首次委托民间第三方独立会计师进行核实调查。调查认为南海公司在泡沫事件中有严重的诈骗及做假账等舞弊行为。

从 1720 年 11 月 5 日至 1721 年 1 月 3 日,《加图来信》连署 10 篇文章评论南海泡沫事件。由于时代的局限,两位作者对南海泡沫事件的解释和种种激进观点不一定周全甚或科学,但其中一点却是确凿无疑的:即上市公司的账目财务不透明、信息不公开以及政府与上市公司的相互捆绑乃至官商勾结所致的贪腐,必然是资本市场上股票泡沫得以形成的罪魁祸首。因此从第 11 篇开始,两位作者笔锋一转,从"南海事件"谈到"议会主权""共和政府""有限政府""权力制衡""民权政府""自由贸易"以及"言论与新闻自由"等近代古典共和主义自由思想。也正是基于此,我们翻译从第 11 篇开始,而舍去了前 10 篇。

共和主义思想传统的资源在 18 世纪的开头和结尾鲜明地体现在《加图来信》(*Cato's Letters*,1720—1723)与《联邦党人文集》(*Federalist Papers*,1787—1788)中。前者体现的是英国资产阶级革命后的共和主义观念传统的维系,而后者体现的则是美国革命后的共和主义意识形态。前者的共和观念对抗的是君权,伸张的是议会权力;而后者的共和观念则升华到对抗普遍存在的政府权力,伸张的是对权力的分割和制衡。某种程度上,这也是后发的美国革命在就共和政府的论述、设计和架构上优于或进步于英国革命的地方。质言之,英国革命的成果是君主立宪制下的共和制,而美国的则是联邦代议制下的共和制。共和主义的自由观念是过一种无支配的有公民美德的政治生活,这种生活服从法律和政府的干预,但拒绝国家的专断和个人的独裁干涉。古代的共和主义更多侧重多数至上,而近代的共和主义,尤其以《联邦党人文集》为特征,则推进到预防多数暴政的权力制约和均衡的制度建设上。因此,托克维尔认为:"对于共和政体来说,最为重要的是:不仅要保卫社会不受统治者的压迫,而且要保护社会上的一部分人不受另一部分人的不公正对待。……公正永远是政府的目的,也是人类社会的目的。人们曾一直追求,并将以全力永远追求这个目的,直到获得成功为止,或直到在追求中丧失自由时被迫停止。"① 美国革命胜利后,围绕宪法的制定和出台,《纽约新闻》(*New York Journal*)报上也有人假托"加图"的名义发表了一系列的文章,借以反对制宪之父詹姆斯·麦迪逊的观点,并强烈反对美国宪法的签署。很显然,这里的"加图来信"所抱持的观点是反对当时联邦党极力呼吁的"联邦政府"抑或勉强可称之为"中央政府",而倾向于赞同拥有更多地方自治权的"州政府"以及获得更多个体自由的"公民权"。

在《加图来信》中,二人采纳了一个反复使用的对比,即由依赖行政权的暴政而产生的奴役与如下国度的真正自由之间的对比:在这个国度里,"人们只知有法律,不知有主人",并且"法律和官员都来自于人民"。而这是 1689 年,英国自由主义的集大成者约翰·洛克在《政府论》中所集中表述的核心观点。因此,《加图来信》是洛克"学术版"的"新闻版",更是针对当时英国政治经济乃至社会现状在报纸上发表的"社论版"与"时政评论版",其在新闻出版史上当占据重要地位。宣扬"议会主权"君主立宪制乃至"权力制衡"共和制的《加图来信》文集在英国虽然吹起了涟漪,甚至掀起了波澜,为君主立宪制加固了堤防,但其真正的价值却在于漂洋过海影响了当时的英属北美殖民地。在那里,《加图来信》深深地扎根、发芽乃至开花结果了。据美国史记载,革命前的殖民地时期,《加图来信》是十三个邦州很多家庭,尤其建国之父的革命一代书架上的必备书籍,亦是很多图书场所乃至识字教育

---

① 托克维尔.论美国的民主:上[M].董果良,译.北京:商务印书馆,1988:299.

的启蒙与普及读物,所谓"凡有井水处,皆读柳永词"也。① 质言之,《加图来信》犹如一座伟大荣耀的桥梁,衔接上古今世,横跨新旧大陆。它上接古代罗马之共和思想,为当时代英国的君主立宪制摇旗呐喊,并横跨大西洋影响了未来的美利坚合众国,把古代罗马共和与近代罗马美利坚共和完美传承接续起来。可以这样说:《加图来信》给日后的美利坚合众国"共和思想启了蒙,独立革命点了火,联邦立国行了宪,市场经济定了调,自由贸易开了张,言论自由指了路"。

人类文明,无论中西,浩浩荡荡,顺之者昌,逆之者亡。所谓人治、德治背后之君再明、臣再清都只能是一厢情愿,到头来,只能依然是有始无终,所谓没有制度约束之不忘初心只能是镜中花、水中月。初始,可能任人唯贤,可能举直错诸枉,但久之,必沦落为任人唯亲,举枉错诸直。明君再明,早已被假话谎言所蒙蔽,无非一尊傀儡而已。亦便明君果为天子下凡,人中麟凤,所谓真龙天子,然面对满朝文武之唯唯诺诺,久之,也必醉心于权力之神奇,奢靡于后庭之娇羞。权力无边无际,杀伐决断即是真理。然而,绝对之权力一则必由任性妄为而致绝对腐败;二则必由对神秘政治的需要而营造投机取巧之徒。于是,奸佞小人、溜须拍马之徒必阿谀奉承蜂拥舔舐于权力周围。亲小人而远贤臣,小人、佞臣及至垂爱之宠幸,必摇身为新贵,新的利益乃至利害集团遂得以形成。如此,新旧之党派党争必甚嚣尘上、必指鹿为马、必颠倒黑白,表面仁义道德,实则男盗女娼。

随之,若有所谓明君则至多平衡新旧之党争,或以新驭旧,或以旧驭新,然则新旧之不可调和若水火之不可相容,究党争之本质实乃权力与利益之内在冲突也。此等明君多见开国之君或中兴之主,若恰逢粪土之墙抑或朽木之才如阿斗不可扶之愚笨之君,久之,则权力本身

---

① 萌生于资本主义最为繁华大本营里的19世纪的马克思主义最终却在资本主义最为落后的链条得以实践。与《加图来信》相似,日后托马斯·潘恩的命运也是如此。他的观点和思想在英国处处碰壁,没有一点呼应,但在美国却点燃了独立革命的熊熊烈火。不仅如此,美国革命后,他又助推引燃了欧洲历史上更为惊心动魄的法国大革命。是所谓"墙里开花墙外香"。

必被佞臣所绑架、所瓦解,虽贵为天子,亦不得有自由。小人得志势必猖狂,仁人志士无路可行。俊杰才情而性情刚烈之人宁以骨肉喂刀锋,而不以身心阿权贵,屈子仰天长叹自投汨罗;知进知退,法老庄者,则有不为五斗米折腰之陶渊明挂印而去,采菊东篱躬耕陇亩,悠然南山之乐。"若说自由制造了个别的仇恨,那么专制却只能产生普遍的冷漠。"(托克维尔语)"看这名标青史人千古,只是睡足黄粱梦一场。"待股肱赤胆之人散尽,朝堂之上要么官官相护结党营私,要么一唱一诺消极应对。久之,朝堂之上傲慢之权力必会有自毁长城之举。君不见,十二道金牌召岳飞,莫须有冤死风波亭。袁崇焕一人苦撑明边关,依然西四牌楼凌迟死,东花市里葬衣冠。

皇权与威权政治的本质必然产生并且需要科层官僚政治,两者相伴而生,互为因果。前者需要后者的支撑,而后者需要前者的站台。前者需要神秘的唯灵,后者便产生秘密的唯物;前者需要威权的展示,后者便制造权威的等级。因此,两者得以持续运行的核心并且催化运行之动力即在于欺上瞒下结党营私的秘密政治与等级制度。科层官僚自最低端一直到高居金字塔的皇家顶端都在欺上的同时被欺,也都在瞒下的同时被瞒。家天下的皇权利益是国家的内容和目的,而科层官僚的本质无非支撑国家得以存在的形式而已。也因此,皇家越追求内容和目的,而官僚则愈加完善表象与形式,最终造成"内容即形式",而"形式即内容"。这种政治制度的总原则不仅需要而且制造权威,不仅神化而且信仰权威;这种政治制度的总形式因此就表现为"对下是锤子而对上则是砧子"(马克思语)。

由此,这种政治制度必定天然排斥美德与正义。法律不是为人民而存在,而恰恰相反,人民是为法律而存在。当然就连法律也只是"统治人"的"专制法"而非"保护人"的"权利法"。国家、帝王乃至维系帝王专制的官家科层官僚本身成为具象,而人民的存在只是抽象。国家是帝王乃至官家的国家,而官家不是国家的官家;人民是国家的人民,而国家不是人民的国家。所谓"普天之下,莫非王土;率土之滨,莫非王臣"。两千年华夏文明背后之逐鹿中原、豪情壮志,实自秦乃汉,唐宗宋祖,有明一代,爱新觉罗,无非一家一姓之"家天下"而已。所谓"兴,百姓苦;亡,百姓苦"。所谓"城头变幻大王旗,你方唱罢我登场"。官家贪暴颟顸,所至民生凋敝。所谓鲁迅大先生在《灯下漫笔》所引"乱离人,不及太平犬"。官逼民反,王侯将相,宁有种乎?人人皆可取而代之,大丈夫当如此也!先是替天行道,而后被吃,后吃人。所谓儒表法里,所谓内圣而外王,所谓吃人与被吃。"居庙堂之高则忧其民,处江湖之远则忧其君",专制体制下的士大夫阶层始终生活在忧民忧君之夹缝中无法自拔。政治与权力的专制带来思想与文化的专制,"焚书坑儒","罢黜百家,独尊儒术",文字狱祸,罗织罪名,乃至社会恐怖,文化凋敝,思想禁锢,鸦雀无声,万马齐喑。

噫吁兮,悲乎哉!武昌起义、辛亥革命、天下为公,行宪政、崇法治,五四"德""赛"二先生,千年梦呓始觉醒。凡儒学或儒教的经书乃两千多年华夏文明的根基精髓,乃至终成统摄道德政治与礼乐教化之"道统",这正如基督教之《圣经》之为西方文化生命学问之"道统",此为一个道理。五四新文化运动高举"打倒孔家店"旗帜,"破旧学""树新学","破旧立新""反孔维新",甚至激进如"全盘西化"。这里的"反孔"与其说反的是春秋时以"仁道"为体,"内圣外王"并重的"孔孟"原始儒家,不若说反的是宋明理学以"理性"与"心学"为体,即以"内圣"为体,以"外王"为用,甚至由于帝王专制的压迫,完全从"外王"而退缩回"内圣"的自我封闭的"存天理,灭人欲"的工具理性主义的儒家与儒教。

从春秋时期的原始儒学发展到宋明时期理性主义儒学,与早期耶稣乃至其门徒传教时期的基督教发展到中世纪时期经院哲学的基督教好有一比。也因此,路德与加尔文的宗教改革对中世纪教皇制的冲击,正应了我们的五四新文化运动对宋明理学之孔学儒教的冲击,尽管后者比前者晚了将近四百余年。

前者以"因信称义"解放了个体,使得人类生活从教皇制所建构的"天堂生活"再次回到"世俗人间"。信仰渐次回归成长为个体内心的修身与生命之学,而教权则从对俗权的掌控中回撤至本属于它的营地即教堂。西方后世的宗教改革激进如美国者则完全废除了"国教"的特权,政教分离,信仰完全成为属于个体内在的心性自由权利。我们的五四新文化运动同样如此,儒学"外王"之路完全走不通,而其"内圣"亦要"去伪存真"。"去除糟粕",即去除为皇权专制服务的封建礼教以及对人本身压抑束缚的"三纲五常"与"三从四德"等;"留其精华",即保留儒学之"仁爱真心""善行义举""忠恕礼道""志勇诚信"等。

正如中世纪的经院哲学不能为西方的近现代开出"科学自由与民主"的药方,以宋明理学乃至陆王心学为标志的儒家儒教同样如此。"五四运动"的旗帜"德赛"二先生也就是为中华文明的复兴新开出的"外王"药方,这实际上等于补上了西方宗教改革前后的"文艺复兴"与"启蒙运动"这一课。

"文艺复兴"与"启蒙运动"半是复古,半是创新,复古即复兴古代希腊与古代罗马的人文思想、科学思维、逻辑分析与宪治实践,创新则是各国根据本国实际情况与发展理路"百花齐放""百家争鸣"。故,相较于西方,我们的前进只能以儒学儒教乃至其背后的儒道释等生命学问为"道统",而学习西学的"科学"与"民主"为"学统"与"政统"。

质言之,华夏文明的前进理路先是"分封建制",而后"周秦之间,千古一变",遂使"帝制成功"而"君政废坠"(吕思勉语),亦遂使"百家争鸣"中胜出的"儒道"仅仅停留于政治外围的"内圣"之心修之学,"辛亥"与"五四"实乃二次巨变。西方文明的理路则稍有不同,古代希腊与古代罗马并非"分封建制",而实乃"城邦文明"与"哲学思维"的结合,而后"罗马帝国"成长并毁于蛮族,此系西方文明之"千古一变",而终至于"基督教"统治罗马,而各蛮族渐次生发出"分封建制",最终"文艺复兴"复古,"宗教改革"革新,而"启蒙运动"创新,此亦二次巨变。

期间,儒学基本停留在"内圣"之修心养性之生命学问,而基督教则不然,曾经有过"外王"的辉煌,堂而皇之将世俗踩在脚下。然而,万流归一,圣哲耶稣早有预言,"凯撒的当归凯撒,而上帝的当归上帝",信仰与政治分离,个人与国家分离,社会应运而生。如此,信仰才可"为善为义",才可属灵;政治才可"为正为公",才可唯物;个人才可"为真为美",方可性灵通达。

不再迷信和迷恋于皇家之威严神圣乃至匍匐于其膝下,君权神授之时代已然结束,自由民主之时代早已开启。今日世界文明中君主立宪制的皇权君主亦无非议会主权之代表与象征;而民主制中之总统总理等亦只是人民主权的代表象征而已。人民主权不是凭借君王产生的,君王倒是凭借人民主权产生的。君主制中,人民从属于政治制度与国家制度,人民是国家制度的人民;而在民主制中,政治制度乃至国家制度只是人民的自我规定,制度是人民的制度(见马克思:《黑格尔法哲学批判》)。

杰斐逊所谓"上帝造人,众生生而平等。生命、自由和追求幸福是人人不可剥夺亦不可转让之权利"。林肯所谓"民有、民治、民享"之自由民主理想之政府。中国共产党之"权为民所授",所谓人民主权也;"权为民所用",所谓人民政权也;"情为民所系",所谓人民政府也;"利为民所谋",所谓为民服务也。所谓法制之根本乃在于以法制权,政府权力亦受法律约束;所谓法治之根本乃在于人人遵守法律,而政府首当其冲;所谓民主系人民参与选举与评判属于自己的政府而已,也即人民当家做主;所谓自由系人民自由与权利受宪法保护而神圣不可侵犯,而自由中的特殊特定非同一般的自由也即人民之"特权"(privilege)自由;所谓平等系法律面前的平等。所谓特权系就连宪法都不可剥夺的人民之神圣根本权益。法律是沉默的官员,而官员是言说的法律。法律消失的地方,自由必然沦陷。

法制即以法权制官权,乃人类文明中民主的第一步,也是近代早期宪政的第一步。在英国具体表现为1215年《大宪章》的出台,也即所谓消极民主,探讨如何制约权力,通过对权力的渐次驯服来保护人民免受政府的虐待。而法治即以法治国,以法护民权。在原有消极民主基础上增加了积极民主,即如何在制约官府或曰政府权力的随意性与权力滥用的基础上进一步拓展人民的权利,即特权从皇家教士贵族等精英阶层拓宽至人民大众,亦即大众民主时代的真意。

近现代民主思想的核心,即"恶猜公权与官家",因为其时刻处于攻势，所谓"法无授权即禁止"；而"善待私权与个体"，因为其时刻处于守势，所谓"法无禁止即可为"。因之，"恶猜"即转化为"问政"，问政即需要"信息公开"，政府与公权要回应公众的疑虑与关切，此即推理出民主政府之本质即在于"公开"与"透明"，公开与透明是保障"公平"与"正义"的不二法门，是所谓"太阳底下无罪恶"，所谓"信息阳光法案"等；因之，善待即转化为"宽容"，宽容即容忍"舆论监督"，容忍公民的"言论自由"及"喘息空间"（breathing space），公众与媒体要敢于质疑政府的权力运行，此即推理出民主政府之基石在于"正义"与"美德"，公民与媒体崇尚正义与坚守美德亦是保障"公平"与"正义"的不二法门，是所谓"不谄媚权力"与"不迎合大众"的"赤子之心"，所谓对权力不卑不亢的客观理性，如此，政治伦理方可阔步行走在"求真""求善""求美"的康庄大道上。

阅读《加图来信》带给我们的思考当如是，而翻译《加图来信》的理由亦复如是。

贺文发

2016年冬于京城复兴门

11. 一些恶极之罪虽没有违背国家现存之法律,但对其严惩的必要性与正义性

托马斯·戈登,1721年1月7日

阁下,人民的利益与安全是法律的终极体现,也是普天下政府存在之原因与服务乃至捍卫之永恒目标。对此,任何法规律令,包括风俗习惯与立法机构都不得改变更不得废除,任岁月流逝都不得抹去和隐藏这一自然法之内核与人民缔结政府之要义。人们缔约结成政治社会的唯一目的是求得共同保护和防御。故此,若任何权力的行使与此一目标相龃龉,则背离政府存在之正义而堕落为对人民权益之侵犯、霸占和篡夺。

处于自然状态下的任何人有权抵制可能来自他人的伤害,并有权报复伤害他们的人。也即,他们有权惩罚那些伤害的始作俑者,并防止他们再次做出伤害之举动。非但如此,他还可以在没有预先宣布的情况下去惩罚可能给他造成伤害的肇事者,因为这是自然状态下每个人与生俱来的权利。故此,由每一个人让渡出本属于自己的权力而组成的国家立法机关若不拥有这样的抵制权和惩治权,并在特定的场合情形下不能行使这一权利,则无疑可笑而荒谬。

犯罪是法律研究的目标和对象,因此先出现犯罪,慢慢才出现约束和惩罚犯罪的法律。最初,并没有所谓正式指定或任命的法官来对犯罪予以裁决和宣判,而是由受到犯罪伤害的人或由部落团体来惩罚

犯罪。随之，受到伤害的人与其他一些人结盟寻求共同的安全和防御。

法律，在大多数情况下，不会导致犯罪，而只是对于全人类根据先前的经验都公认的犯罪行为予以适配性惩罚。并且虽然国家和政府永远都不应该颁布任何的实在法（positive laws，也称人定法或制定法），对于众所周知的伤害永远不要追加任何特定的惩罚，不过政府的确有权利，甚至有义务来根据最佳自由裁量权惩罚那些伤害行为。① 尤其当所犯之罪罪大恶极，就连穷尽人类之智慧都无法预测和想象，而致使所有人都可能因之盲从而变得顽劣邪恶、丧失理智而疯狂做出类似的犯罪行为。

律师的工作即区分基于犯罪人违背自然本性的犯罪（即违背自然法，译者注）和基于犯罪人自身的障碍而违背实在法的犯罪。就前者而言，犯罪行为造成他人名誉、人身或财产（his reputation, his person, or his fortune）的伤害；并且如果伤害了或企图伤害整个社会，则此种犯罪行为将变得更加邪恶和可耻。

就后者而言，犯罪行为造成对立法机构保护的私人团体特定利益的伤害，犯罪违背的法律涉及贸易规则、遴选地方治安官或法官的方式、地方法令等。并且，行为是否造成伤害和是否属于犯罪取决于立

---

① 自古代西塞罗、中世纪的奥斯丁，以及近代霍布斯、洛克以降所形成的自然法概念和西方法哲学思想体系中的自然法观念已经根深蒂固。如西塞罗认为只有自然法与正义相一致，人定法并不都具有这种性质，有些人定法例如僭主或寡头政体颁布的法律可能还与正义相反。中世纪早期的教父圣奥斯丁干脆直截了当：凡不正义的法律都称不上法律（An unjust law is no law at all）。因此即便是良善政府如君主和贵族政体制定颁布的实在法不过是对自然法精神、原则的有益补充而已。某种程度上，英国传统中的法哲学思想恰恰主要是受自然法影响而发展出的不成文的普通法体系。这儿实际上反映了作者的时代局限性：据前述我们知道19世纪后以普遍道德为神圣依托的"自然法"逐渐被以国家暴力为依托的"实在法"所代替。英国经过"光荣革命"后的逐步摸索和推进，渐次确立了以"议会主权"为主要特色的君主立宪制。按照君主立宪制原则，当然立法权在议会，而政府的行政乃至自由裁量权需对议会负责，如现今由竞选胜出之英国首相所组内阁要向议会负责；美国竞选之总统及其所组政府要向国会负责等。广义上的政府亦指国家所有权力机关，包括行政、立法、检察和司法等部门。

11. 一些恶极之罪虽没有违背国家现存之法律，但对其严惩的必要性与正义性

法机构，而立法机构的强制力量又单单受制于赋予它们权力的部门。如今，上述犯罪行为在被宣判认定为犯罪行为之前不再是犯罪行为了，因此，没有人像以前那样出于重重义务乃至良心之约束而极力避免犯罪。

对任何非主观过错，无意中违反后者而犯罪的人予以惩罚就显得不仅苛刻而且非常不公，因为他认为自己的所作所为出于诚心且合理合法，而且他从来也没有被告知不允许如此行事。就此不难推知——一个蔑视上帝之法和自然法则（laws of God and nature）的恶棍会因此毁掉成千上万他的同侪国民，甚至推翻国家而不受惩罚。因为这种恶棍过于邪恶，单凭人类智慧根本无法预见并加以阻止。如此荒谬之逻辑和事理，实在让人羞于反驳。

由此，我断言一个国家本身没有能力予以自救，一个整体不可能保有整体自我。因为整体中的某些人对于保护他们的政府有颠覆的自由，并且他们企图破坏的政府会一直保护他们。他们能够推翻全部法律，虽然某些法律条款清晰明了，但对于他们却束手无策。

这种罪大恶极的行为实在令人震惊。聪慧的国家是不会眼睁睁地让这些犯罪行为凌驾于法律之上，如此则不啻对人类自然本性之侮辱。这种破坏政府、颠覆国家的罪行难道只是一种假想而不可能发生吗？决不。因此，古罗马人没有针对叛逆国家的法律，他们也不想制定针对这种叛国罪据以惩罚的法律：对于类似此种罪大恶极颠覆国家的罪犯直接扔进麻袋扎上口子投进台伯河里。

在荷兰，没有针对背信欺诈行为的法律，不过，我们已知的犯下此种罪行的首犯是被立即处死，财产由债权人瓜分。

在英格兰，据说直到最近也没有针对焚烧船只的行为立法。但是如果有人烧毁了抛锚停泊的英国皇家海军船只，尽管没有触犯法律，但这种罪行难道不应该被宣布为叛国罪吗？

许多国家都任命特定官员去惩罚那些不常见的犯罪行为，因为这些犯罪行为都不在常规的法律制裁范围内。古代罗马就有这样的"独裁决断官"（dictator，今日政治科学以及其他思想史学科等统一根据发

音译为"狄克推多")①,也被称为伟大非凡的"选任官员"(magistrate),他被赋予非同寻常的权力以应对非同寻常的紧急状态。但这种应急权力的行使仅限于出于"公共利益"(publick good)乃至挽救国家的考量,并且不得随意扩大行使范畴和延长使用时间。

古代罗马的独裁决断官这一权势职位一度是为了执行斯普里乌斯·梅利乌斯(Spurius Maelius)②的死刑才创设的。梅利乌斯在饥馑荒年以近乎免费的低价卖给百姓大量粮食,而这种慷慨的仁慈之心却被元老院推断为贿赂民心、收买民意而意在掌握和玩弄人民自由的政治野心。元老院宣称梅利乌斯的所作所为貌似为公众为人民,实则怀有不仁之心。梅利乌斯救民于水火的信誓旦旦无非矫揉造作的掩人耳目,其实质无非引诱蒙骗人民,借以奴役人民的幌子而已。在当时对于普通的罗马国民而言,梅利乌斯富可敌国,而这背离了以平等为支撑的罗马普通民众心目中的自由。面对梅利乌斯,任何普通罗马民众必定心潮澎湃,因此不要指望任何一位普通的罗马民众对于梅利乌斯的财富都能心如止水而淡然处之。虽然梅利乌斯拥有的财富并没有与法律冲突(但已背离上帝的旨意)。梅利乌斯起初可能满足于执政官(consulate)或地方常任首席总督(chief magistracy in ordinary)的职务,因为即便这种官职不花费一番力气也不可轻易得到;但随后,他又会想,若再花费同样的力气,就可以使他更上层楼,比如加冕做皇帝。于是叛国者被戴上一顶偌大罪名的帽子——他玩弄了公众,欺骗

---

① 古代罗马在遭到来自外敌的灾难性入侵或国家出现极其危急的状况时,元老院可以任命一名被称为"狄克推多"的独裁决断官。"狄克推多"的任期很短,一般不超过六个月。期满后必须立即交出权力。而任期内的"狄克推多"则拥有不受任何限制的绝对权力。这一词语早期并没有今日政治哲学范畴内背离民主乃至专制邪恶的如此贬义,只是古代人们为当时的政治治理方案所限,为处理政治危机状态所采取的一种不得已的利弊权衡应对策略而已。今日汉语翻译为"独裁",其对应的古罗马共和制政治治理中早期的含义毋宁可以理解为古汉语中的两个单音节词,意为"单独裁决"。
② 斯普里乌斯·梅利乌斯(Spurius Maelius)是古代罗马一位富庶的平民。在公元前440年左右的大饥荒中他从外地购入大量小麦,然后低价卖给罗马市民救荒。贵族认为他这样做是收买人心,意图取得最高权力。独裁决断官辛辛纳图斯对他提出指控,但梅利乌斯拒绝到场,结果被塞维利乌斯当场刺杀。

11. 一些恶极之罪虽没有违背国家现存之法律,但对其严惩的必要性与正义性

了人民。于是元老院开始对他下手:由于没有现成的法律据以宣判他的死刑,于是元老院创设独裁决断官这一官职,并赋予他权力暂时取消法律甚至创造新的法律。罗马历史上的伟大时刻来临了,昆图斯·辛辛纳图斯(Quincius Cincinnatus)这位真诚而英勇的老共和党成为首任独裁决断官。甫一上任,辛辛纳图斯便正心诚意大刀阔斧地展开工作,很快这位公仆就假借人民主人内心的不满情绪这只舆论之手而扑杀了这位实力(势力)强大的叛国者。除了迎合舆论,独裁官还自以为是地祭出"公共信仰"(publick faith)这面旗帜。按照公共信仰的标准,梅利乌斯是一位不折不扣与公众不共戴天的仇敌。于是,梅利乌斯被独裁决断官盖棺定论为一位无耻的恶棍流氓,一门心思追逐财富,借以寻求压迫人民的权力。对此,人民怎能不抱怨和反抗!梅利乌斯知道自己的恶行在法律的约束范围之外,而且他做梦也不会想到罗马议会会采用非常规方法来惩罚之。但他被蒙蔽了。独裁决断官告诉民众,梅利乌斯被剥夺了法律保护权,也不再享有罗马公民所应享有的诉讼权利。对他处以非正常死刑是基于他犯下的极端恶行和罪行。聪明的独裁决断官说,单单他的鲜血都不足以补偿他的罪孽,我们还必须掀翻他的居所和房屋,因为滔天的罪孽正是在这里首度得以谋划。除此以外,还要把他的房产、地产和种种财产家业统统没收充公,以抵偿他所造成的公共伤害。最终,梅利乌斯的全部财产被没收充公。

就这样,伟大、聪慧和自由的罗马人假借这样一种非正常权力惩罚了这位非同寻常的无赖、流氓和恶棍。而且这种非正常权力在其他场合下也同样如出一辙而被加以使用。当然这种对非正常权力加以使用的绝非罗马民族一家。

由于担忧和恐惧手中握有强权的某一位单个市民的篡夺而使得他们失去自由,古代的雅典人因此从不会将如此大的权力放心地交托到任何单个的选任官员手中,甚至对于托付给一个委员会(council)都心存怀疑。然而,他们尚不知道如何分割和制衡权力,而只能是把所有的权力最终保留至全民手中,而这实际上正是古代所谓"全民政府"

(popular government，也即日后政治学所谓的直接"民主政府"，或"民粹民主政府"，译者注）。在这样一种被担忧和恐惧笼罩的政治情形下，被大众所认可不啻为一种罪行，更不要说成为万民敬仰引领民意的政治明星。雅典人不允许一个手握权柄的人拥有如此声望并借此来奴役和驾驭他的国家。不过，古代雅典人对这一情形的担忧、恐惧和判断是智慧的，即假设凡有能力奴役他人的人终将会奴役他人。慷慨无私、自我否定、私人或个性美德在政治学中仅仅是一些书面讨论的理论名称而已，甚或更多是一些言不由衷之行业伪善之套话（cant-words）。这些伪善之套话虽然不能迷惑聪慧之人，但却常常可以愚弄普通民众。古代雅典人对此心知肚明，因此他们约定一种防范之法借以惩治那些手握权柄的大人物，尽管这些大人物可能除了伟大之外并不能找出他们犯有何种罪行。他们称这种方法为"贝壳放逐法"（ostracism），即多数人借助于贝壳这种选票予以宣判的方法。由此，一位受到大家怀疑的人将被裁决十年的流放期。古代雅典人不信任任何个体市民的所谓美德和节制，因为他们认为美德和节制既然能够高尚神圣，也就能够堕落为低俗闹剧。因此，他们宁愿选择一个人受伤，而不愿使得公共自由受到威胁。贝壳放逐法被认为使得英雄受到不公的对待，这一点或许为真。但该法的意义恰在于损一人而利公众，而且长久保障。或许一些懦弱幼稚与不明就里的肤浅之辈会苛责雅典共和国这种政治的严酷无情，但这一点恰恰是古代雅典政治的理性和正义之所在。

在充满智慧，同样广为后人所称道的古代威尼斯共和国创设有"十人委员会"（Council of Ten），该组织同样行使类似这样一种非同寻常的权力：世界上任何一位独裁武断的王子都会行使这种权力，世界上任何一个自由的国家政府无疑也拥有这种权力的行使权利，尽管他们从没有把他们的权力委托给某位特定的执政官来代他们行使。

在英国，我们实际上并没有把这样一种权力进行委托，因为我们都非常清楚谁必须拥有这种权力，以及这种权力包含哪些用途。议会把这种权力保留给了自身，因此议会拥有无可置疑的权利来行使该权力,并且也因之常常在一些非常之场合启用该权力。不过,这种权力的确应该在非常之场合启用。就像希腊神话中的朱丕特(Jove)只有当他怒不可遏的时候,他才会施放手中的雷电和霹雳。

在下一封信中,我向你介绍如何把这些关于政府的基本原理应用到我们自己的宪法当中。就目前的情形而言,的确到了高声寻求朱丕特的帮助和施放雷电霹雳的时候了。

12. 论成文法中缺失的叛逆罪，以及立法机关对于叛逆罪的宣判权

约翰·特伦查德，1721年1月14日

阁下，叛逆罪，也即拉丁语中所谓的"冒犯君主罪"，在所有国家中都大同小异。由于每个人都是公共的一个组成部分，而且为了共同的安全防御，他和公众已经结为一体，并且所谓的管理无论如何都是以公共的名义和形式铺展的，因此极力颠覆破坏或去做一些臭名昭著的危害公共利益的行为都可认定为叛逆罪。还有一些罪行虽然危害力不大，也被统称为叛逆罪，而且应该受到同样的惩罚。

在围攻作战中，任何企图摧毁共和国首席执政官、野战部队首领或者城镇执政官的行为都是公认的谋反行为；这种行为一旦成功常常导致整个国家的毁灭。另一些人受托掌握着国家财富、安全和王国的幸福，但为了获取非法利益，又或为了宗教信仰、正义荣誉与个人情感等原因，公然滥用受托之信任，给那些他们本应该知恩图报的人造成破坏和伤害，这些人无疑也属于叛国重罪。

还有一类人，虽然人数不多，而且并无多少受托权，有的甚至没有任何受托权，却为了自身和同谋的利益，公然蓄意毁坏成千上万同胞的利益，中断经济贸易，毁坏国家声誉。

上述种种罪行，早在有法律界定叛逆罪这一名词之前就已经出现了，这些罪行就其本质而言都符合日后对叛逆罪的框定，尽管种种法

律条文对此种罪行的称呼各有不同,但都可划定为叛逆罪。每个国家都有权利各自处理叛逆罪,有的将其定性为叛国罪,也有称为忤逆罪的。事实上,有多少种密谋危害国家的手段,就有多少种叛逆行为。而叛逆罪背后的犯罪人,虽然曾经显赫一时,依然罪不容诛,其财富更应没收充公。换言之,因为他们密谋毁坏共和国的人民,人民当然有权得而诛之。

作为首要的也是最重要的自然法则(law of nature),自卫原则(self-preservation)需要的正是这一程序。共和国的安全也取决于这一原则,而政府的本质正是要使这一原则成为必须。总之,为了公共安全,不论采取什么必要的措施都符合正义的原则。

芸芸生灵之命运、共和国家之安危决不能任由修道院自以为是的教士、学院象牙塔内的书呆子和靠诡辩行走江湖的讼棍摆布。这群人只会从自己狭隘的知识圈子、依据自身这一行当的是非标准来认识和看待事物。对世间万事万物的判断也只会根据他们自身低级的司法规则、听命于少数私人律师的无稽之谈或是老妇人的沿街谈话。这些人的大脑已经刻板僵化,成天只在局促狭小的私人法庭(private courts)解决纠纷,他们坐井观天、裹足不前,不敢越雷池一步去呼吸自由思想的新鲜空气,哪怕这些自由思想不证自明,甚而至于妇孺皆知。这就像一些负重前行的拉车老马,一辈子已经习惯了沿着主人划定的固定线路踽踽独行,忽然被引领到一条开阔的道路,竟然手足无措、四顾茫然。

由此,只有立法机关最适合担任法官,当然也是最可靠的法官。凡是违背公众的所作所为自然就应该受到公众的审判。立法机关的审判和裁决不应该抛开整体正义和整体良善的原则而受限于其他的任何规则。不论从公共安全的角度,抑或从犯罪人的角度出发,宗教、美德、常识,共和国的和平与人民的安康应当是立法机关考量的唯一裁判标准。

那些反人类的叛逆密谋者应该知道——没有律师会绞尽脑汁、背离正义、机关算尽甚至装无赖、耍迂腐来为他们辩护;法网恢恢、疏而不漏,更没有传说中的神兵天将下凡人间庇护他们免予公共正义的审判。他们应该知道——无论作恶的手段多么错综复杂,密谋的掩饰多么离奇隐晦,有一种权力一定会在他们周围如影随形使得一切最终都会水落石出;纵使他们拥有普罗透斯(海神)的多变伎俩,能够回避赫尔克里斯(大力士)的愤怒,这种权力也会把他们撕裂成碎片。这种权力只俯首听命于"公共正义"和"公共良善"(publick justice and the publick good),除此之外,它再无主人;这种权力不遵循先例,而是制造先例。这种权力的运行以此为原则——非常之罪不得以寻常之规来应对,空前而无先例的恶棍当还以空前而无先例的惩治。

虽然这种权力一定存在于我国的各级政府中,但综合考量,很少把这种权力授予到地方法官手中。出于野心、报复和党争,或由于贿赂、晋升,或出于恐惧、谄媚与奉承,或与政客们出于自利的阴谋诡计和拙劣的议案沆瀣一气,这些地方法官可能会滥用权力,最终会将本意是保留给他们的委托授权信任一步步推向毁灭。

这一点一直以来就是英格兰的国情。因为我们都知道法官通常的出笼方式、法官期望晋升的操作程序,以及法官通常寻求的保护靠山。由此,他们理应不被委托授权裁决与叛逆相关的罪行。

毫无疑问,根据英格兰的普通法,凡是旨在摧毁宪法和政府的有意图的行为方式都属于叛逆罪。既然全世界所有国家都有,未来也还会出现叛逆罪,但为什么这里还要说英国?不同就在这里——其他国家的叛逆罪指的是企图消灭国王本人,或是把他废黜拉下帝王的宝座;而英格兰的叛逆罪则从对此一人的叛逆延伸至企图颠覆破坏议会或人民的种种权利和特权(rights and privileges of the people)。实际上,还有比这更荒谬的吗?即把企图颠覆一个人的特权看作是最严重的叛逆罪——这其中除了仅仅因为他是国王之外,再没有其他原因——而不是把毁坏人民的利益看作是最严重的叛逆罪,要知道某人之所以成为国王,恰恰是基于人民对自身利益的考量。所以,这世上对叛逆罪的裁定除了英格兰之外还有没有国家把人民的利益作为考量的指标这种事情呢?

尽管这一观点不证自明,而且一经提出必定获得云集响应。但由于阿尊事贵的教士和卑躬屈膝的律师,出于尊严和安全,皇权无上和主权在君很快便成为唯一的考量和重中之重。这样,以合法的形式,庄严肃穆地主张人民之权益,并以公共安全为考量阻止一个人去破坏公共安全的行为就变成了叛逆之罪。借助于惨痛的历史教训,我们的先辈发现——正是这些蝇营狗苟的猥琐无耻小人投机钻营于政府腐败官员,而后者正是利用前者达到自己不可告人的目的,使得一个个叛逆罪人逍遥法外;面对虎狼与非法之权威,那些丝毫不敢反抗的人儿却常常被安上叛逆的罪名;而那些挖共和国墙角的一切叛逆之中最为恶劣之罪人却堂而皇之招摇过市,既收获了掌声还攫取了利益。

这种残暴恶极之闹剧正在拖垮整个国家,全英格兰每一位国民的生命和财产都在遭受损害,因此,值此万分危急时刻,的确到了修正和变革的时候了。爱德华三世(1327—1377)在其临朝的第25年颁布的一系列法规中列举了一些不同类别的叛逆罪。这些叛逆罪名延续今日依旧赫然在册,而且由王座法庭裁决为大不敬之忤逆罪。这些不敬之罪主要指向对国王本人、王族及其尊严的忤逆。就此而言,即仅限于法案所规定的针对王权的约定范畴,议会也认同并放心授权委托王座法官去评判裁决。

当时的法规表述简单直白,并没有想着要把所有类型的叛逆罪都列举陈述出来,以下就是当时的法律条文:

> "如果法官遇到本法案没有明白列举阐明的其他疑似叛逆罪的案例,在报请议会决定是否为叛逆罪名之前须延缓审判。"

因此,这里明确表明议会对法案中未列举的其他叛逆罪名有认定权和惩治权。正如一直以来所解释的那样,法案中的这一明确规定,其意在使得针对国王、王族的叛逆罪名更加宽泛。然而,从整个法案抄本的要旨来看,这一规定也明显意在限制王座法庭在叛逆罪的认定和裁决上拥有过高的不受限制的司法权力,因为相对于不正当的权力而言,他们更喜欢采用这种(程序合法的司法)手段来达到趋炎附势不可告人的颂圣政治目的。

但最为严重和恶劣之叛逆罪当属颠覆议会立法机构与损害全体人民权益之叛逆。考虑到全体人民的安全很大程度上从属于国王本人的安全,那么若追求议会和人民的安全,则时时处处可能引致对王权的叛逆之罪,因此,议会对所有类似之叛逆罪的裁决权应当保留在自己手中。他们不须重新界定何谓叛逆,而只需保留叛逆罪名的裁决权利。他们知道凡是反对宪法的叛逆之罪除了内阁大臣与皇家宠幸之人外,少有他人能够染指,因为这些大臣和宠幸之人要么手握重权要么有铁帽子王做靠山。故此,把对这些政客流氓、奸佞小人叛逆之罪的惩罚权委托给由他们自身遴选任命的法官之手不啻放虎归山荒谬绝伦。因此,在对这些叛逆之罪的裁决和公断上,这些法官既没有意愿倾向,也没有名分地位,更不可能有铮铮骨气来做到泰然自若明镜高悬,甚而至于,还未过堂,案子已经被理查二世和爱德华三世御笔朱批钦点定调。

故此,立法机关行使的威严庄重的权力最适宜于对此种罪行的裁决和公断,因为议会代表人民,情为民系,权为民用,利为民谋,所以必受人民支持。一个受到民众如此支持和拥护的权力必能使得那些故弄玄虚高高在上的官老爷叛国者心惊肉跳瑟瑟发抖。议会可以迫使那些腐败透顶的内阁大臣走出黑暗的密室政治,甚至可以割下他们的人头作为献祭以平复公众的仇恨情绪。任何一位聪慧贤良的国王都会从谏如流附耳倾听忠臣之进谏和告诫,也会体恤民间疾苦俯身倾听民众的呼声,并能够果敢处理那些给人民造成灾难的罪魁祸首。

因此,议会生来最为主要的事务一直就是传唤那些滥用皇家主人的信任,为他的人民所蔑视所不屑所不齿的人来过堂做述职报告。正是借助于这种制度安排,从而挫其官家威权,使其时时感觉如坐针毡,无时不觉身为官家,其人身之风险。因为议会代表的是人民,所以议会认为他们有权利这样期望和要求官员。而只有这样,议会才算是履行了对国王和整个国家所承担的正义之职责。

爱德华三世甫一登基就制定和颁布了"叛逆法案"和"褫夺公民权法案"(Bills of Attainder)。在法案中对这一点有极好的说明,虽然并没有给出解释——即大约自"诺曼征服"(Conquest,1066)以来的历朝历代,针对非同寻常的特定情形和场合,议会都不仅拥有而且行使着这项权利。而且自此以后,一直到最近,除了以身试法不得不接受法律严惩的叛逆罪犯及其同党外,再没有受到任何其他方面的反对。我想现在还活着的达官贵人和老爷们对此能给出最好的解释——为什么他们对法案中的这一点和那些生灵百姓的血泪呐喊从来没有走心入脑。因为假寐之人,永远无法唤醒。多么希望同胞兄弟们擦亮眼睛,再不要被他们屡试不爽的假模三道和口蜜腹剑的仁义道德所蒙骗。

关于叛逆之罪方方面面的阐释解说、逻辑推理及其适用论证等等,虽然上一封信中答应你在这次的去信中要条分缕析,但纸短言长,很难如愿。所以,只能另信再叙,或留待更为适宜的场合。与此同时,我也欣喜地注意到我们的议会立法机关所表现出的高贵精神,对于那些滥用人民委托授权的谋杀者,那些损害公众自由和窃取公众财产的人民公敌,立法机关已经抖擞精神、披挂上阵,已经走在杀伐决断、严惩不贷的路上。虽然时下困境重重,但议会的这一奋起抗争重新恢复了公众信心,绽放了人们脸上的笑容。反之,那些背信窃国之人民公敌则惊恐颤栗,面色苍白,因为他们知道自己罪不容诛,身死而不能赎罪,而日子已经临近,周遭正四面楚歌。他们目前的处境和内心的煎熬正如负罪的该隐(guilty Cain),该隐杀死弟弟亚伯后,内心恐惧,害怕人人得而诛之,尽管该隐生活的年代本没有谋杀之罪名。

13. 借助于花言巧语误导人民的艺术

约翰·特伦查德，1721 年 1 月 21 日

阁下，环顾世界，不由人不时常迷惑，到底人类的政治苦难和悲剧是由自身的蠢笨愚行和盲从轻信造成的，还是由那些伪善的统治者的流氓无赖和厚颜无耻造就的呢？表面上看来，这两种原因殊途同归，合力造就同样的恶果。如果没有幻想，也就不会有骗子。

人性中一定有很大一部分是愚蠢，不然人们不会成千上万次掉入同样的陷阱；即使人们记得以往的伤痛，而且为此不断地总结原因和教训，但类似的政治灾难和悲剧仍然连绵不绝。

不过，我认为相比于自然状态，是政府制造了更多的愚者和智者。就美德、智慧与战争而言，国与国之间的不同并非由于不同国家人民的天赋才能有所不同，而是由于不同国家政治制度的优劣不同所致。就前者而言，人民的天赋在同样的约束管制下应该大同小异，不会对整体的社会环境造成过大的影响；就后者而言，一种政治制度可能会使得常识成为危险，探索变成犯罪，由此鞭打恐吓人们的求索精神，叱责阻碍人们美德的迸发。而另一种政治制度，与此同时，却推动人们改进智识理解，鼓励发现真理，培养人们热爱自由和热爱祖国的美德。

然而即使在最为自由，最为开明的国家，你也通常会发现有那么一类人，一撮跳梁小丑误导大众与自由为敌。这群人永远用言辞来辱骂大众，使得大众永远喜欢外表光鲜而实则烂透糟极的坏事物，永远憎恨那些外表污损但内在朴实无华的好事物。因此，欺骗人民的一个

最常见伎俩就是去研究如何适用和滥用流行事物的表面现象——一些听起来铿锵有力的言辞会统治起大多数人,说全世界也不为过。

于是,我们从小听父辈说起,而且今天也能目睹那帮生来贫穷、靠慈善施舍甚至是靠常常屈膝为主人擦皮鞋而读了几天书的可怜虫,忽然撞了狗屎运,天上掉馅饼,来了大肥差,出人意料地被提拔到衙门和教堂。真是朝为田舍郎,暮登天子堂。这帮人居然厚颜无耻地称他们自己本身就是教堂,凡是鄙视他们卑贱刻薄、揭露他们流氓无赖、嘲笑他们自鸣得意的人都是敌人。

因此,靠着无声的史书记载,借着活人的口口相传,我们能看到这群人的丑恶嘴脸。借助于党争和背叛的伎俩,唯唯诺诺匍匐于权力脚下,又或靠着趋炎附势溜须拍马,这帮跳梁小丑沽名钓誉,闷声发财,一朝翻身,大权在握,便背叛重托。他们扔掉伪善的外衣,口出狂言,声称自己就是政府,把他们的流氓无赖行径说成是昔日君主的旨意。接下来,这帮小丑们可能要向昔日君主的全部敌人高声宣称——他们要反攻倒算誓死捍卫和挽救生活在敌人水深火热之中大权旁落的国王和日渐沉沦的国家。

查理一世国王在位期间,斯特拉福德伯爵(Earl of Strafford)和主教威廉·劳德(Archbishop Laud)①告诉人民国王陛下的统治不需要议会,在国家是一种无条件百分百的权力,在教会是一种激情燃烧的

---

① 托马斯·温特沃思·斯特拉福德伯爵(Strafford, Thomas Wentworth, 1593—1641),17世纪英国资产阶级革命时期君主派代表人物。1614—1624年为国会议员,是反对国王特权的首领之一,并因此曾被逮捕。1629—1640年被查理一世收买,任枢密顾问,成为英王查理一世的宠臣和心腹。1633年任爱尔兰副总督。1639年率军平息苏格兰人起义,后升任代理总督,极力捍卫君主专制制度。1639年被封为伯爵。1633年,查理一世启用裁缝之子威廉·劳德为坎特伯雷大主教,劳德严格遵循罗马天主教信仰和礼拜仪式,这使得清教徒极为反感。此外,劳德还大肆迫害清教徒,借助于星室法庭和高等法院解散清教组织,取缔清教活动。1640年春,查理为了筹集军费,召开已经休会11年的议会,但议会反对征税。查理一怒之下解散了议会,因为从召开到解散只存在了三个星期,史称"短期议会"。同年冬,在内外压力下,查理不得已再次召开议会,该议会存在了20年之久,史称"长期议会"。正是该"长期议会"开始了"清君侧",1640年11月斯特拉福德伯爵被国会指控企图利用爱尔兰军队反对英格兰,犯有叛国罪,次年5月被处死。而劳德则被关押到1645年,最终也被处决。这两个人实际上是查理一世的替罪羊,他们的垮台标志着查理一世个人专制的结束。此后,王权与议会的对抗不断升级,直至内战爆发。

教皇等级制度,在人民则是绝对而卑躬屈膝的服从,靠的是爱尔兰天主教的野蛮部队来支持和确保在这些相应层面治理措施的落实。但最终,随着这些冒犯者(意为对议会权益的冒犯,译者注)一人死亡,一人身陷囹圄,国王绝对统治的所有支撑全部坍塌。

查理二世复辟期间,虽然有议会(Pensionary Parliaments),但不过是傀儡而已。方方面面呈现总体滑坡和堕落的趋势,卫队扩编成军队,天主教不仅死灰复燃而且天主教继承人占领了宫廷和教堂,还发生了天主教联盟和新教之间的战争(popish leagues and Protestant wars),所有这一切都被那些邪恶无耻之徒称为国王陛下的圣意。反之,所有忠诚的人和良善之臣民都被诬陷为国王大人的敌人。然而,当国王本人注意到他的宠臣阁僚出的谋划的策给他的臣民带来无尽的妒忌戒备,而且也给他本人惹出数不清的心烦意乱的时候,于是当国王本人决定抛开臣僚,亲自披挂上阵时,历史就在此时已然注定,查理二世的统治行将结束。

随即,詹姆士国王接过查理的皇冠宝座。抛开盲从和偏执,詹姆士国王还是有一些皇家美德,比如在位期间积极发展工业,整体经济状况呈现良好势头。然而,詹姆士国王被一帮阿谀谄媚的佞臣和马屁精包围和控制,这帮小人不仅满肚子坏水而且愚蠢至极。在教堂公然无耻地恢复罗马天主教,在皇室溜须拍马颂圣劝进把国王抬高至无法无天横征暴敛的孤家寡人。向这些佞臣小人提建议和抛媚眼的部长大臣们则干脆把他们就当作政府本身。凡是就理性、忠诚以及公共精神方面质疑那些背叛公众的叛逆国贼的人都被诬陷为反政府反国王。詹姆士国王的下场众所周知:正是这帮小人把国王的江山葬送,昏惨惨油尽灯枯,忽喇喇大厦倾覆。危急时刻,詹姆士仓皇出逃法兰西,以皇室之高贵身躯靠每日乞讨几块面包度过余生,好不凄惨,更发人深省!

当威廉佩戴皇冠,高登宝座后随即万象更新,一改往日之流俗积弊,把英格兰每一位坦诚老实人民的良好愿望、冷暖风寒都装在内心。

13. 借助于花言巧语误导人民的艺术　17

由此，威廉赢得人民的支持，渡过一场冗长乏味且造价最为昂贵的战争。① 战争结束后，正当精疲力竭的人民期望从战争的苦难中喘息松弛时候，他们从一些法庭寄生虫(court parasites)那里听说国王陛下决意在和平时期保持一支由议会审查批准的常备军。法庭释放出的这种消息背后的精髓和原则使得那些醉心于(撇开议会而实行)国王主权君主制政府的人妒火中烧，甚至自这一刻起一直到死去，伟大的国

---

① 1685年，路易十四撤销了1598年颁布的宽容法国新教徒的《南特敕令》后，成千上万的新教徒逃离法国，到英国、荷兰和普鲁士避难。这一举动激怒了新教国家的领导人。另一场引发战争的危机起源于巴拉丁选帝侯查理的去世，由于没有继承人，路易十四坚称他有权占有巴拉丁(巴拉丁是一个重要的德语地区，位于莱茵河中游西岸)。路易十四的贪欲和欲称霸欧洲的野心再次引发众怒。1686年，奥兰治亲王威廉向路易十四宣战。光荣革命后，威廉成为荷兰和英国两国之领袖，为了阻止法国称霸欧洲威胁到荷兰的利益，随即把英国拉入当时欧洲大陆的争霸战争，成为包括瑞典、西班牙、巴伐利亚、萨克森和巴拉丁等在内的奥格斯堡反法同盟主要力量。反法同盟于1692年的拉和岬战役(the Battle of La Hogue)和1695年的那慕尔战役(the Battle of Namur)中取得重要胜利。1697年，战争结束，签署了《里斯维克条约》。尽管条约对法国有利(损害的主要是西班牙的利益)，但威廉三世成功保住了荷兰的独立地位并防止了法国在欧洲取得霸权。1700年西班牙国王查理二世的去世再次点燃英法争霸的战争。查理二世的遗嘱将西班牙王位和西班牙帝国的一切财产授予路易十四的孙子安茹的腓力，腓力成为西班牙国王腓力五世。威廉三世再次组织了反法同盟，1701年，打响西班牙王位继承战。尽管威廉三世于1702年去世，但英国继续参加战争，直到1713年《乌得勒支条约》的签订，战争告以结束。经此一马拉松之战役，英国成长为世界大国，获得了纽芬兰、直布罗陀、梅诺卡岛以及在西属美洲开展贸易的宝贵商业权。更为重要的是，英国作为法国称霸欧洲大陆抗衡国进入18世纪，并且进一步加强了民族认同。在随后18世纪中叶到来的奥地利王位继承战中，英国支持普鲁士对抗法国。以后在法国大革命后的18世纪90年代，英国依然在组建反对法国革命军和拿破仑的联盟中发挥重要作用。这些政策是光荣革命的直接表现，通过这些政策，英国成了法国的首要对手，并最终击败法国，称霸欧洲乃至世界。与此同时，英国致力于使流经低地国家的欧洲河流开放，这一外交政策更进一步加速和造就了日不落帝国的荣光。此外，由民族认同进一步上升为国家认同。至此，英国的国家利益已与世界贸易、帝国主义和殖民主义联系在一起。光荣革命后，英国成为世界大国，18世纪的工业革命以及随后的新重商主义与自由眼光使得英国不再局限于欧洲的地区性问题。质言之，1689年的光荣革命是英国历史上由中古进入近代的一个转折点，宗教认同高于一切被民族利益与国家利益所超越，君主专制被君主立宪所替代。王在法下、王在议会、议会主权乃至责任内阁最终得以逐步确立。

王威廉本人也对这些人心怀同情和悲伤,甚而至于困惑和不解。

至于安妮女王,毋庸赘述,内心揣测可能正是女王遴选的政府大臣执行女王陛下圣意时的傲慢无礼终至伤透了女王的心。

因此,让我们从这些不幸和厄运中汲取教训吧;不要轻信那些挂羊头卖狗肉以次充好的谎言了;①从此后,再不要用那些聪慧慈爱的仁君所反对的——甚或是一无所知的——行为来玷污那本是主上最明亮和明显的美德善行了。让我们祈愿那最为邪恶之仆人的恶性和缺陷远离那世间最为仁义良善之明君的宫苑门庭。

在这片土地上,我们深信我们拥有世间最为仁爱的国王陛下,除了祈求自己的国民幸福快乐外,他别无所求。一位随时准备引领臣民的信仰,给人民的多于要人民的明君自然能够容忍人民所提出的要求。面对这样伟大和仁爱的君王,我们有什么理由不肩负起我们的责任和义务呢!让我们携手奋进减轻他的爱民之忧,缓和他时时牵挂能否满足人民愿望的劳神之心,让我们即刻行动担负起清扫奥吉斯王马场(Augean stables,希腊神话奥吉斯王的马场,喻极脏之地)和砍掉九头蛇脑袋(Hydra's heads,希腊神话九头蛇,喻难以一举根绝的祸害)的重任和艰辛吧。

法律告诉我们,国王不会犯错。感谢上帝,我们的国王即便想犯错也不能。但是即便国王最伟大的仆人却有可能犯错,而且会常常犯错,因此人民的代表有无可置疑的权利传唤他们对此予以解释。

的确,每一位个体臣民都有权去监督那些可能背叛祖国的叛逆国贼;这种监督不是去听他们解释阴谋背叛动机的花言巧语,而是借助于事件活动来判断他们是否有阴谋背叛。

这是辉格党的原则,同时也是自由的原则;不承认这原则就是无赖,而嘲笑这原则则是愚蠢。有些人会告诉我们说,这一原则无异于

---

① 所谓孔子曰:初始(三代周礼),吾于人也,听其言而信其行;今(春秋争霸)则必听其言而观其行。只不过,按照西方近代启蒙思想,对于官家和政府之权力部门,永远都不可"听其言而信其行",反之,根据深植于人性本身之"罪感"文化因素,只要有权力运行的地方,都需要我们细细揣摩,时时警惕。

为政府中的政治家和那些反对派制造暴徒。在此,暴徒这样的字眼丝毫不能改变我的观点,也不能动摇我的立场。诚然,事关公众的事情是好还是坏,代表公众的全体人民才是最好的法官。而且,的确并不是全体人民中的所有人都能看清邻国遥远的危险,观察出事情的发展,猜测出有什么阴谋诡计。但正如一位政治家一样,每一位补鞋匠都能清楚地判断出他是否可以平静地守住自己的摊铺;是否能从劳动中获得报酬;每天买菜的市场是否货源充足;以及如果他已纳税,是否有滋事之徒或教区官员还会再来找他征税。

  在由丰裕到贫穷,由幸福到苦难的突然和公开转变当中,即便是一个最为刻薄和吝啬之人都能看出来这样的灾难究竟出于战争、饥馑还是上帝的安排,抑或是由于剥削和压迫、管理不善,以及人本身造成的祸患。质言之,人民常常要比他们的上司做出更好的判断,因为他们没有那么多导致判断失误的偏见;反之,政治家则常常严厉责备人民群众,这是由于他们给了人民以反对的场合和机会。那些不把人民当作朋友的大臣和部长也不值得人民把他们当朋友,不过,把人民当朋友的大臣和部长世所罕见,本身也值得怀疑。但有一点却是确凿无疑的,即对待人民诚信正直,尽可能少地干预和管理人民,大约就可获得人民的友谊和爱戴。现世的幸福是政府得以存在的全部意义和目的,因此,随着幸福的增加或减少,人民也总是会变得快乐或愤怒。这是一条放之四海而皆准的普适规律。因此,你可以借助于人们承受的负担与享受的权益来判断人们幸福快乐与否。由之,我们得到一条既适用于政府判断人民,也适用于人民判断政府的确信无疑之标准。

  上帝保佑,感谢我们的议会,正是他给了我们一个让一切上述的担忧和谨慎都不再必要的政府。议会会挡住来自人民阵营中的所有诽谤和污蔑,会驱除对政府的所有恶意怀疑(如果这种怀疑确属恶意),因为议会认为这些行为和举止属于一切罪恶之源头;议会无疑也会对于任何以公众权威(如果的确有这种权威)自居但却带来危害性的公共厄运或灾难的政府官员以双倍的讨伐;最终,议会还将推动和鼓励对政府官员的严谨严格的质询行动,任何地方出现任何质疑,随即就应当启动相应之质询程序。

这样的(议会)制度可以分散我们的恐惧,重建我们的信任,给我们中的穷人以面包,使得贸易和生产再次繁荣;并且,通过给我们一个关于未来丰裕、和平和幸福的长远图景,某种程度上可以弥补我们过去所有的罪恶。

14. 与依法治国的幸福明君相比,专制暴君无疑是痛苦的;而且由于后者滥用人民之委托信任,可能会丢掉头上的皇冠

约翰·特伦查德,1721 年 1 月 28 日

  阁下,即便这世间最为勇敢、最为智慧、最为幸福的专制国王也会时常把自己遇到的烦心事情归结为自己的不够伟大所造成的。因为他们大多出身于豪门显贵,打小的成长环境和教育氛围都是奢华、尊贵和傲慢的,很少能够体会到世上其他人群的不幸和苦难。而且,多数时候,他们身边都被那些最虚伪、最卑鄙和最包藏野心的人所簇拥和包围。因此,国王必须借助于这些人的眼睛才能看到,同样也必须借助于这些人的耳朵才能听到。

  就此而言,说实话,除非发生奇迹,我真的不能想象事情还能有个好吗:为了在府衙和朝堂步步高升或为了成为哪怕自由政府里某个党派的头头脑脑,下面这些手段——如卑贱的奉承和巴结、奴性的阿谀和谄媚、欺骗的禀告和应付、卑劣的忘恩负义和过河拆桥、奴性的逢迎新主等等一切官场的欺诈算计厚黑之学——都是必须活学活用的,而这一切必然会使得那些正派、正气、正直之正人君子望而却步,退而归隐南山。

  美德良善之人宁愿选择清纯无邪山居野渡之清贫,养其浩然正气与刚正之美德,追求一种内心的丰盈和富足,而拒绝那种借助于无休

止的投机钻营和蝇营狗苟的卑鄙可耻计谋和手段来谋求所谓的伟大和荣耀。反之,那些包藏野心、残酷、贪婪、虚伪、傲慢和奸诈之小人则会削尖脑袋、不管不顾、勇往直前,为了追求在一帮群氓的眼中或在朝堂之上的所谓煊赫。为了在人前炫耀,或使得自己不可或缺,这些人还会无休无止地要么奉承讨好主子,要么使得主子苦恼和忧伤。

也不要指望这帮通过卑劣手段攫取到权力的奴才会把权力用在造福人民或是做出其他任何善举上面。他们会一路向前追逐权力,一如既往故伎重演。权力如春药嗜之有瘾,野心似烈火愈燃愈旺。攫取权力、巩固权力,为了满足其膨胀之野心,不惜牺牲天地之万物。

在罗马帝国皇帝马可·奥勒留(Aurelian)统治下的短暂时期,沃皮斯卡乌斯(Vopiscus)曾写过这样一段话,说得很好,也是同样的意思。

"朋友"(伟大皇帝戴克里先[①]对建议他重登皇帝宝座的

---

① 公元前 45 年,凯撒被罗马元老院授予祖国之父、终身独裁官、终身保民官、终身执政、终身大祭司。元老院由国家最高权力机构沦为凯撒本人的咨询机构,罗马贵族民主共和制遭到完全破坏,罗马独裁帝制开始。凯撒死后,公元前 27 年,元老院宣布把给凯撒的一切权力、荣誉和称号都赋予屋大维。各地长官就任时都必须宣誓对他效忠。他的头像被铸造在钱币上,全国所有广场和神庙都必须树立他的雕像。所有军队上到军官下到士兵都必须宣誓只忠于他一人。元老院在屋大维的授意下还遵奉他为"奥古斯都",意思是神圣的、至尊的领袖。公元前 23 年,他又得到"元老院首席公民"(日后纳粹帝国的"元首"称谓即源于此)和罗马武装力量大元帅的称号,从而独揽罗马政治、军事、经济、司法和宗教最高权力,成为罗马名副其实的最高独裁者。因而这一年也被世界史学界视为罗马帝国的元年。此后,历代罗马皇帝上台后,元老院都会例行公事将屋大维得到的所有头衔全部加冕于皇帝。虽然权力已登至顶峰,但由于非世袭,且须得到元老院名义上的"授予",因此算不上是赤裸裸的专制帝制,可以说是"披着共和制外衣的君主独裁"。公元 285 年,罗马军队拥立戴克里先成为帝国新皇帝。戴克里先立即剥夺了元老院所有的政治权力,以往所有与共和制有联系的行政官职如执政官、监察官、保民官等,要么被废除,要么成为象征性的称号。全部权力都集中到了皇帝和以皇帝为首的官僚机构手中。至此,罗马元老院名存实亡,失去其最后的政治象征意义。戴克里先明确宣称他的君主权力是"无上""绝对"的,来自"神"所赐予,因此不受任何限制,对臣民有生杀大权。所有这些独裁统治行为前所未有,是对罗马仅存的最后一丝共和制的彻底破坏。戴克里先成为罗马历史上第一位真正意义上"名副其实"的皇帝。公元 305 年,由于长期病困,戴克里先 55 岁时选择退休。其后有人曾劝进其重登帝位,被其断然拒绝。公元 312 年,戴克里先病逝。很快他创建的"四帝共治"土崩瓦解,罗马陷入大分裂状态。

那些人说),"你们很难想象履行罗马皇帝的职责并且把帝国治理得井井有条得有多难。围在皇帝身边的那一小撮人会串联起来密谋策划、结成利益和利害圈子从而欺骗和背叛皇帝。他们会揣摩如何奉承皇帝,他们绝不会根据自己职责义务所在来向皇帝陈述实情,也绝不会告诉皇帝哪些才是他们应该加以了解的事情。他们告诉皇帝的仅仅是在他们看来最能讨皇帝欢心的话。他们会想方设法捂住皇帝的嘴,使得皇帝好像被囚禁在皇宫中一样;除非得到他们的许可,而且他们也在场的情况下,他们是不会让别人得到觐见皇帝的机会。因此皇帝本人将永远不会了解作为皇帝所应该了解的真实情况。他不会听到人民的呼号,实际上,除了他们认为适于让皇帝知道的,其余所有事情皇帝都不可能知道。由于这帮人欺上瞒下之手段,皇帝会颠倒黑白,忠奸不辨,亲小人而远贤臣。帝国的重要职位被一帮狼子野心之人所占据和瓜分;反之,那些正义才俊赤胆忠心之人则受到不公的贬黜和流放。因此,既然最为良善、最能明辨是非洞察秋毫,普天之下最有能力也最为优秀的皇帝都能被架空买卖,我为什么还要劳心费神,再次披挂出山呢?!"

但戴克里先是一位主观武断专制擅权的帝王,他的意志就是治理臣民的法律。不过,在君主立宪体制下则与此相去甚远,国王统治他的臣民靠的是固定的规则和周知的律令。忠诚于国王的政府有权自由地向他表达他们的不满和抱怨,虽然需要谦逊恭顺地。靠着国王的权威,政府可以传唤上文所描述的叛臣逆子做出解释,并给予惩治。

两相比照,这样的(君主立宪制下)君主自然是幸福的,有臣民的爱戴、有正义的欢呼、有对和他本人同类同胞数百万黎民百姓恪尽职守的知寒知暖,因为天下苍生之幸福均系于其一身。而生民百姓的幸福更是三倍于君王,因为宪法平稳运行温和适中、政府被切割划分为不同机构分支、君王本人的喜怒哀乐与孱弱之躯均不能影响到政府的运行。君王的权力只能用来泽被善行，而难以为非作歹。由是，一切仁爱荣耀之行为均被归于君王一人之德行与仁慈，而所有危害黎民苍生之恶行则由君王下面的政府机构来负起责任。

　　这样的政府某种意义上与天庭本身的管理模式别无二致，掌管天地万物命运的上帝除了行善布施张扬正义外既不愿也不会做出任何其他事情：他本性中的美德决定他行善去恶。同时，对于所有那些胆敢把自己所行的不义（unrighteousness）归咎于他的命令和干系的人，他定会严惩不贷。

　　这就是英格兰的君主立宪体制，政府的每一项议案都须由国王批准和授权，这些议案执行当中任何令人费心劳神的麻烦都无需君王本人过问。法律由议会制定并上呈国王过目，随后则由国王的法官以及其他首相和大臣们亲历亲为具体操办。他的国玺由其首席大臣代为保管。他的海军由其最高海军上将统领。国家所有法案的执行和裁决都会参考其内阁的意见和建议。以上所有官员都应对自身的不当行为、对在其各自分管领域内所有行为予以负责，包括由他们提议实施的行为，也包括那些本可以根据他们的建议或及时而谦恭的劝谏而能够预先防范的所发生的不当行为。总之，政府之内阁大臣有责任有义务来对他们的所作所为做出说明和解答。

　　国王缔结的同盟条约、国王的签批和命令，甚至出自国王本人的真实可信的谈话都有案可查。皇家办公室负责批准由下议院呈交的律令，负责执行这些律令，还负责公共安全的公共保卫。总之，所有与这些伟大职责不相符合的命令都不是国王本人的命令；所有与这些伟大职责不相符合的行为亦不是国王授意的行为，而只是那些行为所有人自身的行为。国王本人不可能犯错，也不会赋予任何其他人以权威来犯错。国王的任何行为都一定是合法的，因为任何非法的行为都不是出自他本人。作为一个人，他不可能发布和作为一个国王所可能发布的命令相矛盾的命令。他的私人意志不能操控和凌驾于他的公共意志。作为国王，他只能命令他的首相、大臣和法官们依照他所签署的律令去行事，任何出自私人意愿的命令若不合法有效则决不可行。

14. 与依法治国的幸福明君相比,专制暴君无疑是痛苦的;而且由于后者滥用人民之委托信任,可能会丢掉头上的皇冠

这个国家一直以来都根据上述这些法则运行,因此也一直保持着对国王陛下这种恪尽职守的敬意,由此也就使得我们的国王与任何罪行永远绝缘。但由于国王对身边一帮小人的宠幸和纵容,使得他们所犯下的罪行一直以来又都被人民以双倍的怨恨算在了国王的头上。

上述便是人类智慧所提炼出的全部忠告,这些忠告不仅可以使国王快乐,也会让人民幸福。这些忠告除了限制国王做出对其臣民,并因之对其本人,有害的事情外,对国王再无任何束缚。人民的利益一直以来一以贯之:只要宪法各部门得以稳定连续地运行,人民从来没有任何动机拒绝效忠皇室。宪法之道无外乎以议会来直面和承担全部的政治社会议题,而各级法院则遵循公开正义之裁决原则,并且法院不得以对自身不利为借口来拒绝由检察机关发起的法律起诉。若能营造此种国家氛围,则其子民不但以国王为荣,甚至对国王顶礼膜拜。国王坐拥大笔收入,在国内足够支撑其王室宫廷之铺张、排场和华丽,国外又足以保障其皇家之尊严和华贵。他有权布置和处置所有机构和部门。所有尊荣都源于他,他本人就如同圣人,对任何事件都可超然物外。因为他不可能做出错误之事,因此对任何错误无须负责。而犯错之人,必依国王之权威而受到惩治,虽然这些犯错之人有可能借助于虚假的陈述来蒙骗国王,并假借国王的名义来行此不义之事。

如历史所载,查理二世被他的王国所抛弃,随后的詹姆士二世则如出一辙,同样没有跳出这一框架:二人都不是被自己的臣民所罢免,而是首先自我罢黜下野。对独裁专制的捍卫和对不受限制的统治权的武断教条都不曾宣称说——当一个国王不愿再遵守自己接受皇冠时所许下的诺言,那么在人民的同意下,他不可摘下他的皇冠。

在任何的君主立宪体制下,假设一位国王应当对他的国家做出公开宣言:他头上的皇冠出于国家的法律;他手中的全部权力也是通过这些法律所授予;他非常清楚,对于他所发誓遵守的那些法律的维护以及人民的福祉是他享受皇家尊贵尊严之唯一之顾虑。

虽然如此,然而他可能会拒绝遵守当初接受皇冠时所发誓遵守的

诺言,声明放弃王位,自此之后完全按照他自身的意愿和喜好来行事。若果真有国王如此这般,我以为这种对没有法律授权之权力的鼓吹将会更好地告诉我们——这样一位国王可能并没有真正做到放弃他的权力或解散他的政府,给人的感觉似乎他自动缴械,为追求安逸不受约束而辞职,或是由于对权力的厌腻而辞职。想象若果人们允许国王仅仅靠空口白话对内心的表述做这一切的话,那么我会问这些与众不同的人,为什么他就不能用一系列的行为来如此这般行事呢!而他做的这些事情将会更好地发现和表露他深藏不露的内心,因而也比那些空口话语更可能让人信服。

为了寻找答案,我拜访了本地两所著名大学。在我找到完整答案之前,我会一如既往地相信,就詹姆士国王退位一事,根据政府的基本原则,议会所做的一切都是正义的也是必需的。而且,詹姆士之后的所有合法正当继位的国王和女王中,我要自豪地说,再没有比现任的乔治国王更称职、更伟大、更配得上国王这一无上荣誉之职位的了。

15. 论言论自由,兼论与言论自由不可分割之公共自由

托马斯·戈登,1721年2月4日

阁下,若无思想自由,就没有所谓的智慧;若无言论自由,就断无公共自由可言。言论自由权为人人所有,前提是不伤害、侵犯他人权利,这是人们唯一需要承受的制约,唯一需要谨记的界限。①

---

① 《加图来信》中关于言论自由的表述又可追溯到 1644 年弥尔顿在《论出版自由》(*Arepagitica*)中提出的"自主原则":"让她(真理)与谬误交锋吧,谁看见在自由而公开的交战中,真理会败下阵来?"弥尔顿以来的古典自由主义思想家所阐述的言论和表达自由最终在 20 世纪的美国被发展表述为"观念的市场竞争"(marketplace of ideas)概念——1919 年,美国最高法院大法官奥利弗·温德尔·小霍尔姆斯在"埃布拉姆斯诉合众国"一案中进一步阐发了宪法第一条修正案的思想,他提出"观念的市场竞争"概念:"人们所欲求的最高的善,最好是通过观念的自由交易来实现。检验真理的最好办法,是让思想的力量本身在市场的公开竞争中获取承认。"他还强调,不仅赞同我们的人有表达自由,而且"我们所憎恶的思想也有表达的自由"。当然《加图来信》之前,英国大政治学家约翰·洛克在其传世名作《政府论》中对这一观念也给予了逻辑的延伸和再发挥。1859 年,英国大哲约翰·斯图亚特·密尔在其传世名作《论自由》中以虚拟的语气和极端的对比修辞将言论自由的实质一锤定音:"假设全人类持有同一个见解,而仅有一个异见者持相反见解,那么全人类对这一个反对者声音的压制同一个人,如果他有这个权力,强迫全人类保持沉默在道德上的荒谬并无二致。"(密尔.论自由[M].许宝骙,译.北京:商务印书馆,1959:19.)这一点在西方近代政治自由主义观念中一以贯之一脉相承,如阿克顿勋爵在论及"自由"时曾说:"自由的本质就是不要信奉过去和往事的神圣不可侵犯性。""自由的试金石就是身处弱势的少数人所享有的地位和安全状态。"(见阿克顿.自由与权力[M].侯健,范亚峰,译.北京:商务印书馆,2001:312.)而这后一句话,恰恰与美国最高法院历史上对"少数派"(或异见派)的尊重在本质上是一致的,我们从下述引语中当可窥见一斑——联邦法官汉德:"质言之,压迫反对意见要比放任异端更糟糕。"首席大法官休斯:"很多判例裁决中的反对意见随着时间流逝最终都变成了法律。"大法官杰克逊:"那些试图以强迫手段消除异议的人很快就发现他们实际上是在消灭异议者。强迫统一的意见只会在坟墓中出现。"首席大法官沃伦:"任何与正统思想不相吻合的所谓异端或异见不应受到责难。实际上,如果这种多元化一旦消退,可能将意味着美国社会出现严重的病态症状。"

言论自由与财产安全紧密相连,是对自由政府而言至关重要的神圣权利。不幸之国家,人民无言论之权,何况其他权利?人民叛徒视民众舆论如洪水猛兽,任何人想要推翻国家自由,必然从限制言论自由开始。

查理一世宫廷洞悉了这个秘密,他的邪恶内阁设法通过了一项国王通告,禁止人民谈论国会,其时国会已经被这些叛徒架空。声称人民权利不容置疑,反对国王法定特权,即为不忠,以叛乱罪惩处。不仅如此,教会和政府勾结起来为君主专制保驾护航,为压制事实和律法,他们禁止人民在家中谈论宗教。当后来的詹姆士二世还是约克公爵时,他公然下令,侮辱其天主教信仰的人,将被处以罚款、监禁甚至死刑。此外,查理二世作为天主教徒活得更为安心,因为议会颁布了一项法令,议论他是天主教徒的人即为叛国者。

当统治者值得赞扬时,人民应该称颂他们这一说法才成立。但是,恍若未闻地危害公众,只能是专制暴政的特权和福利:自由之人民将会以言论自由来印证如是。

政府的统治或管理说白了就是由人民的委托人对人民的利益和人民的事务进行统治和管理。因之,政府的统治和管理是人民生活的一部分并与人民之利益休戚相关。而仅从此一点出发,凡与人民相关的公共事务就需要,或者就应当需要,由实践和人民来检验其处理是否得当。因此,所有诚实而正直的选任官员(magistrate)都热衷于让社会和公众来检查、审视其所作所为,或者他们应当有此雄心壮志。只有邪恶的统治者才担忧人们对他们品头论足。格拉古(T)(Tiberius)被社会谴责深深刺痛,深感忧虑。大众的谴责是对的,否则他不会觉得如芒在背。

永恒不变的是,良善政府(good government)既带来言论自由,也以言论自由为标志。古罗马时期,一切都取决于人民的判断和意向。政府极其平等温和地管理人民,人民万分谨慎地审查公共事务和政府官员,以致于整整三百年间,蒙受冤屈的官员不出五位。诚然,一旦平民(the commons)诉诸武力,必是因为统治者深重的压迫。

罪恶唯一惧怕的就是言论自由，因为舆论把它从潜伏的老窝中揪出来，将它畸形和恐怖的丑态曝于阳光之下。罗马共和国时期，贺雷修斯(Horatius)、瓦勒利乌斯(Valerius)、辛辛纳图斯(Cincinnatus)和其他品德高尚、正直无私的选任官员就毫不畏惧言论自由。因为他们执政尚美德崇正义，人民审查得越多，他们的管理工作越发出色，并在质疑中不断改善。

一次，瓦勒利乌斯被人指责在某些微不足道的场合与环境下佯装王制模仿王权(diadem)。瓦勒利乌斯没有转而指责人们对他的监督和审查，而是成为罗马第一位用演讲来证明自己清白的执政官。如此一来，大家得到了满意的答复，瓦勒利乌斯也赢得了广大民心，民众还赠与他"Publicola"的新称号，意指他是最受喜爱的"人民之友"①。之后，经提议制定了一些法律，第一条就是关于可以针对选任官员的所作所为向人民提起诉讼。

但是后来事情发生了转变，随着罗马共和国的陷落，言论也失去了自由。统治者开始畏惧、防备人民的言论。于是罗马的政治生活中首次出现了恶毒的告密一族，在提图斯、涅尔瓦、图拉真、奥里利乌斯等贤明君主的公正统治下，恶毒的告密者一族被实实在在地打压放逐。而到了赛扬努斯、提格利努斯、帕拉斯和克里安德的邪恶统治时期，告密者又得到鼓励，队伍壮大起来。小普林尼对图拉真说："我们有理由抱怨，只有那些探听我们秘密的人才是我们讨厌的对象。"

最优秀的君王都曾鼓励和促进言论自由，因为他们知道正义的手段能捍卫王权，正直的人们会拥护明君。在谈及上述君王其中几位的统治时，塔西佗狂喜地说道："一个时代的稀世珍宝就在于人们都能感我所思，言我所想。"当人们都能自由思考、畅所欲言时，这就是一个幸福的时代。

---

① 即普布利乌斯·瓦勒利乌斯(Publius Valerius)，他和布鲁图斯当选为罗马共和国的首任双执政官。可参阅译者前言所叙。

睿智无私的泰摩利昂①，终结叙拉古奴役状态的大英雄，就是这样思考和行动的。演说家德谟尼特乌斯（Demoenetus）在当时很受欢迎，他曾在全体人民面前指控泰摩利昂担任将军时犯下的几项轻罪。这件事恰恰说明了泰摩利昂对神谕高度负责，换言之，他活着就是为了看到叙拉古的人民享受言论自由，如他治下，做自己话语的主人。

还有那伟大的古罗马将军马塞勒斯②，他赢过的战争比同时代任何一位军官都要多。马塞勒斯时任第四代执政官，叙拉古人民控诉他违背联盟的平等原则，侮辱并敌视他们。元老院会议刚一提出这项指控，他就从席位上起身，以个人身份走到被告作自我辩护的席位，给叙拉古人民充分的自由来弹劾他。如是进行之后，双方一起走出法庭探讨问题产生的缘由。马塞勒斯没有对指控者表现出一丝敌意或怨恨，相反作为无罪者，他把这座城市纳入了自己的保护伞下。如果他犯了罪，他就不会表现出这般宽大的脾性和勇气。

老修·德斯潘塞和儿子小修·德斯潘塞是英王爱德华二世的首席大臣，也正是这两人背叛了国王。我毫不怀疑，如果能让英国所有正直的人都闭上嘴巴，他们会欣然至极。他们害怕被叫作叛徒，因为他们本身就是。我敢说，伊丽莎白女王的大臣弗朗西斯·沃尔辛厄姆就不惧民声，因为他身上没有要谴责的地方。如实地让社会评价得到反映，社会上的谣言就能轻易破除。如果一个人正直诚实，就应该让大家都知道，这样才能得到称赞。但是，如果一个人狡诈恶毒，就应该将其恶行曝光，这样才能让大家都憎恶他。

---

① 泰摩利昂（Timoleon），公元前 4 世纪的古代希腊将领，科林斯人，出身名门。据记载，在其兄长以武力为后盾而宣称自己为科林斯的僭主后，他与朋友高举善行、公义与良知的旗帜而大义灭亲。他于公元前 344 年渡海赴西西里岛领导叙拉古民众进行独立战争，击败狄奥尼西奥斯父子的僭主统治并击败入侵的迦太基人，将居住于西西里的希腊人从迦太基的压迫下解放出来，此后泰摩利昂搬迁至西西里居住再没有返回故土。普鲁塔克的古代希腊罗马名人传记中把泰摩利昂归类为扬威异域之人。

② 马塞勒斯（Marcellus），公元前 3 世纪的罗马将领，曾经五次当选罗马执政官，三次获得战争胜利的凯旋式荣耀。第二次布匿战争与汉尼拔对阵，英勇善战激起全军斗志，获得"罗马之剑"的美誉，死后甚至获得汉尼拔的敬意。

声称国王詹姆士二世是天主教徒和暴君,只会伤害他一人,因为这就是事实。如果斯特拉福德伯爵(Earl of Strafford)不该遭受弹劾,他就没必要害怕"褫夺公民权法案"(Bills of Attainder)的出台。如果我们的国王及其近臣不是世人想象的恶棍,那就让他们向全世界证明,大家的看法是错的,他们没有犯下任何一项世人所指控的邪恶罪行。其他人亦如是,那些实际上没有犯罪的人也必须在获得清白前向世人展示,他们在自己职权范围内所做的一切正是为了阻止被大家所指证的罪行的发生,是为了避免受到大家的指控。

言论自由是捍卫独立自由的坚固壁垒,两者兴衰与共。它还是不忠者和压迫者恐惧之所在,是对抗他们的屏障。言论自由造就伟大的作家,激励真正的天才。塔西佗告诉我们:罗马共和国哺育了无数的伟大作家,他们用与之匹敌的英勇无畏和雄辩之才来创作。但是罗马共和国被奴役后,伟大的智者也不复存在。亚克兴岬角战役①后,和平的代价要求所有权力都赋予一人之身,伟大的天才们就此偃旗息鼓油尽灯枯。平等是自由之灵魂,而专制暴政霸占了平等的位置,进而摧毁了公众的勇气。专制政权恐吓了人们的思想,使之堕入卑劣肮脏,成为奴役的工具。阿谀奉承溜须拍马,唯唯诺诺盲目顺从成为官场晋升的唯一手段,也的确是自我保护的唯一方式。人们不敢道出心声,只会趋炎附势。

小普林尼(Pliny the younger)评论道,对专制暴政的恐惧带来了深刻影响,伟大罗马帝国的元老院最终都变得麻木愚昧且噤若寒蝉,默不作声成了固定不变的同意表决。因而,小普林尼说:我们的精神和天赋都被永久钝化、破坏和湮没了。他在一篇谈论其叔老普林尼作品的信札中为早先的八篇信札致歉,称这八封信札不如其他时期的信札

---

① 公元前48年,凯撒与庞培决战于法萨卢斯城之后,庞培死,罗马共和沦陷沦亡。凯撒宽恕布鲁图斯和卡西乌斯。公元前44年,布鲁图斯、卡西乌斯和罗马元老院其他一些贵族联合刺杀凯撒。之后,安东尼和屋大维分分合合,既有斗争又有妥协,罗马陷入15年的内战混乱时期。公元前31年,屋大维与安东尼决战于亚克兴岬角,安东尼死,内战或曰革命结束。公元前30年至后192年开始了奥古斯都时代,公元14年,76岁的屋大维死。

有气魄和活力。因为这八篇信札写于尼禄（Nero）统治时期，创作的灵魂因为恐惧而被紧紧束缚。尼禄的暴政让所有自由而崇高的研究都成了危险之事，正是这一时期小普林尼写了八本书来讨论语言学问题。

因此，所有充当或企图充当暴君或压迫者的官员都大声抱怨来反对言论自由和出版自由，他们总是限制或竭力压制这两种自由。缘于此故，他们恫吓作家，对他们加以暴力惩罚，并非法焚烧他们的作品。此上种种皆说明真理极度震慑着压迫者，而压迫者又万分仇视着真理。

塔西佗（Tacitus）的编年史中有一个著名的案例：克里莫提乌斯·克尔杜斯在其所著的《年鉴》（Annals）中赞扬了布鲁图斯（Brutus）和卡西乌斯（Cassius），这件事触犯了当时的首席执政官赛扬努斯以及格拉古（T）宫廷其他一些阿谀奉承的下臣。这些人深知自己的品性，他们把克尔杜斯对罗马共和国时期伟人的称赞视作对自身的百般责难。因此他们在元老院投诉《年鉴》这本书，而元老院当时只是充当着专制统治的工具，他们判定焚烧该书。但是，这并没有阻断书的流传。元老院下令焚烧《年鉴》，但一些册子被藏匿起来并流传下来，再次出版发行。虽然遭到禁止，但《年鉴》得到更多的追捧。"至此"，塔西佗说："我们也许会诧异那些个政治家的愚昧，他们竟然试图用恐怖政治来抹杀其恶行所留下的记忆。因为恰恰相反，他们越是惩罚那些好作家，就越是给那些好作家的作品打上光辉的印记。"相反，天才的权威在于，一旦被惩罚，他们的影响力不降反增。对于政府亦如是，如果压制天才的权威，政府将一无所得，只会声名狼藉，而遭受迫害的天才作家将会收获名望。塔西佗还有一句评述：这个道理也适用于其他国家，如果君王如格拉古（T）这般残暴，他必收获耻辱而其受害者必将赢得赞颂。

因而，言论自由对于坚守自由有着不可限量的重要性，每一热爱自由之人必须捍卫言论自由。因此，作为一个生活在自由国度和世界上最优秀君王统治之下的人，如果有堕落邪恶之人妄图毁坏自由，篡夺权力背叛君主,我就会警告这些叛逆国贼他们将遭受万劫不复之灾祸。

瓦莱里乌斯·马克西穆斯(Valerius Maximus)告诉我们,罗马执政官朗图路斯·玛尔凯利努斯(Lentulus Marcellinus)曾在一次公民大会(popular assembly)上抱怨庞培(Pompey)权势过大,全体人民则高呼声援他。马克西穆斯见此就对人们说:"高呼吧,绅士们,趁还能光明正大地利用这自由之权(指借助于公民大会行使言论自由权利,译者注)时高呼吧。因为,我不知道你们被赋予自由的时日还有多久。"

感谢上帝,我们英国人既没有丧失自由,也没有面临失去自由的危机。让我们珍惜这无与伦比、算是上帝独赐的恩泽。我们的子孙,甚至子子孙孙的后代都会将其自由归因于我们今天的热忱。捍卫自由是一项高贵神圣的职责,只有有自由的地方才能捍卫自由。正如马克西穆斯所述:若无加图,自由将情何以堪?若无自由何来加图。

16. 政党领袖们的通识——为政党不再被引入歧途而给出的建议

托马斯·戈登,1721 年 2 月 11 日

阁下,聪明的桑丘·潘沙(Sancho Pancha)梦想自己理想国中所有臣民都是黑奴,这样就可以随意贩卖处置他们了。这是所有政党领袖最基本的愿望,并且我认为这也是唯一合理的愿望。因为没有人愿意整日心力憔悴焦头烂额地付出——而这是领导一个吵吵嚷嚷利益纷争的政党所必需的——到头来却发现深陷其中苦恼不堪剪不断理还乱。

曾有位知名的上议院大法官告诉我们说:"任何人都不值得投入时间来侍奉和料理一个政党,除非他能指望借助于这种投入和付出可以帮他得到好的公职。"就此,保守点说,自从我出道以来凭着对官场与社会的观察和思考,任何的爱国领袖都把此一点作为不二法则并身体力行。他们自始至终都围绕着这个中心打转:表面上都宣扬只为公众利益(publick good)服务,但实际上骨子里只在乎个人得失;与此同时,上至达官贵人,下至平民百姓,为了讨好他们的上司而斗得你死我活,好像自己的幸福和痛苦都决定于上司的一颦一笑、穿衣戴帽甚或职位高低,殊不知正是他们的上司背叛他们的信任,掠夺他们的财富。所以拦路强盗会对过路行人说:"兄弟,你就留下买路财吧,要不然到地府还是得给人劫走。"

蠢货吃多少堑都长不了一智,作为公共群体的人类何尝不是如此,不论有多少经验,都不吸取教训或者提高警惕;他们一次又一次地在同一个地方跌倒上当受骗,一成不变的欺骗手段在他们身上屡试不爽。一个政党被某个领袖背叛后,他们呵斥他,然后另找来一个领袖,依然如故重蹈覆辙,随后又找来一个;他们对每一个领袖都满怀信心,但每一个都辜负他们的信任,像出售畜生一样,把他们标价出卖;但是他们也没什么可抱怨的,因为他们成为领袖之后,也是一样的"德行"。

阁下,明确告诉您,我从没期望这封信可以使人们变得更加诚实,但我很愿意让他们更明智一点。对于那些争先恐后地想要给领袖当牛做马的人,我建议他们在被领袖出卖前,先下手为强,并且要照顾好自己一条船上的人,现如今行事谨慎的人都明白这个道理。当一个国家的背叛者之间发生争执时,我们要做的就是找到钱财,并让双方都得到好处。那些野心家从我们身上榨取财富,不要在乎他们的分分合合,这样才是明智的,才对自己有利。从前,有位法国大使求见苏丹的总理大臣,用浮夸的言辞告知他法国国王大胜德国的事情,聪明的大臣简短地答道:"只要我国国王是安全的,就算全世界的非伊斯兰教徒像疯狗一样互相咬得你死我活,又关我什么事呢?"

写这封建议信不是为了那些已经在公共财富掠夺中分得一杯羹的人,也不是给那些等着大人物酒足饭饱后吃剩食的人,他们就像豺狼,啃咬狮子吃剩的骨头。我想劝说那些贫困者、受害者、不幸者,不要再充当伪君子和叛国者的盲目信徒,任由他们摆布。然而,只有少数人能从社会不公中分得好处,其他所有人必须忍受这种不公。人民的利益即公共的利益,两者本质上是一样的。不论背叛者得到了什么,人民总是要相应地失去一部分。更为糟糕的是,所失去的远远多于那些叛徒所得到的;这些背叛和榨取的顺利进行往往伴随着贸易体系的毁坏、司法体系的扭曲、公共自由的侵蚀、甚至是政府原则的彻底瓦解坍塌。

很少人能从这样的公共混乱中得到好处,因此我认为只有少数人才会期待这样的混乱发生。其实我明白,那些身处绝境的人,或犯下滔天罪行的人总能从大混乱中谋到利益。同样,我也理解,那些支持独裁统治的牧师总是把兴趣集中在公共自由的缺失、言论自由的限制以及倡导损害基督精神的宗教思想上。这也是为什么那些野心家总是要掌握大量的财富、至高的荣誉和过度的权力。可是,真正的绅士们——一个自由国家的真正主体却成为这些流氓盗贼的工具和手段,要为他们争吵,为他们作战,而这常常要付出代价,会破坏邻里和睦,丧失亲情友情。那些有大量财产和高尚品质的人为了一些鸡毛蒜皮的小事,甚至毫无由头地推行一些疯狂的恶毒计划,到头来自己的职位、生命、财产、自由都岌岌可危,既毁了自己又破败了国家,这样的惊人之举本应是不可能的,可是现实却告诉我们这是千真万确的。

我经常看见正直的托利党人愚蠢到为党内的无赖分子辩护,也有廉洁的辉格党人为党内的腐败分子提供保护。即使在很多情况下,他们的所作所为违背了所有辉格党人的原则,贬损了辉格主义之精神,他们仍然为了愚蠢的党派观念而宁愿相信自己的政党根本没有什么原则,只是一群谋求特权和权力的乌合之众。

终于,不管是辉格党还是托利党,高教会派还是低教会派(High Church and Low Church)①,是时候摒弃前嫌,达成和解共识了,不能再容忍那些领头人的出卖和背叛了,他们不是畜生,也不会再被像畜生一样对待。如果他们能时常交换意见,便会发现他们之间不存在根本利益冲突与矛盾。虽然各自的政治纲领诉求以及为此所采取的方案和措施有所不同,他们都有唯一的公共利益——国家的利益。他们要把国家从压迫中解放出来,严惩剥削者,正是这些人整日忙于建立党派,煽动党派斗争,而他们自己则稳坐钓鱼台坐山观虎斗,从中坐收渔翁之利。

所以,以后再不要参与那些无意义的恶意争论了,这只会让我们

---

① 一般而言,高教会即指当时英国的安立甘国教,而低教会则指追求更为自由的新教;前者在宗教礼拜及其他宗教仪式上介于罗马天主教与后者的新教之间。宗教的派别某种程度上也代表了社会阶层的差异,一般而言,保守的教派都代表传统社会的精英贵族、上层人士与中老年阶层,而自由的教派则代表新兴的富裕阶层以及社会的下层人士和青年阶层。

沦为那些窃贼的工具和手段。我们要学会尊敬另一政党中正直的人，而不是袒护党内的无赖。真正该争论的是哪一方愿意剔除自己党内的流氓，我敢说，这件事解决之后，其他的争论会马上得到解决。事实上，如果我们委以信任的人没有背叛我们，英格兰的政党也不会走到今天的地步。

政党领袖们通过无耻的计谋和卑劣的手段使国家一次又一次地错失良机，没能挽救宪法，为宪政打下坚实基础。因此，我们不要重蹈覆辙，再次失去现如今的有利条件，我们要从不幸中吸取教训，化险为夷；知天意，寻机遇，这样才能拯救自己。为了君主和国家的利益，再不要愚蠢而徒劳地藐视天意固步自封了。

马基雅维利说过，政府只有时时不忘自己的基本准则才能长久存在，但生活在舒适奢华中的人们从来不会这样做，因为安乐的时候他们根本听不进劝告，没有长远的忧患意识。不到紧要关头不会进行改革。只有人们清醒地意识到情况的严重，感受到眼前危机的逼近，才会希望采取补救方法，乐于接受意见，听取分析，最终为了自保，采纳智慧之人提出的建议和措施。

马基雅维利的忠告告诉我们当国家面临这样的危机时我们该采取怎样的手段和应急策略。他告诉我们，若不毁灭布鲁图斯，暴政不可能得以建立；同样，只有除掉布鲁图斯的儿子们，自由政府也才能得以保有。① 因此我们要拿出处理天下事的决心，彰显大不列颠的国家精神，不负自由人民的自由之心。此时正是我们成此大业的良机，人们应摒弃前嫌，共同把愤怒的矛头指向党派斗争和党棍头目们的钩心斗角；我们要以身作则，不遗余力地惩罚叛国逆贼，声讨全民公敌。

任何个人交情、私人联盟、政党勾结都不能阻碍我们对国家尽职

---

① 此处第一个分句中的"布鲁图斯"意指刺杀凯撒并与屋大维血战到底的小布鲁图斯。加图和西塞罗死后，逃离罗马的小布鲁图斯和卡西乌斯就成为保卫罗马共和最重要的生力军，也是捍卫罗马共和的唯一旗帜和方向。而第二个分句中的"布鲁图斯"意指废黜了罗马王权时代最后一任国王塔奎而创建古代罗马共和国的首任执政官老布鲁图斯，因他的两个儿子密谋复辟暴政王权，因此他为保有罗马共和制度而愤而杀子。可参见译序一对罗马共和国的叙述。

尽责，所有志同道合的人都应团结起来保卫公共安全。对那些败坏国家的人，我们要让他们名誉扫地，一败涂地，甚至要让他们付出生命的代价。让他们滚下地位的高台，失去所有的财富。我们要树碑立传，让整个欧洲都知道，也让子子孙孙都明了，我们对于叛国卖民罪行的处罚是什么。他们为了毁灭我们屡次恣意妄行，不择手段；但是毁灭他们只需正义而勇敢的一击就足矣。

虽然这些密谋者的阴谋深藏不露，虽然他们会大吵大闹，并找来大量的追随者来为自己辩护，但是我们一定要穷追不舍，翻出他们的箱底。我们都知道，在以前，如果这些恶棍像丧家犬一样停止贪婪的掠夺，我们中有些人便对其网开一面，但现如今国家所受的损害，人民所激起的愤慨已经不允许任何背叛重复发生了。

神为我们指明方向，荣耀君王带领我们前行，英明且忠诚的议会帮助我们的事业，保护我们的安全。有这样的君王，这样的议会，每一个值得尊敬的大不列颠人都大声疾呼：

挥利剑，怒对暴政；

寻和平，勿忘自由。

17. 无良大臣们在狗急跳墙时会采取何等手段来戕害国家

约翰·特伦查德,1721年2月18日

阁下,对于英明的君主和贤能的臣子,一切恶行,都可直言不讳,所以,既然我们伟大的英王领导的政府如此清廉,治理国家如此贤明,也为了实现我对公众的承诺,我要借机警示人们今后腐败政府可能衍生的种种恶行。这一点毋庸置疑,世上每个国家都曾不幸受过这些恶行的蹂躏,我们也不例外。德·维特先生(Monsieur de Witt)长久以来认定英格兰宫廷一直是全欧洲最败坏的宫廷,但我绝不会允许这样的事情发生。

很少有人会被逼到厚颜无耻地公然侵害一个自由民族的自由权利。那些明目张胆的密谋者是不会成功的,他们的任何尝试都将引火烧身。即使他们的事业已经启动并初现雏形,但他们必定会掩饰其背后不可告人之目的。用正当的名声掩盖自己叛国罪行的做法向来是背叛者的一贯行径,他们用糖衣炮弹将其包裹,让自己成为大众的宠儿,人们一方面厌恶他们的行径,另一方面又在助纣为虐。

因此一个国家便在联盟互惠的美名之下屈服于另一个国家。于是以节省军费开支的名义,放弃了国家的要塞守卫,至少是在尝试这样做。国家建立军队,招兵买马本是为了国民不受奴役,现在却带头奴颜婢膝。

因此，为了整个世界的未来，我要指出在我们的邻国，那些腐败的政客用了怎样的手段侵蚀自己的国家，奴役自己的人民；还要指出哪些恶行一步步陷国家于不利的地步，以及他们接下来又要用什么手段来侵害别的国家。我选择这个主题，因为我们国人对此甚为敏感，我们知道珍惜英明君主的领导，这是上天赐予我们的至高祝福，我们活在世上最健全的政府管理之下，因而我们无所畏惧。

这些叛国者很可能首先控制住他们的君主，像塞扬努斯（Sejanus）①做的那样，把君主囚禁在小岛上，或关闭在宫廷里，然后他们掌控君主的全部疆土，掠夺人民的财产。当君主远离贤臣，不知政事，便整日沉醉于佞臣贼子的谄媚之中而安然自得。他们欺瞒君主，进谏恶谋，从而致使君主发出不正之令。君主也不分敌友，不明国情，把穷困潦倒认成了繁荣昌盛，把动荡不安认成了和谐有序。

他们将继续谋划罪愆恶行，掠夺人民，富裕自己。他们深知财富将带来掌控力，财富和权力总能吸引来一批谄媚的依附者；反之，他们也知道贫困会带来灰心丧气，奴役心智，会给任何慷慨的事业造成不公，并使得人们无力反抗任何明目张胆的巧取豪夺。他们大肆挥霍公共财产，一来要喂养装扮他们身边奴颜婢膝的仆人哈巴狗们，这些哈巴狗既是他们欢欣的源泉，但某些时候也是他们的负担和包袱；二来他们用大量的钱财来养活一帮唯利是图而卑贱窝囊的男男女女来为他们完成卑鄙罪恶的勾当，并冲锋陷阵成为他们叛逆卖国的替罪羊与急先锋。

他们会让国家陷入战争之中，这些战争可笑之极，劳民伤财且荒诞不经，使国民始终处于焦躁不安、担惊受怕的状态中，这样便无暇顾及公共生活的糟糕状况。人们也毫无警觉之心，乐于接受所有政府措施，好像这都是为了大众的安全，这些背叛者不论提出何种疯狂要求，

---

① 塞扬努斯（Sejanus），屋大维的继任者，罗马帝国第二任皇帝格拉古（T）的宠臣兼禁卫军司令官。当格拉古（T）为其母后的干政烦躁苦恼而引退幕后的当口，塞扬努斯上下其手，近乎整个架空了皇帝格拉古（T），所有反对他的人都被罢黜流放乃至砍头，连格拉古（T）的儿子也被他设计陷害致死。然而，就在塞扬努斯意欲最终攫取王权时，格拉古（T）幡然醒悟识破其阴谋诡计而一举将其粉碎。

人们都会欣然同意。

他们会通过战争达到自己的目的,也会出于别的动机而达成和解,他们眼中全无公众利益。为了达成这种所谓的和解,他们常常会将本国的要塞或商贸属地让与公开的敌国、可疑的盟国或危险的邻国,这样就没人能破坏他们在国内的阴谋了。

他们会在国内建立党派,或在原有基础上扩充党派,并把各党派玩弄于股掌之间,让他们互相敌视,从而达到对双方控制的目的。让圭尔夫派(Guelfs)和吉伯林派(Ghibelines)[①]互相畏惧对方,而他们自己充当两派的中间力量和平衡者,反过来,这两派成了他们权威的支持者,他们计谋的实施者。

他们深谙官官相护的真谛,对于任何先前的掌权者,哪怕罪行滔天,甚至私下里和他们有些许的仇恨,他们都不会轻易将其扳倒。他们不会开这样的先例来惩罚政敌,因为这将来就会成为他们自己的惩罚,他们也不会审判叛国罪,因为他们行将犯下同样的罪行。相反,他们会密谋新的罪恶,为他们自己将来的免刑和自保而设立新的规定,尽量让这些规定能包容他们的罪行,这样他们就将凌驾于刑罚之上,毫无畏惧。

他们更喜欢那些能力低下的奸诈小人,不能容忍富有学识的正人君子靠近他们,或在他们手下做事。他们会侮辱品德高尚的人,讽刺品德本身,嘲笑心怀公众的品质。他们安排职位时,从不考虑职位所需要的品质。事实上,他们从不考虑任何品质,只考虑这些人能否对他们的阴谋有帮助,能否欣然接受任何任务。这些人要么是傻子,要

[①] 中世纪末期导致意大利分裂并引发内战给意大利带来巨大灾难的两个党派。当然意大利的圭尔夫派与吉伯林派又传承自当年日耳曼德意志的维尔福派(Welfe)与魏布林根派(Waiblingen)。这种分裂实际上与基督教的出现一样古老,究其本质可回溯到当年耶稣回答法利赛人的二分法:"让凯撒的归凯撒,让上帝的归上帝。"一般认为圭尔夫派支持教皇,而吉伯林派则支持世俗皇帝。耶稣的二分法当然是理想的划分,现实当中尤其中世纪末期随着世俗力量的不断崛起和扩散,教权和俗权争权夺利势如水火互不相容,成为整个欧洲中世纪后期乃至近代现代几乎全部战争和灾难的一个死结。

么是乞丐，要么没能力发现他们的诡计，要么深得信任，不会背叛他们。

他们会宣扬奢侈、慵懒、糜烂和道德腐化的生活，不但自己亲身力行，还会纵容默认甚至公然鼓励。这会使人们不再关注自身修养和政治生活，还有可能导致他们丧失一切公德和私德。道德败坏和过度放纵会成为他们生活的一部分，进而他们会沦为依附权力的奴隶。

他们会施行一切可行的镇压手段，激起人们的不满，再以此为由，进一步实施镇压，声称不再信任人们，并大量扩军。最后剥夺人民的自由与特权(liberties and privileges)，而他们自己却以国家法律的名义天生享有特权。

在任何自由国家中这样的计谋都可能得逞，虽然人民拥有选举代表自己的议员的权利，但这帮人会乘机全力贿赂选民，来精心挑选他们自己的代理人，从而建立起一个为己所用的国会；而且，若是他们在贿赂选民失利时，他们就会转而动用公共防御资金去贿赂竞选成功的议员；进而拉这些议员下水，与自己同流合污。可怜的人们，当议员已经背叛了他们，他们还在一厢情愿地期望这些议员能为他们伸张正义，惩罚犯罪。就这样，这帮人使得人民的代表害怕面对人民，而人民亦不愿面对自己选出的代表，双方彼此失去信任；随之，这帮人便会全力说服人民的代表把政府握在他们自己的掌心，不要再信任他们的选民和委托人。他们威胁议员说人们憎恶背叛和渎职行为，人们意欲以贤能之才来替换他们。

但是如果宪法在整个制度框架中能发挥中流砥柱功能的话，面对四面八方形形色色阴谋诡计的侵害和破坏，宪法仍旧不仅能够自保而且也能够看护人民的自由；由是，因为宪法坚如磐石难以改变，宪法本身必定会受到无所不用其极的攻击和破坏。在对宪法的攻击和破坏中，必定会有假眉三道者高举公共利益的由头和名义，企图改变和打破政府架构的权力平衡，并进而把政府权力悉数独揽到他们的代理人手中。如此一来，这帮掌控政府的人其本身的利益与人民的利益南辕北辙也就见怪不怪了。

17.无良大臣们在狗急跳墙时会采取何等手段来戕害国家

但是如果这些侵害公众逃避刑罚的计谋都没得逞,如果一个自由国家的高尚爱国者们在维护国家利益面前表现出了坚定的意志,并决心严厉追究这些背叛者,那么这些叛国者只剩下一条路可走,就是临阵倒戈,加入君主和国家的敌方,彻底完成他们的背叛。

我曾经读到过一则故事,故事的主角是一位首席大臣。他深得我们邻国君主的喜爱,他已离世很久了。他尽职尽责,但受小人蛊惑,曾发起叛乱,争夺王位,即使失败,他也为自己留了后路。如果成功,这位得信于诸王的阿奇多菲尔(Achitophel)通过这次历尽曲折的反叛,便能把他的主子送上至高的王位。但当他英勇的对手得胜时,阿奇多菲尔便背叛他的旧主子,跪地求饶,而后得到新主子的赏识。

因此我们是幸福的,快乐的,我们可以隔岸观火,看着欧洲大陆最伟大的国家处于水深火热之中,他们委信于人,却因这些人的阴谋诡计而丧失自由。我们则继续享受我们的自由,永远不会有失去的危险,因为我们的王是如此贤明,辅佐王的国会也是如此明智。

18. 论公共腐败对国家的潜在危害
——以罗马为鉴

约翰·特伦查德,1721 年 2 月 25 日

阁下,伟大的朱古达国王①在离开罗马之际说过:"拜金社会的繁荣建立在对人的毁灭之上,当第一个竞标者出价时,你就准备好献出自身和自己全部的自由,因为你是可以被购买的。"罗马,是英雄的摇篮、诸国的统领、帝国的荣耀,是美德与知识的源泉、标准和模范,也是人类一切值得赞扬的价值所在,但在衰败之后,很快就落入了腐败和沦丧的万丈深渊。那种对这个世界既和蔼又严苛的公共精神(publick spirit)不再存在了。相比武力,这种精神更注重以德服人。由此,它已让诸多国家俯首称臣,这些国家甘愿承认它的权威,认可它在帝国中的特权,最终它们与首领国共享荣耀。

---

① 朱古达(Jugurtha,公元前 160—公元前 104 年),古代努米底亚(今阿尔及利亚与突尼斯处)国王。该地区早先受希腊文化影响,公元前 3 世纪末,朱古达的祖父马西尼亚统一了努米底亚,成为地中海强国。第二次布匿战争期间,罗马联合努米底亚击败迦太基。公元前 111 年,罗马向朱古达宣战。此时的罗马贪腐严重,派往非洲的将领一再被朱古达收买,后来朱古达甚至到罗马作证。他在罗马的日子里又收买了一名保民官。后来他平安离开罗马,临走他鄙夷地说:如果能找到买主,我甚至能卖掉这座城市。朱古达终被马略击败。公元 46 年,努米底亚王国被罗马所灭。长期以来,阿尔及利亚人民把马西尼亚与朱古达尊为民族英雄。

"但是!",艾伯特·沃拓特(Abbé de Vertot,近代法国学者,曾有著作《罗马共和时期的革命史》《葡萄牙与瑞典的革命史》等)说,"这次,另一个国家出现在舞台上,普遍的腐败迅速扩展到全国各地。法庭成了公开贩卖正义的场所,人民的声音听从出高价的竞标者,执政官通过阴谋、贿赂爬上高位。从不对国家的蛀虫开战,而与他们同流合污。那些本该执政官们尽职保护的省份,却成了他们敛财的好去处。这些省份必须承担这些巨额开支。高官们霸占公共收入,邦国会随着个体实力的增强而衰弱。想要搜刮人民,加重赋税,他们只需给自己的攫取披上一件新外衣。"

"突然,如魔法般,华丽宫殿拔地而起,墙壁、屋顶、天花板都金光闪闪。银制的睡床和餐桌还不能满足他们,那些贵金属上必须由顶级匠人精心雕刻装饰。国家所有的财富都在大人物的手里,税吏的口袋里,一些被主人赐予自由的奴隶们甚至比他们的主人更富有。"

他这样说道,

"需要长篇阔论才能描绘尽他们宫殿的华丽、生活的奢靡,他们的珠光宝气以及那不计其数的奴隶、自由农和顾客,客人们常常光顾他们的住宅,尤其他们那丰盛的餐桌。如果呈给他们的费勒年白酒在冬天没有点缀着玫瑰,在夏天没有用金杯冰镇过,他们便会大为不满。他们的餐具柜已被金银餐盘塞得满满的。对他们来说晚餐的价值是由盘子的价格来决定的。哪怕跨越千山万水也要为他们找来用于晚餐的山鸡。在征服亚洲之后,腐败得更为彻底,他们开始从歌女、舞女身上找乐子。"

"这里谁是自由的卫士,"他问道,"我们怎么知道自己是否沦为奴隶了?我们已经堕落到极致了,国家尊重的不是英勇的战士而是奢靡的贵族,贫困的军官只能靠华而不实的荣誉而苟活,而那些个大人物却掩饰了自己的懦弱,用他们华丽的行头,奢侈的消费迷惑公众的眼球。"

但是这些华丽的奢靡又会产生什么呢?纵欲享乐取代了节欲自制,慵懒懈怠代替了兢兢业业,自私自利泯灭了对自由的热爱,丧失了他们的祖先曾为公共利益(interest of the publick)而展现的热情活力。奢侈傲慢成了新时尚,各阶层的人都讲排场比奢靡。结果他们挥霍光了祖辈的遗产,然后又打公共财产的主意,在他们倾家荡产之前,国家就会毁在他们手里。

公共财产(publick treasure)受到掠夺,进了私人的口袋里。接着又有了新的要求,人们要承受新的税收和负担,这样铺张浪费才能继续。这些做法首先引起民怨,接着会导致全国性的不满,最终造成战争的爆发。人们委身于不同的领导或政党领袖之下,这些人却野心勃勃,要霸占公共财富,剥夺公共自由(publick liberty)。在诸多纷争中,罗马以及整个意大利都变成了一个屠宰场。成千上万的人成了少数野心家的牺牲品。街道上血流成河,人权剥夺和肉身屠杀成为受尊敬的消遣活动。直到最后三分之二的人口被毁灭了,剩下的悉数成为奴隶,受最恶毒、最可耻的人渣的统治。

自此,太阳光下,世界大舞台之上,最伟大最高贵的国家灭亡了。它毁于野心和分裂,毁于低贱人之手,毁于弑亲者和叛国者之手。其他国家也难逃这种厄运,将经历同样的灭顶之灾,骨子里遭受同样罪恶的吞噬,嘴上却说着同样的仁义道德。

我希望我可以说,艾伯特·沃拓特关于罗马衰败的描述不适用于我们现在任何一个国家。我希望我们不需要抱怨这些腐败和渎职。如果我们有,我确信,是时候实施改革了,阻止这些威胁我们的恶行。认为纵容腐败也能避免亡国的想法是异想天开,腐败就是亡国的原因所在。人性是不变的,行为方式也大同小异,当我们了解人们在一千年前在某一环境下做了什么之后,我们就能知道在一千年后在同一环境下人能做出什么。这就是所谓的经验,也是最可靠的智慧。

让我们以他人为鉴,罗马的语言该被用来陶冶情操,指引方向,而不是陈腐的教条。他们的美德、罪恶以及惩罚都是我们的教科书,不要让我们的苦难也成为其他国家的教科书。他们摔过跤的地方我们应当避免,并做上标记,警醒后人,引领他们走上正确的道路。最后,要对我们国家组织机构中的大情小事明察秋毫,查明腐败和渎职是否已悄悄侵入其中。我们的检查必须深入到核心区域,否则终将导致病入膏肓,无药可救。①

我们现在的不幸将振奋我们的精神,将我们从心灰意冷中唤醒。的确,对于我们来说,他们犹如晴天霹雳,但这革命的种子早就已经埋好,能量如沼泽上的雾气般一直蓄势待发,虽然它们有时会扩散,会因太阳光而消失,然而,天空一直充斥着硫黄烈焰。现在,忽然乌云密布,笼罩天际,暴风雨将向我们袭来。

因此,我们要做一个熟练的掌舵人,召集全员,奋力划桨、拉绳。首先必须丢弃船上所有行李和无用之物。然后,降下所有多余的船帆,以防翻船。当我们已竭尽全力后,剩下的就是祈求上天了,我相信我们定会驶出这场风暴。

我们的船上有乔治国王掌舵,他是天之骄子,受到万民的爱戴,他不仅给予我们全部自由,还鼓励帮助我们自我拯救。在他之前,常有

---

① 罗马帝国的灭亡与秦帝国的灭亡成为日后中西方文化反复借鉴的一个例子,兹取汉朝贾谊《过秦论》上中下篇中三个主题句以兹例证:"一夫作难而七庙隳,身死人手,为天下笑者,何也?仁义不施而攻守之势异也。""贵为天子,富有四海,身在于戮者,正之非也。""前事之不忘,后事之师也。是以君子为国,观之上古,验之当世,参之人事,察盛衰之理,审权势之宜,去就有序,变化因时,故旷日长久而社稷安矣。"之后,唐杜牧《阿房宫赋》亦谈论此一主题:"呜呼!灭六国者六国也,非秦也;族秦者秦也,非天下也。嗟乎!使六国各爱其人,则足以拒秦;使秦复爱六国之人,则递三世可至万世而为君,谁得而族灭也?秦人不暇自哀,而后人哀之;后人哀之而不鉴之,亦使后人而复哀后人也。"宋朝大文学家苏洵《六国论》亦有对这一主题的议论:"呜呼!以赂秦之地封天下之谋臣,以事秦之心礼天下之奇才,并力西向,则吾恐秦人食之不得下咽也。悲夫!有如此之势,而为秦人积威之所劫,日削月割,以趋于亡。为国者无使为积威之所劫哉!夫六国与秦皆诸侯,其势弱于秦,而犹有可以不赂而胜之之势。苟以天下之大,而从六国破亡之故事,是又在六国下矣。"

昏君包庇大人物的过错,但他眼里容不得沙子,绝不允许任何人以他的名义来包庇罪犯,也不会为了任何无价值的宠臣而忤逆民意,当然乔治国王的宫廷里也不存在宠臣。所以,如果我们还不能得到幸福自由的话,那就是我们自己的问题了。

事实上,实现社会正义是我们对伟大国王当尽的义务,我们不仅应当公平、公正而无私地向君王展现全部的客观事实以及事情的来龙去脉是非曲直;而且还应当在我们的权限范围内尽全力以使我们的宪法运行于这样一条底线:若是宪法还有什么欠缺,即是让我们的君主为能统领这样一个自由而幸福的民族而感到自豪和开心。如此,我们对国王的献礼就将完美无缺,我们呈送他一顶王冠,万民呼吁的王冠;一顶荣耀的王冠,这顶王冠定不会给他带来一丝一毫的屈辱、嘲讽与布满荆棘的苦痛。

稍后,我会在其他信件中解释这些戕害我们的恶行的根源,以及我认为解决它们所需采取的必要措施。

19. 对某些人而言，人民喜爱和厌恶的力量——这种力量一旦爆发何其强大，一旦爆发影响深远

托马斯·戈登，1721 年 3 月 4 日

阁下，视野观念与名气声望常常决定了人们对世间万事万物的认知和判断。在迷信（人类之本性使然，时时处处可见）、无知或是偏见的误导下，加之教育本身或缺乏教育，我们常常拿事物之表象充作事物之本身，将主观臆想误当作客观现实，对确定必然与事实真相施以谬见错觉与妄想。不受困于预言前兆之虚妄的人屈指可数。

上述偏见、无知及迷信等影响人们认知之要素渗透到个人及公共生活的方方面面：输红眼的赌徒会撤掉手中的纸牌和骰子，再上一副新的骰牌赌具，然而运气照旧；园丁们种植树木也要假装挑选富贵吉利之节气。许多人谈婚论嫁、买卖开张、开工奠基更是要细细择选良辰吉日。甚至生民百姓普罗众生也都各有自己幸运与不幸的时日及节气，由此，很多时候尽管优势在手，但仅仅因为时日或时辰煞是不祥而放弃胜利在望的战事。

如今，虽然所有诸如此类的怪诞念头都仅仅是一种观念而并无逻辑根由为支撑，但这种荒诞的念头却常常决定了世间万物之生成，似乎这种无知、偏见和迷信的主观荒诞动因已经足够促成事件的客观成型。医师或是药师的观念的确常常可以影响病患的治疗，仅仅是对病患加以安心与默许的慰藉也会对其病情改善有所裨益。一位将军的

观念或一份事业的观念足以促使整支部队战斗力量倍增;对政府官员的智慧和正直所持有的信心可以鼓舞整个国家为捍卫自身安全而不遗余力;相反,对统治者的所作所为疑云满腹,便常常会使百姓陷入冷漠与沮丧的境地。单单一位将军或大臣的换任常常便能使得一个民族的命运改变,即使继任者并非更胜一筹;因为如果百姓能被说服相信他们的不幸缘于统治者们的管理不当或是天资愚笨,从而通过换任之举铲除他们所信以为真的不幸之根源便会激发出鲜活的勇气与决心,这也时常被视为是成功之举。

此后,大多数名声显赫的议员、君主以及将领都尽己所能向其追随者们灌输自己超乎世俗凡人的观念——或是列位神明后代或是与诸神沾亲带故,抑或宣称与众神密切相关,天赋神权,以解释自己的意愿,以神之名义发号施令。诉诸此类手段使百姓对其能力深信不疑,心甘情愿臣服于其权威,视其管理为成功的保证。

在如上托词支撑之下的统治者难免无才无德,一如东方国家世袭君主的昏聩无能。他们还诉诸其他伎俩来获得钦佩和赞美,使百姓对君王皇族拥有敬畏之心,赢得大众对其权力的盲目顺从。那些庄严高贵的专制君主大部分时间在他们的宫殿里缄口不言,宫殿里的所有铺陈和摆设都衬托出君王的天威。他们很少出巡与子民谋面,偶尔外出也有华服加身的侍卫拥簇左右、戒备森严,场面着实令人生畏惊叹。而王公贵族们自己更是披金戴银,光彩夺目,或许就连他们所乘坐的马队和象群也都装饰披挂了宝石而熠熠生辉。

除此之外,随从大臣和侍卫的严肃面庞和一言不发亦为整个场面平添了几分威严,喇叭庄严的铿锵之音及类似战争号角的声响更是烘托了庄重肃穆的氛围。如此场面更是平添了几分高高在上遥不可及的距离感,增添了几笔浓重的神化色彩。在轻信与惊叹之余,有板有眼的故事传说巧妙地在百姓之中流传开来,无非是关于他们的君主是何等地超群出众、神圣完美云云,以至于就连他们的画像都被膜拜景仰。

当然,在那些自由观念已被确立起来的国家,百姓会以自身权益为重,所有上述权谋伎俩与托词均乃无稽之谈滑稽可笑,这样的闹剧怪相无非只是逗趣笑料。人们足以明辨所有奢侈挥霍富丽堂皇都是对他们的压榨劫掠,他们必须辛勤劳作却拮据匮乏,而坐享其成者无所事事却宽裕富足。他们将会发现随着君王的浮华奢靡挥霍无度,自身的贫困会日益加深,苦难日益沉重,甚而至于饱受取笑嘲弄。

对于明辨的百姓而言,(君王和政府)只有善良正直的行为或表现才是赢得敬重、威望与归顺的唯一之道。他们必须亲眼目睹,哪怕是幻想目睹,他们的政府所表达的施政方针和颁布的施政方案不仅诚实可信,而且以公众之福祉和百姓之昌盛为唯一依归。唯如此,百姓才能为他们忠顺政府找到理由。君王如此待民自然会免于百姓愤懑抱怨离心离德之危险,亦不必担忧邻国强大之威胁;他忠诚的子民便是其忠诚侍卫,因为捍卫政府就是保卫自我。百姓时刻准备响应君王的召唤去摧毁那些企图反对或削弱其公正权威的敌对势力。

然而,即便是最聪慧最自由的民众也难免受困于迷信盲目,受限于自身缺陷。而精明世故的君主也会仰赖这些迷信和缺陷,尽力将其运用到公众利益当中。例如,罗马人自己有着对兴衰的迷信,将领有幸运与不幸之分,有时单单是名字本身就被赋予令人敬重的荣誉。罗马人拥戴任命小西庇阿(Scipio)前往消灭迦太基(Carthage),因为首次征服迦太基的正是与之同名的大西庇阿。雅典人也拥护同名的弗尔米奥(Phormio)率领参加勒班陀(Lepanto)战争。

即便对于公正智慧之政府,诸多将领以及大臣时常也会因为时运不济的远征战事或是公共事务上出现不当后果遭遇羞辱或罢黜,即使他们自身诚实正直也不缺贤德。因为如果一个政府或是一支军队对某一个人或是某一小部分人表现出普遍的厌恶,即使这种厌恶毫无道理,这种以剥夺某一个人或一小部分人的利益为代价,而讨得数百万或是远小于百万之众的满意和爱戴也是荒谬滑稽的。因此精明世故的君王们为任何重要职位选贤任能都是慎之又慎,这些人要么面目可憎,要么为人不齿,即便他们恰巧无辜不幸受骂。

当然这也极少发生,因为真正善良谦虚之人从不会强使自己去效力于君主,也不会在位长久直至失去民心——因为他终将明白自己的付出对国家徒劳无功,自己终会两手空空无功而返;公众的嫉妒会误解他的全部所作所为,使他的最佳施政方案流产崩殂,最佳行动徒劳无益;最后他必将成为君主事务的重荷累赘;最终落得千夫所指,并逐渐牵连其君主沦为万众厌恶的众矢之的。

然而,有些大臣招致公众的厌恶憎恨实乃罪有应得——当他们被揭穿蓄意擅用权力背离公共利益而谋一己之私;当他们被委以管理国家事务之信托后,却孤注一掷地筹划,顽固不化地实施毁灭公共利益的诡计阴谋;他们削弱主子权威而强大自身,为保全自身而使君主陷身险境,从而庇护自己的罪过。以损毁万众为代价来换取自身的荣华富贵、飞黄腾达。他们成为众所周知的祸患,沦为万众嫌恶的众矢之的,众叛亲离、孑然一身,在浩大的国度里找不出一个真正的朋友,即便那些曾经接受他们贿赂而拥护他们的人也都两面三刀,就连一个真挚的拥护者也寻而不得。若事态果真至此,而他们仍然不畏被他们即将毁掉的国家,继续信心满满手握重权,孤注一掷坚持要推翻国王,毁灭国家。这样做无非是加重了他们的罪孽,厚颜无耻到公众愤恨所不能企及的地步。

这正是受格维斯顿(Gaveston)以及两个斯宾塞(two Spencers)①掌控下的英格兰之情形,也是受阿尔瓦公爵(Duke of Alva)②支配下的尼德兰之现状。他们政府内的各重臣要员分别摧毁了各自的主子和国家。国家处在如此可悲的政治治理之下,天灾人祸接踵而至,人民无路可走,要么起而造反,要么面对国内叛逆国贼、国外侵略之敌而根

---

① 英格兰金雀花王朝爱德华二世(1307—1327)在位时期的宠臣与权臣。格维斯顿后被贵族与男爵们处死。而新宠斯宾塞在玩弄权术上更上层楼,王国的统治权逐渐被斯宾塞所结成的利益集团所控制,于是很多大贵族与国王日渐疏离,加之当时的英格兰与苏格兰和法国关系恶化,最终议会迫使爱德华二世逊位。虽然他的儿子继位保住了王位世袭,但王权的神圣不可侵犯受到强烈的冲击。
② 阿尔瓦公爵(1507—1582),西班牙菲利普二世在位期间的将军。天主教信徒菲利普王委派其为驻尼德兰地区的总督(1567—1573)以镇压日渐高涨的新教运动。由于阿尔瓦公爵的极度残暴,成千上万名的卡尔文新教徒受到迫害。

本丧失保卫自身的勇气,在内忧外患的处境之下苟且偷生。

　　这在古代罗马"十人委员会"的故事中早已为历史所证实。罗马人创建十人委员执政官这一集体机构,有效期为一年,主要为编纂完善法律体系这一目的而服务,一年的期限毫无疑问本已够用。但偏偏这些处心积虑的执政官又以欲在本已完成并出版的十部法典基础上增添两部为幌子,以求在其位上多霸一年。即使增添的仅仅是两部法典的编纂工作,他们却不拖延到任期结束是万万不会解散的。但是,无视推选他们的选民而继续行使权威,则人民虽然接受他们的管理,但必会对他们牢骚满腹,抱怨纷纷。

　　罗马城被置于新政府的管理之下,人们哀悼逝去的自由却无计可施。宪法不复存在,国人怨声载道却无人施以援手。罗马国内哀怨连天、失望沮丧,亦被他国所蔑视看轻。邻国挑衅滋事,管辖权仍在,自由权却已不复存在。萨宾人并与埃魁人(Sabines and Aequians)借机入侵罗马。帝国入侵吓坏了宗派集团,然而我发现平民百姓对此心无所忧,因为这些国外入侵者还不及国内背叛者的一半可怕可憎。这些丧心病狂的叛国者宁愿牺牲国家也不愿丢掉自己的位子。他们前去迎敌却鲜有胜战。他们指挥战争的能力并不强于管理国家的水平,在军营里的威信也不比在市民中的威信强多少。因为痛恨军官,士兵们无心恋战,大敌当前却仓皇而逃,节节溃败,颜面尽失。

　　面对如此惨重之损失和可怖之灾祸,罗马颜面尽失,然而叛国者们却丝毫没有引咎辞职之意。他们继续着不当的统治、大排筵宴、纵酒宴乐,直至他们的罪恶无可复加,被民众拥护的骁勇之士驱逐下台。两大叛贼之首锒铛入狱,其余叛逆国贼则遭放逐。

　　人民的起义迅速扭转了事态格局,民众欢欣鼓舞、士气大增。人民委托自己信任之人重新组阁施政。政治再次诚信清明,人心焕发活力,而曾把罗马打得落花流水的敌军很快被驱逐出境落荒而逃。

20. 以显著实例论社会正义对国泰民安的必要性及忽视社会正义对英国的危害

约翰·特伦查德,1721 年 3 月 11 日

阁下,御降人以柔,制强梁以威,刚柔并济,赏罚分明,保护无辜清白之好人,惩戒压迫人民之叛逆,是政府治国理政之关键,亦是人们结成社群组成社会之主要目的。为达此目的,人们甘愿舍弃天赋自然之权利,与他人共享个人之财物与辛劳之成果。心甘情愿放弃平等,顺从于前此无权命令他们的人。为达此目标,数以百万计的人们甘心天真平淡之籍籍无名以造就成全寥寥伟人,情愿以湮没和卑微自己为代价来衬托壮丽雄伟之光辉。

伟人壮丽雄伟,荣耀虚饰加身,然而他们并非这一切的真正主人。他们代表着国家的庄严高贵,伟人的荣耀只是表象,其背后则是赐予大众的荣耀。伟人无非承载国家荣耀的纪念碑与图像之化身而已,因为一旦这些光环褪去,人们对他们的崇敬和效忠亦宣告终结,对他们歌功颂德亦戛然而止。然而,由于人们自然品性的堕落,可以将本真自我与外在加身的荣耀虚饰或是将本属于分内之职责义务与尊严高尚之自尊清楚区分的人寥寥无几。人们似乎习惯于以身份地位来评判所有人,人们从未想过他们曾经没有或有朝一日不再拥有这种身份地位的日子。

一位优异的执政无疑是上苍赐予人类最为耀眼的星辰,与世人最

20. 以显著实例论社会正义对国泰民安的必要性及忽视社会正义对英国的危害

为有益；反之，一位糟糕的执政则赛过洪水猛兽、地狱恶魔，其无异于背叛人类，与同类公然为敌。背叛人们托付的最大信任无疑是最大之不忠。执法官、审判者以及行刑人不精于定罪，而是一味地治罪。此种不教而杀虽可躲过复仇之恶，但社会上作奸犯科的犯罪风气却丝毫未减。劫掠王国攻城略地的亚历山大比那些被他置于死地之流罪恶更甚，尽管这世上无人能够加之以等量之罪。成群结队地劫掠无异于单枪匹马地抢劫，并无更多的正义性可言。除非我们确定了行为的正义性，英雄与强盗之间并无特定的标准、边界或是明确的标志加以区别。

卑微的恶人必须屈从于命运的安排。

而伟大的恶人就可以堂而皇之纵情享乐吗？

穷困潦倒的扒手仅因偷窃了零散小钱就应处以绞刑？而那些大肆劫掠掏空国库的盗贼却备受尊崇景仰？理应受到严惩的无赖行为为什么竟然得以免责，甚而至于被人们所高歌圣化？这实在是颠倒是非，混淆黑白，翻黄倒皂。

备受敬仰身居高位之士以民众为衣食父母，理应视自己为人民之公仆，视自己为人民之公器，从而为公众谋福利保安全。他们理应时时反省数以千万计的国民同胞拥有与他们同等或许更高的资历以居其位谋其政，而他们自己不过误打误撞中受到命运之神眷顾才得以与公众有今日之不同——土地产权人之不动产业，行商坐贾所承担之风险，以及布衣苍生之流血流汗都为铸就其伟大添砖加瓦。当其揽镜自照扪心自问时，理应内省世间再没有什么能比服务于这些衣食父母更为知恩图报，当然也再没有什么其他东西能比为这些恩人施主服务而更为高尚伟大或危险重重。

他们理应意识到自己并非因价值过人或是能力超群而身居高位，其随从下属之中也不乏与之品行相当者任劳任怨却不得赏识。不仅如此，其职权所系分内之事也多是下属操持却酬劳甚微。因此，对其所授之重臣任命无非出于其忠诚之所系，所谓忠诚者即能够远离贿赂腐化之堕落——亦即他们不可有吝啬刻薄、庸俗残忍乃至猥琐寡陋之小人之心思；他们之头脑和思想虽如草原奔马浮想翩翩，但心灵和胸怀未受玷污蒙受尘污；他们不仅应向惰怠懒散之群众灌输并激发其美德善行、果敢信念及公共精神，本身更应亲历亲为躬身践行成为这些崇高尊贵品质之杰出典范。

但是如果他们自甘堕落，奴颜婢膝，置脸面与尊严于不顾，在可以直冲云霄之时而选择贴地匍匐摇尾乞怜。如此卑鄙下贱、厚颜无耻，则与市井扒手和无赖混混相差无几。若果如此，则他们背叛了最为神圣的信托，玩弄手中人民所赋予之权力与信任，去摧毁那些连天地良心都敬畏并建议他们最应去保卫和捍卫的人民——如是，则在下以为此类恶棍无赖理应受到所有正直之士的鄙视憎恶；利用公权力和玩弄人民信任给人民带来苦痛、折磨，对这一类型犯罪所给予的惩罚应远远高于一般犯罪的处罚，因为他们的罪恶自是比普通罪犯深重得多，而且还由于这些公仆型罪犯在他们位置上所获得的远远超过了其他身份层次的公民和其他财富领域的百姓。

普罗个体与公共官员所犯罪过不可同日而语——前者至多殃及个体致个人于死地，而后者则残害群众数以百万计，破坏和颠覆国家政治与经济，致使民不聊生、饿殍遍野，其后果必然是于国内民怨沸腾、叛乱四起、内战不断，最终于国际则常常沦为那些虎视眈眈的敌国之猎物。因此在关乎国家命运的罪行中，贪污腐败、假公济私或是劫掠群众之举均罪大恶极，因为国家的生存依赖于对公共财富审慎而节俭的管理。正如柯克勋爵大法官(Lord Coke)①所言,为维护和平,公款贪污需依民法处以死刑,根据其他律法也理应如此。此乃恶劣至极的叛国罪,是引发其他叛国罪状的罪魁祸首——因为贪污使得政府窘迫不安,所有政策遭遇失灵,因之为暴动叛乱及种种生民百姓之苦难埋下了祸根。

包括其他关乎众生幸福和命运的罪行在内,类似此等贪污腐败之罪行一旦为掌握公权的重臣所涉,无疑都将使得罪行加重。不仅仅是因为他们酬劳颇丰,诱惑甚少,更是因为他们此举不啻公然带来歪风邪气,为贪腐等邪恶行为培育温床、指明方向、铺平道路、默然应允。自己一身毛病,腐化堕落,又岂能要求他人两袖清风、冰清玉洁,无人敢以自己同样无法开脱的罪名去惩戒他人。上梁不正下梁歪,一个窃取公众十万英镑的大人物一定会对十个偷盗一万英镑的共犯默许纵容;偷盗一万英镑的又对诈取一千英镑的恶棍宽容以待;诈取一千英镑的又继续对谋小财小利的人姑息纵容。如此上行下效,偷拔国家羊

---

① 爱德华·柯克爵士(Sir Edward Coke,1552—1634),英国法学家和政治家。1578年成为律师。在伊丽莎白一世时期当选为下议院发言人,1592年被任命为伦敦市副检察长,1594年又被任命为总检察长。1606年被任命为民事法院的首席法官。詹姆斯一世时,柯克与国王发生严重冲突:柯克主张普通法是最高法律,国王本人不能裁断任何案件。1610年他再度在王室议会宣布国王不能变更普通法的任何部分,也不能宣告以前的无罪为有罪。就此,柯克慷慨援引布莱克顿在13世纪初的话说:"国王固然不在任何人之下,但必在上帝和法律之下。因为不是国王创制了法律,而是法律造就了国王。"丹宁勋爵因此称布莱克顿为英国历史上第一位使法律成为科学的人。为了收买柯克,詹姆斯一世1613年任命他为王座法院首席法官兼枢密院顾问。虽然如此,但柯克继续维护普通法对一切人的最高权力,只有议会可以除外。1616年英国枢密院在弗朗西斯·培根的密谋下对柯克提出控诉,柯克被解职。1617年柯克重返枢密院和星法院,1620年重新成为国会议员。柯克所提倡的"自由权利法案"于1628年最终成为"权利请愿书",这是柯克一生最高的荣誉。柯克著有《英国法总论》(共四卷,1628—1644)。总论指出,自13世纪布莱克顿以来的英国法学体系就已经取得如下之共识:法律的历史性,就像它在12世纪及其后所开始被理解的那样,和它的自治性以及超越政治统治的权威性概念相联系。正如人们所说,国王和教皇本人这些最高的政治权威可以制定法律,但不能专横立法,并且在他重新合法地制定它之前要受法律的约束。这实际上正是1215年"大宪章"最伟大的政治和法学遗产之一,即"王在法下"。

毛、挖掘国家墙根、攫取公共财富,直到大部分的公共财富被大小窃贼侵吞掏空。

因此,为最大程度发挥以儆效尤之示范功用,为国家与人民幸福和安康之考虑,对于诸如此类接受人民国家赋予之权力却背叛此一光荣信托之叛逆国贼必当予以惩戒——故此乃治国之智慧,悬赏数万英镑来缉拿一个骗取国家六便士的叛逆首领。瓦莱里乌斯·马克西穆斯(Valerius Maximus)声称严刑峻法是自由的捍卫者和复仇者。这是谨防暴政也是维护统治的必然之举。在布鲁图斯一声令下处死两个儿子之后,在其统治期间密谋复辟塔奎(Tarquins)君主统治的企图便从此销声匿迹。设若马略(Marius)、凯撒(Caesar)以及其他剥夺人民利益之独裁者也得到同样的惩戒,则光荣之罗马共和国也许会生生不息延续至今。对叛逆之大罪过的慈悲宽大会招致更大的罪孽;而对宽恕的绝望多半会使宽恕毫无益处。若不对国家之公敌动以恻隐之心,国家就不会覆灭;若对此等叛逆之公敌施以薄惩甚或赦免,国家就不会安定。

若以上所述之重要而基本的治国理政之理念为我们革命时期的议会立法者所借鉴和重视,则如今不幸之人民本应处于何等幸福之生活(由此,我也期望现任议会立法员尽心竭力以惩戒对已故之不幸女王的叛逆国贼所付出的真挚热诚的努力能够获得预期成功)。因为我以为我们一切的不幸都根源于此,也归咎于这些扫兴之事。

全欧洲人亲眼所见,各国良善之人亦痛心疾首目睹了泱泱大国在懦弱和卑鄙治理之下处于毁灭的边缘,律法崩塌,法庭贪腐,立法搁置,自由被颠覆,宗教被摈弃,一套新的政治理念和治理体系呼之欲出,由兵团和武装强力支撑的暴虐专制政府登上舞台。他们见证了勇敢的人们直面压迫、奋起反抗,如同巨人安泰[Antaeus,古代希腊神话中的巨人,只要身体不离开大地,就有源源不断的力量帮助而不可战胜,赫克勒斯(Hercules)识破后,将其举到空中扼死。译者注]从跌倒中汲取力量。他们呼吁王储施以援手,联袂报仇雪恨。在王储的辅佐下,他们一旦粉碎篡权之势便即刻给王储加冕为王。但是当他们大获全胜，征服仇敌之时，他们很快发觉随着领袖的变节与腐化，他们丧失了所有为之战斗的初衷。

不去完成解放之任、惩戒不幸之源以祭献他们逝去的自由之亡魂，而是经过最为勤恳的探究却寻不到罪人，无人为他们的不幸领罪。三个邦国均因管理不当而乱作一团却无人负咎。搪塞推诿给予那些处于绝望之党派以信心和勇气。一些人将其归咎于懦弱与胆怯，其他人则为过往所为心生负罪感。所有人都大声疾呼，如果没有罪犯，就不会犯下罪行。而凡正直之士都对此举瞠目结舌、包羞忍耻、满腹疑惑。

自始至终国家新的叛逆国贼沐浴在阳光之下纵乐狂欢，嘲笑那些不合时宜、头脑简单、傻蠢愚笨的异类，认为他们不晓得革命之"真谛"。他们没有自找麻烦自讨苦吃，相反，他们出谋划策，处心积虑地敛财添势。他们鼓励纵容挥霍贪腐，终将国家推入贫困境地，从而对贫困加以利用。他们将公共钱财攥在自己手里，再将这些钱向公众放贷以获可观的溢价，赚取丰厚的利润，紧接着他们将这大笔钱财转而投入新计划。他们讨价还价，借款时是一种态度，放贷时又是另一种姿态。他们看清自身优势，凭借过人的智力与明确的意图，完全掌控了国家信贷，随意提高或是降低信贷额度。通过此类手段他们使民众沦为乞丐，抵押全部国土及国债，他们并非如同正直的耶稣一样心向主公，却是为谋一己私利。

于是，革命与自由主义原则再次发生倒退与回潮。被驱逐的塔奎（Sextus Tarquin，即古代罗马王政时代最后一任国王，可参见译序一。译者注）蠢蠢欲动，为复辟作新尝试。所有因前朝腐败统治而从中受益的人，所有革命前被公开宣称为共和政府与公正自由的那些敌人，所有认为手中之权凌驾于自由与人民之上、不受约束和管辖的酷吏和佞臣、以天赋神权之名做遮掩而行流氓行为之实的人，都群起集结在其利益周围。在这些人周围，那些暴乱滋事、自甘堕落、道德败坏、一贫如洗、受骗执拗之人，及早前被勃勃野心、觊觎垂涎所吞噬，壮志未酬又见不得旁人身居高位狂欢纵乐之人也蜂拥而上。

这些难以对付的乌合之众联手抵制新政府，从那些叛逆恶棍之徒的失败与贪腐之中获取利益，这些叛逆恶棍之徒卑鄙可耻、唯利是图，背叛了世上最出色的主上与最崇高的事业，甚至几次几乎推翻了新获的自由。但是人们出于对新王的感激涕零与个人仰慕，以及人们对之前所受压迫记忆犹新或是所受前王室之压榨历历在目，人们仍然在各方压力之下挺身维护新政府。然而，无论是此任还是继任统治者都没有利用叛乱滋事之徒的挫败，采取适宜之应对方案以便在此基础之上稳固革命，因此革命的根基并没有夯结实。革命的道路不会一帆风顺，总会蹿出拦路虎。密谋叛逆者层出不穷，隐约难辨；隐藏之深，难以发现。其利益诉求何为以及结盟何在，或是同权势之人暗中勾结等均是叛乱之风声鹤唳与捕风捉影的原因所在。然而真正的始作俑者却隐身于幕后，因为内疚和负罪之人自然不敢光明正大堂而皇之告发他者。罪人担心走漏秘密而谎话连篇。唯有正直贤达之士敢于挺身而出，对于罪恶滔天之叛逆国贼怒目而向，出手惩戒。就此而言，除了布鲁图斯再无他人能够处死其谋反叛变的爱子。

在年轻一代教育的规范约束上向来无所作为，这即所有其他罪恶之源。但是文学流派在仇敌的管理引导下不屈不挠，依然坚持宣扬高雅文学以及公众美德。自由被旧识故友抛弃，自然落入了仇敌之手，从而自由开始攻击自由。通过此种方式，不满情绪蔓延，恶行滋长，谋反者依旧大行其道。他们有了得心应手的新工具，仅需锻造打磨，便从学园之中获得耀眼而灼热的光与热。新生的一代崛起出现在公共舞台，他们从未亲眼目睹或是亲身感受过其父辈所承受的不幸。他们只相信学园导师所传授的一切书本知识，除此之外，再不能前进一步。所以当我们为天上传来声音许诺再度解放而深感惊讶之时，发动一场新革命已万事俱备。

在宽容上苍的慷慨馈赠下，我们最后拥有了最卓越的国王及明智清廉的议会。但是我还要作何言辞呢，抑或还有什么未尽之言吗？的确，我将继续补充——可以说，我们有美德善行足以使王冠生辉添彩的国王；议会亦复如是，英格兰历史上从来没有出现比现在更好的议会了,所有诚实正直的人们所期许和呼吁的恰恰正是议会躬身倾听努力践行的。然而,基于一时一刻或个别叛逆国贼的罪恶,我们依旧期盼能有进一步的解放,而且我希望这一解放就在不久的将来。

公共权力的滥用和贪腐加之于民众的负担日益沉重,大部分(即使不是全部)的办公机构费用剧增。断断不能被用于交易出售的政府职位和就业岗位以其三倍的价值向外兜售。公众生活必需品的紧缺不可避免地导致更加沉重的苛捐杂税,然而公众此时已然债台高筑。随着债务累加,民众愈发贫困,而官员工资支出膨胀,津贴翻倍。上述惨状乃上届政府在任时的情形,但愿本届政府不会出现类似问题。

政府里那些叛逆无赖流氓鄙视小偷小摸、暗中行窃、鬼鬼祟祟之举,因为当下行窃完全是在光天化日之下的公开抢劫。不仅如此,不像后者为图蝇头小利,前者是为谋得王室的赎金以及部队的军费给养。成百上千这些数字在精英的算计当中毫无意义。对于他们而言,区区数十万根本入不得法眼,数以百万计才能打动他们的心。据说上届政府中一位大人物窃取了一百五十万之多,这使得他的继任者认为这个数目也是他们应敛入囊中的。大笔钱财自然需要巧立名目。国家资产不是同西印度海盗一样用铲子,而是用马车队公然从国库拉出瓜分到个人手中。

人民当中的渣滓,胡同出来的混混,可以从意大利及德国统治者手中买下领土。他们举办的招待会上最近挤满了蜂拥而至前来依附的罗马执政官、东方君主之流的王公贵族。我听说,有人看到他们中的一些人在上马车前和下马车后,和拜倒在他们面前的显贵要人们俯首帖耳。啊,自由!勿再溃退逃跑!啊,美德!别再仅仅是一个虚空无实的口号!回来吧!赶快回来吧!去激励和援助我们杰出的立法者继续他们曾经如此慷慨无私大义凛然地从事的这伟大事业!去援助,去援助吧!如果可以就去拯救那些你虔诚的崇拜者,使他们的圣坛香火旺盛缭绕。

但是该施以何计?这些罪恶将如何医治?我们热切希望,殷殷期盼,拭目以待。我们强烈渴求从我们最仁慈的国王及其最为恪尽职守的议会之回春妙手中寻到答案。如同普罗个体一样,政府的健康状况存在危机。当身心严重失调时就必须得医治,否则病人就会抱病而终。当事态危急之时,就必须采取果敢坚决的措施,否则病人便会在惶恐不安中饱受折磨而死。然而药方是什么呢？我们必须首先放出体内不纯不净的血液,因为仅仅一滴就足以污染整个汪洋。我们必须先找那些有罪之人报仇雪恨,像对待商店里的扒手一样处罚他们,责令所逮之人偿还所窃之物。我们不要,噢,千万不要承受犹太人目前施加在替罪羊身上的罪过。

当我们完成了必要的第一步,阻止了中风和恶性病变的发生,就要来开点强力催吐、适当生汗、有效通便的方子,疏通排泄出压迫我们的有毒汁液和致病物质,从而根治我们的身心失调。然而,我们需要牢记,必须避免在一开始时只服用一些缓和疼痛的药物,因为这些药物只能掩盖和激发我们的罪恶,并使得这些罪恶发作得愈加厉害,最后恶化为致命的肿胀或是蔓延开的瘟疫般的疼痛。如此,必然导致整体的传导和感染。因此坚决不要容忍任何大小无赖逃脱公众之清算和复仇。

通过这些强有力的措施根除了身心失调的病灶之后,我们就应该采用适当的敷用、缓和的疗法及健康的饮食来调理疏通剩余血液的淤块,从而恢复强健我们的体质到最佳状态,重新健康活跃。我们需诊断哪里血稠哪里贫血;是多血质、粘液质还是胆汁质,加以调理使之达到平衡。让我们回首以往,三省其身,审查有何遗漏疏忽,审查放纵愚笨之举,将其视为今日之前车之鉴,誓在以后不会重蹈覆辙。

让我们不再心怀非分之想,不再有无赖之举,不再夸夸其谈,远离经验主义。让我们光明磊落地为民众谋利,不再挂出虚假幌子去捕获粗心大意的猎物。让我们从一开始就清楚明白地表明意图,和盘托出。如果正直有利,每一位良善之人都会捍卫和力挺,助其一臂之力,反之,则必会遭受人民之唾弃。

这是捍卫和延续我们既有成果的无价福祉之方法,并且也是唯一之方法。让人们看到变革的益处,看到背离自身的利益也并没有想象中的那样恐惧。而那些窃国政客和江湖骗子或许会夸夸其谈甚至向人民信誓旦旦地保证整个国家包括所有人都处于完美的身心健康状态，但人民已经感觉到病入膏肓，因此这种政治说教的骗局其结局可想而知，必然无功而返。处在这种情况下的人们往往心神不定、焦躁不安，辗转反侧以缓和苦痛。如此，人们常常病急乱投医，去尝试一些反常而荒谬之疗法以避免死亡，但最终死亡不可避免。

21. 约翰·凯奇先生的一封来信:斩断肆行无忌的经纪人的脖颈以捍卫自身权利

约翰·特伦查德,1721 年 3 月 18 日

阁下,在国运风雨飘摇之际,在举国呼吁正义的当口,请原谅我不得不直抒胸臆,因为国家命运悲惨,我亦噩梦连连承受着极端的痛苦。此时,小人得志猖狂,我们能做的只有呐喊与呼号。就此而言,我们的利益是一致的。正如吸血鬼压榨人民的血汗,要想其归还所吸之血以作赔偿是困难的,而作为正义看护人的我不追求正义也是困难的。

从我对公共事务最为悉心和全面的观察与判断来看,去年夏天,我曾暗下决心在去冬之际定要收获满满。于是我勤勉有加力求完美,不辜负上帝和律法赋予我的技艺。我并不认为缺乏才能或是经验就前往受职都是值得称颂的或可以感到良心坦然的,虽然既无才能亦缺乏经验的尸位素餐者在当下已成常态,见怪不怪了。因此,在此事上,我没有人云亦云盲目跟风效仿杰出的前辈,而是认为在其位谋其政,一定要有自己独特的风格。事实上,如果此项准则在应发扬之地推行开来,如果同道之人也同我一样对此融会贯通并真诚地加以贯彻,事态发展本会截然不同,我也不会沦落到如今这样一名司法雇工的境地。

因此,先生,经过坚定而真诚的思考,虽然不知正义去往何方,但深感自己没能肩负看守维护正义之重任。另外,在这个除诚实之外悉

21. 约翰·凯奇先生的一封来信:斩断肆行无忌的经纪人的脖颈以捍卫自身权利

数物件均价钱翻倍的时代,我囤积了一大批的丝质领结,这些领结的唯一用处都是为着那些血管里流淌着尊贵血液的高贵扒手出庭时而准备的。这种溢美之词并非针对这些出身高贵的后台老板,每次开庭,他们和出庭的小恶棍一样都必须打着同样的告别领结(valedictory cravat),每个开庭期我都会裁决很多诸如此类小恶棍的案子。但是之所以要做此区分,其实质还是为着这些身份高贵的绅士的脸面着想,因为他们正是我保卫正义的法庭上所要面对的主要客户。对他们的审判不会使我名声大噪,但是我倒希望证明他们是罕有之才。

我的内心想要表达的是这世间不知何人锻造了如许妙不可言的斧头,明晃晃、闪亮亮、锋利无比,这些斧头恐怕是用来斩断那些高贵显赫人物的脖颈最适合不过的器具了。虽然出身或地位不同凡响,但也难逃葬身城东的命运。

然而,先生,理想不幸被现实击得粉碎。当我满怀憧憬、走马上任、闪展腾挪、左奔右突却始终不得要领,四周被敌手包围得似乎密不透风,追求国家正义要付出代价,而这一代价几乎难以承受。与此同时,我的债权人虽然认可我本人的正直品质,但对整个公共官员缺乏信任,因此开始担忧我根本无法承担代价突破重围。的确,事实上这于我和他们而言是无法掩藏的沮丧,表面上我似乎应该有所作为,而整个冬天我却无计可施。这一点,我确信就连那些可怜的刽子手都从没有经历过如此羞辱和不堪的休庭期!

上任之后,根据已颁布的相关法律,我最终有幸成为英国国教的真正一分子。因此在这些失望之余,我用耐心宽慰自己,用啤酒麻痹自己。除此之外,我进一步安慰自己,如果家里的金丝雀找到了逃离的双翅,责备或羞愧就不会叩响我的门扉。

你看,先生,我也有功劳。我在无比沮丧中的辛勤劳作足以恐吓后辈,让他们对这项不受重视、薪水微薄的差事避而远之,直到薪金宽裕,津贴富足,享受特殊待遇,甚至连同后裔子嗣也有充足供应、衣食无忧。

但是,虽有沮丧,我还是决定在开庭期结束前对这些高贵的主顾心怀希望。我坚信自己和众生一定会终得回报，因为上帝知晓我们曾是极度痛苦的受难者，知晓我们曾在各方面饱受欺骗。

我被塑造成一个屠夫，我以十足的自信来宽慰我上述的主顾，告诉他们我在捆绑和砍头的技术活上灵敏利落，从而让他们鼓起勇气。疼痛不算什么，很快就会过去。我只是难过这疼痛持续了如此之久。应得之物被骗取，没有人会对此感到满意。

先生，还有一丝慰藉萦绕于我的脑海，即尽管所任之职不如过去一样有利可图，但起码安定稳妥。我断定同行业者对此也高度认同，倍感欣慰。除此之外，一年以来，我所担差事乃属英格兰最可敬可信之差，我自是不会同那些高昂着脑袋的人交换身份境遇，或许会在处置他们之前把他们捧得更高。对此，我确信不疑，相较之下，伦敦城的刽子手历史上就是名声显赫的官员。事实上，他们所得之薪水比我丰厚，但我的声望更高。我相信不久的将来，我就会和他们中的一些人在薪水上持平。

我清楚这些祸国殃民之流氓无赖在臣服依顺我之前必定要在形式花样上大费周章，因此我并没有对还未落网暗自得意的罪犯而感到惊讶万分。然而，我总是希望不来则已，来则一举消灭。但是，那些成群结队、臭名昭著、拙劣卑鄙的所谓经纪人身份的恶棍罪人仍然负隅反抗。他们之中很少有人拥有够高的声望来胜任我的职位，就是这样一群游手好闲、劫掠人们财富的无赖却过着优哉游哉的神仙日子，相信上帝都已经无法容忍。虽身负重罪，却逍遥法外。我最近可怜的两位主顾德文特沃特及肯缪尔相较他们而言无非小偷小摸、小打小闹而已。真所谓窃钩者诛，而窃国者为诸侯也。

先生，我一直在和相关法律顾问探讨这一问题。我的律师对于我仍未拿下他们而感到吃惊。"但是，"他说，"凯奇先生，我能预知这些经纪人不过是大恶棍之流的皮条客，而那些大恶棍本身也不过是在为更大的恶棍拉皮条而已。因此倘若这些害虫被押赴泰伯恩刑场（Tyburn，旧时英国伦敦刑场，位于泰晤士河支流泰伯恩河岸边），他们还会在其后牵引出更多的祸害，而这些被牵出的祸害还会同样再牵扯出更多。因此,如果这一逻辑成立的话,狮子必然会倾尽全力来搭救豺狼。所以,事情就是这样简单而又复杂,牵一发而动全身。凯奇先生,虽然抓捕豺狼很难,但其中也没什么奇怪的隐情。因此,所有人都希望落入你手中的恶棍,但却始终逍遥法外,也就没有什么令人惊奇的了。"

随后,他又告诉我那些经纪人是如何违反议会法令的,根据议会法令,每交易一百英镑的股票只允许提取两个先令加六便士的佣金,但这些经纪人却提取或确切地说是巧取豪夺二十先令,有时候甚至五英镑。我真希望,有一天当这帮经纪人落到我手里,由我来清算、剥夺或是代偿他们多拿多占的份额时,法庭能允许我按照他们所贪求的同样比例来惩罚他们。

他还告诉我,在流氓无赖的经纪人掌权当道之时,他们在股票市场上的销售除了效命于其后台老板和精英贵族再不考虑他人。而他们作为经纪人,本来的责任理应一视同仁地为雇佣他们的所有人提供服务。他们,当然包括他们的后台老板,这一职业的伦理正在于其对信托的承诺。因此,他们的一言一行理应在议会法令的约束和规范之下,理应在誓言义务的神圣约定下,还理应在付款保证书的束缚和惩罚之下。他们有义务不偏不倚地对每个人尽职尽责,不可看人下菜有丝毫的偏向性。如今,众所周知,他们破坏了公众对他们的信任。他们不再是昔日平常、客观、中立的普通公务员了。然而,他们却一直保留着原来官职的称谓和虚饰(正是这种称谓和虚饰使得他们依然具有蒙骗公众的魔力),他们堕落为只为后台老板和股票市场经纪人服务的间谍和骗子,以及只为他们自身服务的股票销售人。因此他们是头等的不法之徒,是公共危害的主要代理人。因为,如果他们没有如此为单方效力,股市的后台老板和操控者就不会在高价位时清仓卖空,其他人也不大可能在如此高价位时买入。因此这些经纪人不仅扮演着更大叛逆国贼的工具角色(尽管单单此类角色就足以将其判以绞刑),此外,他们还是那些叛逆国贼的铁杆效忠的共谋同伙。因此,他们理应和更大的叛逆国贼同罪同罚。

我的法律顾问还指出，在一些性质恶劣的重罪中，所有从犯与主犯同罪同罚，杀人犯的帮凶亦属杀人犯，自愿协助他人入室抢劫之徒同属抢劫犯，而叛逆重罪中凡卷入者皆属叛逆国贼。

他表示，作为代理人的经纪人是自由的，独立于所有公司之外，就义务责任而言不依附于南海公司（South-Sea），亦不依附于任何其他公司。经纪人作为自权人（我的法律顾问如是称呼，所谓"自权人"，拉丁语谓有权处理自己的事务的，指已到法定年龄并精神健全者），其不可假传圣旨借任何上级之权威为自己之不法勾当寻找托辞，而南海公司的一些官员所辩论和诉求的可能正是如此，即他们的后台老板并非他们的上司。他们的流氓无赖行为因而乃自愿蓄意之举。因此，经纪人同其后台老板共同承担主观蓄意之原罪，从维护正义的角度，他们应当与其后台老板同罪共罚，施以绞刑。

他还对我说，这些经纪人和其后台老板因邪恶败坏而分得一杯羹，就理应与其同受绞刑之苦。他们疯狂敛财、中饱私囊。尽管法律严令禁止他们为一己私利交易买卖，法律的这一约定蕴含对人性深刻的洞察，因为当人们在出售自己的股票时，几乎没人能做到和他人坦诚、清白而正直地交易。

他又说，经纪人之流诓骗众生致其家毁人亡，甚而至于要搞坏整个国家的经济运行，而这种蒙骗的背后却养肥了他们的后台老板和其自身。这些经纪人和他们的后台老板假借杜撰之名出售了自己的股票，而这完全违背了股票和债券交易的责任法规。根据法规，在股票交易中，经纪人必须把卖方的姓名公开告知买方，同时也要把买方的姓名公开告知卖方。经纪人之所以要违规操作，是因为他们非常清楚假如自己急切抛售的心情被人察觉，那么没有人愿意再接盘他们的股票。因此，他们利用假骰子蒙蔽了人们的双眼，将手伸入口袋偷取他们的钱财。"可以确定的是，凯奇先生，"我的法律顾问说，"如果偷取平民钱财的人就须施以绞刑，那么盗取整个国家财产的人就更应处以绞刑后再大卸八块、五马分尸。"

然而我的法律顾问所言中最令我印象深刻，并且叩响我的心扉的则是——如果经纪人不被绞死,就不会有其他的人该被绞死了。如果顾问言之有理,则他们的末日就在眼前。在复活节之前我将全力支持地方乡绅法官(squireship)。为了拯救普罗大众,我们断不会对大恶棍手下留情。如果决定施用绞刑或斩首才能令国民拍手称快,我们必然会竭尽所能在所不辞。

"现在,"我的法律顾问说道,"如果经纪人拒不将他们最为知悉的秘密公之于世,且永远不泄露出来,如果他们如此便可保住性命及钱财。我担心,缺乏证据的法律制裁是无效的。但是如果他们发现他们保持沉默于事无补时,他们便会和盘托出以得保全自身。他们是顽固不化的流氓无赖。虚假不实的誓言,偷偷摸摸的勾当掩盖了与他们自身一样恶劣的一切罪恶。但若要将他们控制得服服帖帖,十有八九大概只有您可以逼迫他们坦白了。"

"鉴于上述原因,凯奇先生,"他继续说道,"我希望不久这些经纪人以及他们的后台老板等一干叛逆国贼都能疏而不漏,给你带来维护正义的喜悦之情。"因此,他劝我少安勿躁,"不畏浮云遮望眼",并且不向我收取法律咨询顾问之费用。因为他考虑到我也在承受极大苦痛,任上半年有余,而一事无成。而当初我接任时,他曾也期望我能旗开得胜,马到功成,收获满满。

先生,这便是我们两人之间心灵之袒露和碰撞。我与他萍水相逢,他的一番赤子之心,我定会心怀感恩之情。若有朝一日,他深遭厄运,我定会以同样的慷慨之心知恩图报。记者大人,如果您可以心怀慈悲将此刊载出版,我定会承蒙厚爱,感恩戴德。

如果您对我有所了解,先生,您便会承认我天资不浅,值得您相识相知。我自然对事业勤勉有加,对业务一腔热忱、无以复加。事实上,我不喜无所事事,然而现实残酷,六周之内我仅有一日方得繁忙劳碌,虽然,即使彼时付出双倍之辛劳亦不觉劳顿。此外,我确有柔软敏感之心,每次开庭期间绞死罪人之中不乏无辜都不免令我心生怜悯。那些可怜的窃钩罪犯啊,仅仅因为杀个人、破个门,甚至是抢了一块基尼、半块克朗就要被处以绞刑。而那些成群结队的劫掠者,强取豪夺的大恶棍,不共戴天的死仇敌,道貌岸然的刽子手,众所周知的幕后黑手和推手,以及那些对人民苦痛、饥渴和毁灭熟视无睹的冷血喇叭文宣吹手则依然高坐四轮或六轮马车,出轿入舆,对由他们一手造成的民众的贫困与绝望不屑一顾。而这些权高位重的叛逆国贼,六个月以来对这片国土的劫掠远比有史以来所有小偷小摸、拦路强盗加起来的还要多。

先生,允我重申,照当前态势,仅仅绞死这些可怜的罪犯,与绞死那些权高位重的劫掠者相较,只不过是流了一些无辜人的血。为求内心安宁,我乞求将那些恶棍交付于我,我会将他们处以绞刑以不昧良心。一提到经纪人的名字我就咬牙切齿、怒火中烧。老天啊,把他们悉数交到我手上吧。

总之,先生,从国内当前形势来看,我有理由希望(众人议论如今这士气的高涨很大程度上得益于您),我希望我可以迅速地扼住那些席卷了国家全部财产的经纪人的咽喉。尽管诡计与掩饰五花八门,他们自身的罪过及民众不歇的哭号定会将他们压倒。

另:我天生一双好手,善于触摸鉴别脖颈的品质。当任何这些主顾上门之时,我愿随时传递给您喜悦,并期望也能分享您所回馈的欣喜之情。

您的朋友,约翰・凯奇。

22. 若不受误导，民众的判断力通常是对的，兼论说服奈特先生归国认罪的重要性和可能性

约翰·特伦查德与托马斯·戈登，1721 年 3 月 25 日

阁下，当下国家的精神面貌使我更加确信，而且也是我一直以来所思考的，即，若不是外在的欺骗与外在的暴力，人们应该一直处在真理和自由的润泽里。驱走恐怖与暴力，人们便不会沦为奴隶和应声虫；驱走欺诈与骗局，人们便不会上当和抱有偏见。人们犯错往往是认识不当所致。当人们逐渐觉察到自己不当之认识便会坦诚地改正自己的错误。

关于坦诚率真，大思想家马基雅维利（Machiavel）曾旁征博引、举例颇多，本文亦会给出更多例证。

但英豪之伟人与党派之魁首却并非如此。他们因勃勃野心而时常步入歧途，由野心所催生之恶意又驱使他们在歧途上难以回头。他们的人生意图邪恶刻毒，他们的人生结局充满罪恶。通常他们野心越大，罪恶也就越重。和人类历史上诸多伟大而愚笨的州官府吏一样（就连上帝都知道他们通常足够伟大），他们成为叛逆之国贼从来不是出于单纯的愚笨。

马基雅维利说过，聪慧贤达之人在权力与荣誉的分配上倾听民意，从不拒绝民众的判断力。因为由民众参与的政治事务中，对权力和荣誉（个人认为亦包括对犯罪的惩罚在内）的鉴定上，民众所形成的

民意几乎一贯正确乃至万无一失。

　　我可以举出许多关于英国人民英明判断的例证,若不被误导,他们通常会做出正确判断。比如说我们绝不应将直布罗陀海峡分离出去,民众在这件事上的舆论观点高度一致。民意如此,若充耳不闻、视而不见,则任何聪慧贤达之人也必无法立稳脚跟,必跟跄仆地。

　　他们同样知道,与俄交战乃十足的狂妄愚蠢之举。因为不论战争能给别国带来什么好处,它都会严重损害英国贸易和海军,而沙皇可能毫发未损。

　　他们也知道,皇室与西班牙之间关于意大利的口角纷争不会对英国有大的影响。因此,若因此事与其中任何一方大动干戈、兵戎相见,以当前的形势来看,不会对英国有所裨益。

　　他们深知,我们的士兵疆场浴血为的是捍卫我们的贸易和利益,保护我们的国家免于海盗的劫掠;为的是征服那些对人民不尽一丝一毫义务的王国;为的是捍卫那些被他国废弃荒芜的行省。

　　他们深知,对于任何民族此乃万众瞩目之事,皇位后嗣依靠民众抚养培育,因而他不仅会出于习惯而顺从于人民的习俗法律,并对人民的自由愈发滋生爱恋之心。而且,在其登基即位之时,也便不会为他国之民所收买利用,他国之民必然维护他国利益。故而他国必欲企图误导我主步入歧途,行有损其本国之策以为他人他国所用。

　　民众亦深知,凡那些"苟利国家生死以,岂因祸福避趋之"的官员实乃国家之真栋梁贤达。如此,则居庙堂之上者能对生民之喜怒哀乐感同身受。由是,则民众亦会爱憎分明——为民谋利、为民系情之官员总会赢得人民的爱戴和喜悦;反之,那些视民为草芥、与民争利之官僚国贼必会受到人民的诅咒和唾弃。因此,我国现任之内阁官员品格高尚,人民满意,除了他们基于大不列颠和爱尔兰之民族国家利益鞠躬尽瘁、夙兴夜寐之外,他们还意欲在贵族上院提议一部法案以满足百姓之利益与呼声,假以时日,若民众能谦恭配合,则立宪之政体渐次成熟之日当时不远矣。

　　可以肯定,若有思维及判断自由,不受干预和误导的民众若非总

22.若不受误导,民众的判断力通常是对的,兼论说服奈特先生归国认罪的重要性和可能性

是也定会常常做到判断准确。我们适才列举全体民众之响亮而无异议的呼号和呐喊,奈特先生(Mr. Knight)或被引渡回国。我的意思是,除了叛逆国贼及其同谋帮凶,万民之呼吁,更有民众之判断可能是促使奈特先生抽身逃离的原因。至于奈特先生因谁人之故,又因谁人劝说抽身逃离,人们心知肚明。人们也都非常清楚,若其未曾离去,则下议院罪责之审判自会化繁为简、短促许多,而伦敦塔更会是贵族显要关押之地。其抽身逃离伦敦令我着实惊讶,思忖若是其人在此,则对于政治公众或是对于普罗之私家个体而言,将会是什么样的后果。

这些叛逆国贼及其后台老板或幕后黑手能否被绳之以法,受到应有的惩戒,于我而言,和下述提及的问题实乃异曲同工:即你们能否捍卫宪法之尊严?或你们究竟是否拥有一个叫宪法的东西?这是一场诚实无辜与邪恶欺骗之间的对抗与较量;这是一场事关你们能否配得上人之尊严的辩论;这更是一场抗争,如果大家面对抗争,裹足不前、犹豫不决,这场抗争很有可能将会是保卫古代英格兰自由的最后一战。我们已退至悬崖边缘。全英格兰的人民都非常清楚我们目前的处境。

现在,尽管一些下级官僚恶棍流氓已被绳之以法、处以绞刑,而那些将相级别的叛逆国贼,那些和奈特先生本人或主要通过奈特先生就南海公司的股票进行不法交易罪恶勾当的叛逆国贼依然稳坐高堂。他们认为只要他们把奈特先生庇护于国外,就可须发无伤。是的,只要奈特先生滞留逍遥于国外一日,则国家的复仇之计便会搁浅于半途而不得成。

就我个人而言,在此问题上我持相当乐观的态度。所普遍认为的奈特先生将不会被引渡回国的原因,恰巧是我认为其可能被引渡回国的原因。任何对我的质疑,我都愿意附耳倾听。我确信,凡是对我的逻辑提出质疑的人必会同样指证暗示一些要人犯有重罪。

前往说服奈特先生回国的重任也因此是内阁之重任,并且是他们义不容辞之重任。这乃是他们对主子乔治国王肩负之职责——他们要向民众表明,虽然竭尽全力来预防,但依然酿成大错,但他们不会善

罢甘休,定会维护正义,为民众追讨被诈骗的血汗钱。唯有如此,他们才能挽回民意,赢得民心,重塑民众对国王的忠心和爱戴。就此而言,这也是内阁对人民肩负之职责——他们为官之要务就是要去体察民众之喜怒哀乐;就是要去像探求国王本人之利益喜好一样,去探求民众之利益喜好;就目前高涨之民意而言,应该承认内阁对国王与民众的利益给予同样的关注和保障;到目前为止,国王和民众也都同样对内阁持满意和感激之情。

至于内阁政要之个人利益,我不想多说,但无疑他们的利益一定和国王与民众的利益紧紧捆绑在一起。而现在无疑就是这样。允我于此赘言几句,能否说服奈特先生回国以认罪伏法乃是内阁政要之分内职责。他们自身之清白品格全系于此,成败在此一举;否则,后果不堪设想……

人们确实开始议论纷纷,正如在艾斯拉比先生(Mr. Aislabie)烧掉书籍毁掉证据的问题上,隐瞒证据的行为应当被列为证据。另据说一位位高权重之人在委员会的报告中处境不利,但谢天谢地,因像他一样廉洁的爱国者的全力辩护,最终证明其清白无辜。若没有大家同心协力为其辩护,则他的清白无罪只能取决于奈特先生能否出庭说出他所知晓的一切。若奈特先生出头露面,在此问题上便无争议,而且所有的人都会在关于该大人物诚实正直与廉洁奉公的观点上达成一致,正如目前国家其余地方一样。然而,再没有什么比名誉和声望更珍稀宝贵的东西了,这一点大家都再清楚不过了。因此我们确信在这位杰出爱国者的全力帮助下,能说服奈特先生归国,若有可能,也正好对其所受的责难和嫌疑作以全面的澄清和辩护。

这也关乎另一大人物的利益,同前者权力相当、同样清白。毫无疑问,为了公众利益同其一道出谋划策,也同样受到良善之辈的感激褒奖、小人奸佞的指责非难。因为没有哪种程度的美德可以将世间任何一人置于嫉妒与诽谤之外,故此我们不能确定其对纯洁无辜与受抑美德的尽心竭力乃至赤膊上阵的保护之赤子心不会被民粹的喧嚣所曲解,而民粹之喧嚣常常误用乃至滥用既成之事实以及常识性真理。

在此喧嚣中,人人皆可获益,但人人亦因此堕落沉沦、背负罪名。纯洁无辜之人必会憎恶堕落有罪之身,而不会沆瀣一气以身试罪,憎之深,责之切。天下无人不盗窃,此乃窃贼之流的护身之符、辩护之词。流氓无赖通常会受到同伙最好的保护,他们尽全力保护同类免受绞刑之灾背后最强烈之动机乃是防备同样的严惩降于己身。除此之外,还有千余种诸如此类不合乎法律依据的罪名都没有激起其对自身德行的丁点思考。然而消除关乎自身捕风捉影的猜疑及非议,事关每个人的责任及利益,尤其当其自身利益与担任之公职职责一致之时。因此,我们同样可以确信此位大人物也自当尽心竭力说服奈特先生归国认罪。

甚至连一些全力为自己辩白的国会议员也没有逃过诽谤中伤。因此,如果引渡奈特先生归国对全英格兰包括诸多国会议员大有裨益的话,我们或许可以确定任何的支吾搪塞或是懒散琐碎的诡辩都会受到极力反对。

不仅如此,英格兰的整个议会,负责监视、惩罚以往黑暗无赖势力的议会也一心想目睹奈特先生被引渡归国。他们发现,在他们的询问当中,有关奈特先生的证言常被提及,因此若奈特先生不出庭,则证据链不会完整。他们已经对奈特可能的呈堂供述了然于胸。我甚至丝毫也不怀疑奈特还能说出比议会所掌握的更多的信息。他们曾经向国王陛下表达了说服和引渡奈特先生回国的想法。我再度猜想,如果他不火速归案,全国的事务可能都会如目前一样因此而停滞不前。而且,奈特先生的引渡的确正在成为整个国家关注的焦点事件。

就引渡奈特先生回国而言,我也看不出他避难的国家有任何人为设置障碍的理由。恰恰相反,我一直认为奈特先生选择避难的国家和国王,就引渡而言,实乃英格兰之大幸。为了该国,我们鞠躬尽瘁,英勇无畏。我们为之在地中海海域常驻舰队,我们为之向意大利做出担保,我们为之合纵连横杀伐征战。质言之,我们为之耗费了时间、舰队以及财富。根据常识判断,难道该国及该国伟大的国王与我们英格兰还算不上绝对的朋友、牢固的盟友以及忠实的伙伴吗?该国过去是,现在一直也是英格兰所保护和监护的对象,是在我国臂弯的护卫下茁壮成长的。为了该国,英格兰出兵、出钱,甚至出人、出主意精心护佑。这种盟友、朋友加上亲密伙伴关系的国家难道会为了引渡奈特这样一个籍籍无名之罪犯而情愿不顾及我们之间的友谊、情分吗?难道会仅仅因为奈特而抛却实际的国家利益并与我们一刀两断、撕破脸皮吗?奈特虽是一名小人,但其罪孽深重,给英格兰带来沉重损失和严重后果,相信在英格兰与该国诚恳的交涉下,该国必不会冒天下之大不韪,站在全英格兰人的对立面,化友为敌,自讨苦吃。

在这里可以拉一个长长的单子来列举我国对该国供给援助所提供的人力、物力和财力支持。我这样说并不担心会失去来自德国和维也纳的支持。或许还有一些国家正设法努力从英国获得好处,但是我们要问的是,这些国家会不会为了英国挺身而出呢?对我而言,这是第一次这样自问和反省——那么,这次我们会被拒绝吗?对于引渡奈特这样一位无足轻重之罪犯的要求会因为数以百万计的坦诚相待之援助和馈赠而被拒绝吗?要知道这些援助和馈赠足以超越一切的揣测和期待。决计不会被拒绝的,然万一被拒,所谓是可忍,孰不可忍。这种情况下,我们不仅知道如何表达我们的感受,更懂得如何秀出我们的肌肉;我们不仅知道如何表达自由,更知道如何表达抱怨。

因此,在这件事上,我们不可对该国的国王有所怀疑。我敢说,只要我们提出要求,不论什么样的要求,国王定会遵从照办。国王不会对我们的要求不屑一顾甚至置之不理,因为在这之前,国王对我们都是恭敬有加。而且,可以确信的是,奈特先生也渴望能回到国内。对此,我确信不疑——因为奈特先生深知,他之所以被大人物帮助,背井离乡,逃难于他国根本不是为了他本人的安危所考虑;他有理由感到恐惧,因为那些护送他出国逃离避难的人可能正是要他从这个世界上永远消失的人。英格兰有鸦片酊①,佛兰德斯②难道没有吗!更或许,

---

① 一种可以缓解疼痛的麻醉药物,久服上瘾,会对人的身心健康产生危害。
② 佛兰德斯,中世纪欧洲一伯爵领地,包括现比利时的东佛兰德省和西佛兰德省以及法国北部部分地区。

只要一把锐利的匕首就可以终结他回国归乡的念头。若是这一切果真发生,我们就应该对这种最坏的结果做出最佳的应对预案。而且,我甚至有种预感,我们不能不做最坏的打算。可怜的人啊!他不是完全为了自己而违法的无赖恶棍。我毋宁相信,如果他被顺利引渡回国,他绝对会向公众背叛这些伪善之达官权贵和贪欲之豺狼猛虎,因为他之卑鄙背叛公众正是为了这帮人的贪念和欲望。

因此接下来如若奈特先生不能被顺利引渡回国,我们很难有十足的理由来责备该国国王和奈特先生。但是,无论奈特先生是否有意愿返回国内接受审判,至少该国国王没有权利,更没有托辞来保护他。那么,如果全英格兰国内响彻云霄的对正义的呼声没有回应,我们究竟该责难于谁呢?若是审慎回答这一问题,也自是简单明了。说实话,此一问题本不需要答案。芸芸众生,尽人皆知如何解决此一困境和难题。

一位德高望重的信使已离开近六周,并且下议院早应该禀明国王陛下让其知晓他协调沟通的结果。如此重要之外交事务,需要特事特办,免去繁文缛节,需要果断迅速处置,然而令人匪夷所思的是,此事却如泥牛入海没有半点消息。我有时忍不住胡思乱想,早就有一位特派信使已经出发在赶赴英格兰的路上,但恐已遭遇拦路伏击,被我们的阴谋家和他们派出的特工谋杀于途中。想至此处,又觉荒诞离谱。虽还未步入老年,但自觉见多识广,认同太阳底下无新事,只有想不到的,没有做不到的。这六个月所耳闻目睹的一切荒诞和怪诞已不能激起我一丁点的惊讶和好奇。

与此同时,委员会的事务(即大不列颠的事务)依然死水一潭,波澜不惊。那些绅士各自完成各自的职责和义务。如果他们的证据不充分(且不说他们对这些证据拼命抵赖),他们便可无须承担错误,但是他们却须为止步不前而担责。除非奈特先生被引渡归国,否则人们对他们的责备便不可能烟消云散。而且,或许事情会变得更加糟糕。因此,奈特先生本人就是整个谜语,同时也是谜语的谜底。我们中间确有其人,声名狼藉,被同道中人所咒骂憎恨,比恶鬼更甚。生命之爱弥足珍贵，播撒四海。亲爱的上帝啊，我乞求保持真我，或是更上层楼，或是一无所有。

总而言之，我在信中对我的观察和思考反复重申——越是尽力去掩藏核心证据便越是暴露了最有利的证据。那些人终将被钉在历史的耻辱柱上，逃不脱人们对他们的诅咒，因为他们在鉴别无辜和有罪的法庭上要拦截围堵法官的口舌，要阴谋加害见证他们罪恶的原告和证人。

23. 布鲁图斯致西塞罗的一封令人难以忘怀的信函，兼及对信函的说明性介绍

托马斯·戈登，1721 年 4 月 1 日

阁下，按照您的意思，我将要呈送给您和民众一件举世无双的宝贝：说它举世无双的确是因为前无古人，而后无来者。这件宝贝的主人当然也就应该是世间所能见到的性格最温和可亲、成就盖世无双之人。他就是伟大的布鲁图斯，整个人类文明史中的人中麟凤。

他便是那封被我称为举世无双之信函的作者，现在我用英文向您传达转述该信函。这封信函是世间最伟大之人就世间最高贵主题所发表的见解——布鲁图斯对自由的论述。收信方是西塞罗。这封由布鲁图斯致西塞罗的信函曾由法国思想家梭罗先生（Monsieur Soreau）做过最好的阐释，而且对该信函做了从拉丁语到法语的翻译。

屋大维·凯撒（Octavius Caesar），后来被称为奥古斯都（Augustus），在摩德纳（Modena）打败了马克·安东尼（Mark Anthony）。① 击败安东尼后，屋大维便开始考虑更高层次的谋划。

他（屋大维）到彼时都十分赞成共和体制并几近亲力亲为。因为西塞罗本人之利益驱使，加之他的说服，元老院对他信任至极，并委以

---

① 译者注，一说为穆蒂纳（Mutina）。凯撒遇刺后，凯撒养子屋大维认为安东尼与元老院的保守派贵族媾和而背叛了凯撒的革命意愿，遂自立山头，公元前 44 年与安东尼决战于穆蒂纳，安东尼战败。

军队统帅。但是在打败安东尼之后,他开始谋一己之私利,想方设法要为其叔父暨养父尤利乌斯·凯撒报仇雪恨。最终,屋大维铺平了自己的绝对王权之路。他十分清楚,只要布鲁图斯及卡西乌斯在世便不会容忍他像他的叔父,即凯撒一世那样纵情欢乐,因此欲继其叔父之位,须先诛杀之。

西塞罗虽然不仅喜爱而且还仰慕布鲁图斯,但他却能假装认可接受屋大维头脑中所期望的集权思想。他亲笔给屋大维写信奉承屋大维要扮演自由的守护神。屋大维的叔父正是违背了自由原则才遭遇反对和刺杀,因此,西塞罗祈求屋大维能原谅那些刺杀凯撒的人,尤其是要原谅布鲁图斯,这样布鲁图斯就会返回罗马,得享平安。西塞罗在给屋大维的信中还对其为共和的付出致谢,而这一切布鲁图斯完全不知。当阿提卡斯(Atticus)①把西塞罗致屋大维信函的事情告诉布鲁图斯后,布鲁图斯对西塞罗的行为愤怒至极,因为这无异于说他布鲁图斯认可并接受屋大维的专权统治,不仅认可屋大维是全罗马民众的主人,而且也是他布鲁图斯的主人。但布鲁图斯一直以来要扮演的角色是反对集权专制,拯救罗马共和,他要做罗马人民的救星,他不屑为屋大维卖命,更鄙视与屋大维沉瀣一气。

布鲁图斯坚持己见,宁折不弯,哪怕曲中求直都不肯:他牢记其舅父伟大加图大胆而自由的话语和言论——"不",加图说,"我不屑于蒙

---

① 阿提卡斯原名提图斯·阿提卡斯(Titus Pomponius Atticus,公元前110—公元前32年),出生于富裕的骑士家庭。孩提时代就是西塞罗最为亲密的朋友之一,西塞罗的《论友谊》题签即献与阿提卡斯。二人之间常常借助于书信文字的往来抒发对当时政治的种种看法。后来书信集子由西塞罗的奴隶和私人秘书提艾洛编辑成《给阿提卡斯的信》。他年轻时曾到雅典学习访问,期间凯撒是他的座上宾。他因为对雅典热爱至极,故自命名为"阿提卡斯"或"阿提卡斯之子"。阿提卡斯继承了家庭遗产,后投资于房地产而积攒了财富,并借助财富积极从事文字编辑工作,出版了包括西塞罗在内的一些文人的作品。他还编纂整理了包括大哲学家柏拉图,民主派政治家、雄辩家狄摩西尼,埃斯基涅斯(与狄摩西尼在马其顿政策上有矛盾,终败诉离开雅典)等古代希腊宝贵的古典作品。公元前65年,他从雅典返回罗马。因认同和信仰伊壁鸠鲁学说,除了在西塞罗于公元前49年被迫逃离罗马时向他伸出援手外,一生远离政治。但他与西塞罗一样,在政治上支持贵族精英共和制。他与"前三头政治"克拉苏或有过商业合作关系。

受暴君恩泽。我和凯撒一样自由,我不会为之卖命,他甚至无权得到我的顺从。"而其舅父的一干朋友为了沐浴君恩,不惜拉拢腐蚀加图,以向凯撒示好,匍匐跪拜在凯撒脚下。

布鲁图斯对西塞罗的怨恨并非无缘无故,西塞罗在其不知情的情况下待他如罪犯,而敬凯撒为君主,并哀求凯撒对自己开恩谅解。布鲁图斯因怨恨而洋洋洒洒写下此信,字里行间他视屋大维为黄口小儿,视西塞罗为胆小懦夫。整篇的推理论证表明布鲁图斯受到了美德与自由最崇高辉煌精神之鼓舞,影响如此之强大,以至于其雄辩必须与其灵魂一样伟大。然而,即便灵魂再伟大,对他而言也不及自由之珍贵。

附:布鲁图斯致西塞罗的一封信

承蒙阿提卡斯的转述,我看到了您在致屋大维的信函中关于我的描述。您对我喜爱有加且赞赏不绝、为保我平安而煞费苦心,然此举虽伟大却无法使我欣喜欢愉。一则您权高位重,似乎已习惯于馈赠与施舍的口气,而使得在下不得不处于恭迎和接受的地位;二则,您在信中所提到的有关我的方方面面的言语与行为,都使我受宠若惊而不得不时时刻刻承蒙感恩于您对我以及我的名誉慷慨的赞誉。

然而,就是这封信,就是上述所提及的你写给屋大维的这封信,再没有什么比它给我的内心带来更多的痛楚,使我心如刀绞,不胜哀婉。你在信中再三赞誉他对共和的维护和付出,你的语言措辞和行文风格如此低三下四,奴颜婢膝,字里行间,无处不在清晰地表明你内心的懦弱和舔舐,似乎要向世人宣告——你仍然拥有一个主子。那位旧的独裁者,那位已被我们毁灭的独裁者,如今又以一个新独裁者的面目复活重生。面对你这副愚笨的猪脑,我真不知道该说些什么!想到你目前这种猥琐尴尬的处境,我不禁惆怅困惑,悲从心来,然而这一切怨不得别人,端是你咎由自取。长太息以掩涕兮,哀罗马共和之多艰。虽知兄台之好意,但兄台之糊涂仍使我如万箭穿心,不得不一吐心声为快矣!

您恳求屋大维发善心于我,以保全我性命。您一心为我,于此我自是心知肚明,殊不知兄台之好意却是愈发平添了我的痛苦,为我向屋大维求生不若一死了之。与其哀求跪着生,毋宁挺胸站着死。想起您书信中的只言片语都令人苦不堪言!若您当能静下心来细细斟酌把玩,您能否认您在信中不是以一个奴才向主子,子民对国王的心态和身份妄自菲薄,低声下气么?您告诉屋大维您有一个请求望其准肯,即期望他能慈悲心开天恩给那些为时下民众所尊敬,受罗马人民所爱戴的贤人良士一条生路。此即您可敬的诉求,但您是否想过若果他漠然应对拒绝保全我们,我们又当如何?难道我们就别无他法了么?当然,对于生命的摧毁践踏本身恰恰是所有专制集权之独裁者达至恐怖目的之最为青睐的手段。

然而,我并非如此沮丧,以至于猜想上天对罗马人民如此动怒或是一心要置其于毁灭,从而使得您在祈祷文中宁可乞求屋大维而不向永生的上帝求得庇护。我且不说为整个世界祈求祷告,而毋宁仅仅是为保护最卑微的罗马市民。这样说未免有些小题大做,然我乐在其中。我想要说的是我不屑向那些我不屑敬畏的人祷告。

因此,您认为屋大维拥有的是解救我们的权力,还是摧毁我们的权力呢?并且当您因此把他归类为一个暴君独裁者时,您还能把您自己当作他的朋友吗?设若您是我,您期望看到我在罗马,在一位篡位者的脸面下仰其鼻息,苟且偷生吗?但拜您所赐,这恰恰是我目前的处境,乞求一个轻浮糊涂的小子容许我返回罗马。您在信中对他表达了一箩筐的点头感谢和马屁词,说了一大堆的阿谀奉承和恭维话。祈求,除了祈求就是祈求,我们的命运端在他的一念之间,你觉得为了我们的生命,他愿意这样倾听你的祈求和请愿吗?为了我们的自由,他有这样的耐心来倾听你的祈求和请愿吗?我们这样祈求和请愿,难道认为屋大维会屈尊、会俯就吗?怎么能确定屋大维就有担当来倾听我们的祈求和请愿而不是把它推托给安东尼呢?这样屈尊纡贵自我矮化的猥琐请求对于一位专制暴君适合吗?在我们横眉冷对、英勇无畏地摧毁一位暴君之后,我们怎能又低声下气地哀求另一位暴君呢?作为共和国的拯救者,我们能否扪心自问,他有何权力去怜悯、去赦免他人?

  回想一下在我们为挽救共和的奋斗中,你有时由于恐惧和沮丧而流露出来的哀痛和悲伤;不过,在抗争的过程中,你的确反复思量,背负太多,也真难为你了。如今,共和制度已经湮灭,因其注定要灭亡。凯撒是受权力诱惑走向专制集权的始作俑者;接着是马克·安东尼,不为独裁暴政注定倾颓所慑,迫不及待地继续凯撒的专制霸权;然后就是这位屋大维,这个稚气未脱的篡权者,开始不择手段地攀爬权力的巅峰,连共和国的领袖们及像兄台这样慷慨挽救国家于沉沦的抗争者们也得赖其欢愉以求生。是的,我理解您目前的尴尬处境和曲中求直的复杂心态,我们要想苟活保命,则必须仰赖元老院中长老派议员祈祷和央求来打动独裁专权者,以求得他的怜悯和施舍。

  唉,我们不再是罗马人了!如果我们还是共和罗马的子孙后裔的话,高尚的自由精神自会轻而易举地击败叛逆共和的企图,击败那些紧紧跟随独裁暴君与共和为敌的恶人。如果我们的血管里还流淌着共和罗马人的自由精神,马克·安东尼,这位轻率鲁莽、野心勃勃的马克·安东尼,目睹凯撒遇刺而遭命运毁灭的恐吓,也必不会念念不忘痴心妄想于凯撒的权力。

  回想一下一路走来,那些维持支撑您的高尚品格和无上之美德,您所担当的伟大职责和千古之道义——您是罗马元老院议员(senator),您曾出任过共和国的执政官(consul);您曾粉碎过阴谋,摧毁过叛贼。对您而言,难道今日之罗马不如昔日之罗马那样令您动心和珍爱了吗?要么,是您的勇气锐减,警惕放松了吗?难道现在的形势不是更加严峻了吗?又或者,您可以对抗镇压共和国的大叛徒,却对更大的叛徒容忍放纵了吗?回首过往的一路风雨和斗志昂扬,今后的人生和未来的道路自当是清晰如昨。为何要继续对安东尼揪住不放,穷追猛打呢?他公然与自由为敌,动用武力反对公众,把生灵百姓的生杀大权紧紧攥到自己的手中,集权专制独裁,高高在上一手遮天,这一切难道还不足以构成我们与安东尼拔刀相向势不两立的原因吗?这一切难道还不足以燃起您对安东尼的敌意,不足以动用您的智慧以暴制暴地与之对抗以诛杀之,这一切又怎能会是我们对其俯首称臣的理由呢?是的,难道不是这样吗!然而,为什么一定要旧阻力刚平而新阻力又起呢?是您的勇气已尽吗?或者,不容许安东尼奴役我们而换个人就可以了吗?仿佛名字与称谓改变了,奴役的本质就不再了似的。不,我们不去争论一国之主的资格条件,我们没有也不会有主子。

可以确定的是,若在安东尼的治下,我们定会在其专制独裁的统治下分得一大杯羹;我们还会分其尊贵,耀其虚饰。若在其治下,他定会仁慈地善待我们,会向我们妥协让步。因为他深知只要赢得我们的同意,哪怕是默许,他在罗马称王的野心也就有了坚实的基础。故此,有什么代价他会不舍得付出借以拉拢我们或诱惑我们的同意或默许呢?但是他的一切花招、一切拉拢、一切诱惑通通被我们拒绝;因为自由才是我们的目的,美德才是我们的准则——我们对自由的渴盼,对美德的昭示是发自我们真诚的良心;我们希冀自由和美德泽被四海,不仅沐浴我们的祖国,更要响彻整个世间、笼罩整个人类。

如果我们愿意,就屋大维自身而言,我们之间仍存有一条和解通融之路。这位乳臭未干之黄口小儿为了急切接过其养父凯撒的衣钵和皇冠,登顶帝国之巅峰大位,他必要清除当年刺杀推翻凯撒的一帮人;但是,毫无疑问,他一定会好生照顾和安置我们,以换取我们同意他专制独裁称王称霸的权力野心,而且,我担心他很快必能称心如意,登临权力巅峰的宝座——悲夫!若连你我兄弟二人都只能低头无语,麻木不仁,沉醉苟活于儿女情长,而当年保卫共和以身相许之信念如将枯之油灯,似经霜之蔫然……那么试问,天下之大,又有谁可以横眉冷对,可以横刀立马将其呵斥拦截?若你我兄弟二人都甘愿俯首称臣,匍匐于黄口小儿之脚下,以多年心仪之自由而换取那高官厚禄、荣华富贵,则虽可能得以保全这沉重之肉身,又与奴隶何异矣!若果如此,又有何当以自救?

我们刺杀暴君的目的何在?我们摆脱暴政追求自由的目的又何在?若是半途而废,对生命和肉身的苟活之渴望战胜对自由与共和的献身之追求,而任由屋大维此黄口小儿专制独裁,则我们历尽千辛万苦保卫之共和不免又滑落进奴隶制度。若如此,则当年我们保卫共和之动机难免荒谬可笑,保卫共和之革命果实难免瞬间倾覆,空空如也。哦,天哪,要让屋大维这种人来把自由放在心中,这怎么可能?自由,该是全人类所喜爱、所珍爱、所看守之尤物,因为这事关全人类的利益与幸福!于我而言,宁肯孤身奋斗也不能放弃对自由的保卫和看守。我曾使国家从暴君手中重获自由,因此我不能丧失捍卫祖国自由的决心,即使是搭上性命也在所不惜——我曾经摧毁过老谋深算的暴君;我又怎能忍受他的后嗣,这个乳臭未干之黄口小儿来掌控元老院,凌驾于法律之上,将罗马置于枷锁铁链之下呢?不受民众拥护的权力,即便有血缘之亲,于我也毫无圣洁可言;我不能忍受凯撒越界独霸的权力,不,即便是我的父亲拥有这种权力,我同样也不会忍受于他。

塞罗兄,你向屋大维的低头和示弱无异于承认若无他的许可我们都不能尽享罗马之自由。想想吧,塞罗兄,若连兄台你与我之类都不能有自由生活之保证,又何来其他罗马市民自由生活之梦想呢?再说,像兄台般如此低廉下贱之百般哀求,又如何能被允可呢?你跪请他放我们一马,设若他果真允可,放过我们,又当如何呢?因为我们头颅尚在,气息尚存,我们就因此得享安全了吗?想想若没有自由还有什么安全可言?或者再进一步说,若我们失去了自由,失去了由自由而生发出来的尊严和荣誉,我们又能否猥琐可怜地苟活偷生于世?如果罗马不再拥有自由,生活在罗马又有何安全而言呢?一个无法保全自身的城邦,虽然雄伟华丽,却无法给予我任何东西。

不,该是我挺身保卫罗马的时候了,我宁愿矢志不渝,刀剑出鞘,保卫共和,死而后已;我不能在他人怜悯之下苟且偷生。拔刀相向愤而起,刺杀凯撒保共和,那一刻我重获自由之身。在那之前,自由于我而言,命若游丝,岌岌可危。唯有刺杀凯撒,方得以保全自由。这是一种罗马精神;自此,自由在我的内心生根发芽,无论身在何处,只要随身携带自由,他乡亦是罗马;罗马精神引我嫉恶如仇,任何罪恶都理应使其枷锁加身、恶名昭彰,然而诸罪恶之中没有比剥夺自由的罪恶更甚。我曾以为随着凯撒的死去我们得以从诸多其加之于我们的罪恶之中解脱出来,但是似乎并非如此。另外为何要向这个在凯撒名声与野心的光环下傲世轻物的毛头小子俯首乞怜,为爱国者们求得怜悯呢?这些爱国者们为了国家曾英勇无畏地向暴君凯撒施以报复,致其暴政统治覆灭。然而所获却非希腊式的共和,却非暴君的后嗣也与其父辈一样,因暴政而遭受惩罚。

　　如此这般,我当有何心情又有何念想来留存于罗马?又或者,罗马还能被称为罗马吗?我们曾绞杀过暴君,我们曾光复其共和时代的自由——但随即自由却被弃之荒野而不顾;虽然茕茕孑立,但罗马依然曾拥有过自由之身。此后,尽管罗马曾亲眼目睹了一位强大而残忍的暴君在数十位她的公民的反抗下而失掉显赫,丢掉生命;然而,共和时代罗马自由的力量已然堕落,卑贱而沮丧地苟延残喘,已经失去了自身的力量,她眼睁睁地看着一位死去暴君的名讳和称谓又在一位毛头小子那里得以重生,内心充满恐惧却又无能为力。

　　塞罗兄,请不要再以我的名义向您年轻的凯撒求情了;如若您睿智如初,洞察世事,奉劝您也不要以自己的名义摇尾乞怜了。您年事已高,余日不多,不要将余下的宝贵时光用来奉承讨好一个毛头小子,这难免荒谬可笑且失掉体面。当心您此番举动会使您对抗马克·安东尼的光辉战绩全部黯然失色——不要使您的荣誉沦为耻辱,给恶人以把柄去诬陷您与其交战无非是您自爱和利己思想在作祟;并且,如果您不是担惊受怕于他,您又怎会奋起反抗。但是如果他们看到您曾向安东尼宣战却甘愿将生命与自由置于屋大维的支配之下,且容忍和纵容他拥有另外一个所声称和断言的全部权力,他们便不会如是说了。他们会说您并不反对有一个主子,您反对的仅仅是安东尼来做主子。

　　倘若到目前为止,屋大维的唯一意图只是推翻安东尼暴政而无建立一己暴政的私心,我自当赞同您对屋大维的褒奖之辞,这确实值得赞扬。但是如果您依然持有这样的观点——即屋大维对权力的操纵的确是为了推翻安东尼,护卫共和;认为低声下气地向其乞怜讨好以保全我们的性命是必要的;而且我们应该信任屋大维手中的权力——我只能说,您看走了眼,把对屋大维美德的褒奖拔得远远高于他实有的德行。我先前也认为他的全部付出都是为了恢复共和,但是如今你和他的商议却暴露了他一门心思要拥有的恰恰是他假借恢复给共和的绝对而至高无上之权力。

按照您的推理,如果屋大维因发动战争对抗安东尼暴政而获得如此的荣誉、桂冠和回报,而安东尼暴政仅是凯撒暴政的残余;那么,对于那些终结和根除凯撒专政的人,并且由此还获得罗马人民的祝福、恩典和慷慨赏赐的人,您当给予何等的荣誉与封赏呢?难道您从来就没有比照思考过这些东西吗?让我们来看看恶魔的恐怖形象是何等彻底地在蒙恩民众的脑海中神奇地消失殆尽?凯撒已死,也便不会再来束缚压迫或骚扰恐吓罗马城邦了;人们不再想着他了,连同那些从凯撒手中抢救出共和罗马城邦的英雄们也被人们忘记了。而安东尼仍然活在世上,仍然军权在握,仍然引人胆寒;因此屋大维因打败安东尼而备受崇拜。这便是屋大维最终如此权高位重的原因所在了,屋大维还假借安东尼之口说罗马民众必然期待我们的厄运,我们这些拯救罗马民众的人的厄运!这也便是作为拯救者的我们注定这样结局微贱的原因所在,必须得有人向他恳请向他哀求,他或许会垂怜天恩保全我们的性命。

正如我所言,我以灵魂与利剑来对抗如此卑下的乞求,低三下四地哀求与我不共戴天的仇敌。我厌恶那些摇尾乞怜的人,我公开声明与这些人势不两立。至少我也会远离那些可怜可恨奴颜婢膝的作呕嘴脸,避之唯恐不及。无论在哪里,只要找到了自由,我便找到了罗马。而您则畏畏缩缩,多年来追名逐利,贪得无厌,眼睁睁地看着自由销声匿迹,美德渐行渐远。面对悲惨恶劣、风雨飘摇、朝不保夕的生活,你却没能表现一丝一毫的憎恶和反抗。我的内心深处对你充满悲悯,悲伤于你,怜悯于你。然而,我的灵魂与自由共和紧密交织,从未走出这永恒的原则一丝一毫,故而,在美德的感念与沐浴中,我将一如既往触摸内心的欢乐;我对我的国家无所亏欠,精忠报国、鞠躬尽瘁、死而后已。倾听内心的引领,俯仰无愧于天地,在善报中求得满足,内心唯有平和与甜美。能够直面人生与命运的无常,敢于鄙夷肉身的虚幻和堕落,唯有珍爱和看重这世间值得珍爱和看重的个人之美德与公共之自由,这种自由是上天给予全人类的神赐与祝福,而且当是人类与生俱来的自由权利。敢问这世间可还有比这更伟大和更神圣的欢快与喜悦?

但是众人皆醉而我独醒,我永远不会和那些正在堕落的人一起沉沦;我也永远不会与那些有意屈服的人一同投降——我意已决,我将永守内心之坚定,人格之独立。我会遍尝一切抗争策略,哪怕是权宜之计;我将极尽我全部英勇锐气,只要一息尚存,驱逐奴役,还我祖国以齐全而完整的自由。若得命运女神之眷顾,则必会赐福与润泽万民;但设若时运不济,并且我所有努力都没有回报,落花流水,空空如也,即便孤家寡人,我依旧充满喜乐,享受这孤傲而尊贵的遗世独立;不过,迄今而言,我已知前途命运甚是多舛。一言以蔽之,比起置身于不断谋划、永不言弃、不懈努力以求得祖国人民之自由,还有什么能使我的人生之花得以更好地怒放和张扬,生命之灵得以更好地显现、熏陶和陶冶呢?

至于您在这场危机中所扮演的角色,我亲爱的西塞罗,这是我对您的最强烈的建议与要求,不要自暴自弃——不要不信任您的能力,您的能力不会使您失望;相信您会找到诊断我们深重罪恶的药方,您会治愈它们。我们的悲惨处境无以复加——因此,你我当提高警觉,阻止事情的进一步恶化。过去,您以执政官人格和聪慧,以大无畏的英雄气概,以及对自由的一腔热情粉碎了针对罗马的阴谋集团,挽救了共和国;接着您矛头直指喀提林(Catiline)①,仍旧对安东尼奋起反抗。这些行动使您声名鹊起,美名远扬;但是如果您在如此严峻的形势下不能内心坚定、一如既往,则您的一切美誉都将会黯然失色、随风而去;让赞誉伴随您的一生吧,您的荣耀流芳百世、万古长青。

我们期望那些像您一样成绩斐然,做出过伟大贡献的贤人志士能够精神抖擞,再接再厉,更上层楼——他们要向世人表明他们能够不负众望,服务民众,造福民众;对他们而言,不须扬鞭自奋蹄应该是水到渠成的理想境界,然而如若他们中有些人偷懒乃至放弃的话,则我们有责任高声断喝,警醒提点梦中人;反之,对于那些从不知自由与共和为何物,从没有加入滚滚革命之洪流的人,我们倒也不期望和苛求他们什么。这便是众多籍籍无名的才子达人与那些刀剑出鞘的勇者之间的区别;无疑,后者的人生境况要比前者艰难得多。因此,尽管您在迎头击败安东尼的过程中收获了大方中正的褒奖,但是您如今却突然止步不前,踟蹰犹豫,迟迟不能再添新功——塞罗兄,若是此时,您能长啸一声,勇往直前,重现当年您飒爽英姿,执政官之风采,则您作为高贵人格和自由品质之罗马执政官的铭文将彪炳汗青。但是,若您此时选择走回头路,屈从献媚乃至讨好像安东尼一样的恶人(指屋大维,译者注);若您此时思维的活跃与勇气的坚定减少了哪怕一星半点,即使您将他(指屋大维,译者注)逐出元老院,

---

① 公元前64年冬天,喀提林与西塞罗争夺执政官职位,经过一番激烈的竞选,最终由于上流社会和贵族支持西塞罗而落选。政治上受挫的喀提林于是诉诸武力。公元前63年冬天,他一边积极准备再次竞选执政,一边纠集联合他所代表的中下层革命分子,当然也包括上流社会一些破产的前贵族,计划谋杀参与竞选的政治对手,也包括西塞罗。西塞罗对喀提林的阴谋积极应对,部署卫队保证竞选顺利进行,并亲自监督投票。虽然有中下层的支持,但喀提林依然落选。事后,西塞罗多次在元老院以他最擅长的铺陈演讲激烈地奚落控诉和责骂喀提林。最终,喀提林带领追随他的革命叛军与元老院展开对决,战死疆场。

赶出罗马;您将永远不会再收获另一份荣光,无论什么后果都是您咎由自取;甚至连您以往的荣誉与桂冠也会渐行枯萎,您以往的名望和声誉也会被人们所遗忘。

在诸多事件当中,当毫无伟大或是高贵可言,种种溢美之词无非一时冲动或是机缘巧合之结果——因为真正的名誉只能源于在追寻美德道路上上下求索持之以恒的理性追问。因此,您所肩负的对共和的关心,对自由的保卫之重任要超越所有人,因为曾经您对自由与共和的付出多于常人——您的过人能力,您的一腔热情,您的雄才伟略加之万众的呼声与期盼,都是您在此项伟业中有所作为的强大动力;天下之伟业与重担均系于君之一身,当再无更甚乎?

因此,您不当为了我们的安全而哀求屈服于屋大维;唤醒您内心的尊贵、高尚和美德,拍案而起,披挂上阵吧。觉醒那埋藏在您内心的罗马天分;审视一下这座您曾不止一次捍卫和挽救过的罗马城池。只要罗马的民众当中不乏抵抗篡夺民权、根除叛逆国贼的杰出领袖,罗马便会永远伟大永远自由。

24. 论民众的诚实本性及他们的合理诉求，兼谈政府顾及民众喜好与利益之重要性

托马斯·戈登，1721年4月8日

  上封信中①我已然谈及，若不受舆论之误导或奸佞之腐化，民众对世间诸多事务通常可以做出大致无误之良好判断。他们与那些地位或级别更高一些的贵族在天赋的才能资格上大略相当；很多情况下，高手在民间，那些挥汗于地头田间，行走于乡间巷陌的人往往比那些着长衫、罩素袍的人更能洞察纷繁世相，明了本质真相。为了平复前任内阁无知、腐败、疏忽所造成的民众惶恐和社会混乱，1700年的（奥斯曼）土耳其皇帝大公（Grand Seignior）宁可聘任轮扁庖丁为首席大臣：言必信，行必果，大刀阔斧，社会之混乱遂得以扭转。虽是草根，起于青萍，但报恩于君王慧眼识珠，用自身之才智和实力证明了他不愧为人中之麟凤，国家之良相。

  而且，世间本不存在如圣人般全能之人来治国理政，若有也是骗子。他们精心包装自己，向世人吹嘘自己拥有本没有的天分和智慧。鉴古知今，更让我们相信——若能怀有袒露情感之忠厚意，做到鉴别常识之坦诚心，就治国理政而言已足矣。若如此，则治国理政必能令行禁止，行政管理得以最好地执行，公共自由得以最好地保障，不忘初心，方得始终。若如此，即单单以忠厚意和常识心来治理公共事务，则

---

① 即《加图来信》第22篇。

民众之道德心不会被财富和奢华所腐败堕落,而民众之理解力亦不会被精巧和细微之差别所腐蚀败坏。而所谓大德大能之天才,如果不全是,也必会常常被用来误导忠厚老实的生灵百姓,使得这些小民众生偏离公共美德和公共善行之宽阔而平坦的光明大道。

没人天生愿意去做恶棍;人身和财产安全是人们最高之梦想。没有野心之怂恿,人们不会梦想成为伟大的领主和贵族,不会期望拥有伟大的头衔和身份,除了身安别无欲望。没有燃烧的渴望和欲望所驱使,人们没有竞争对手,生活也没有挑战;人们没有娇宠的孩子、皮条客或各路关系需要抚养照看乃至打点——人们不必掩饰、虚伪,不必勾心斗角、耍阴谋诡计,不必蝇营狗苟、结党营私;除了整体的社会利益,他们没有属于自身的特别的利益诉求。

但是身居高位的人就不同了:为了一时的心潮澎湃,他们常常会牺牲公众的利益,把国家毁于一旦;中饱私囊,从百姓身上征取苛捐杂税;骄奢淫逸,为满足女色之欲望和情人之要求,为了奸佞宠臣之利益,不惜毁了整个国家和江山;荒淫无道,为了一己之私利,让民众处于水深火热之中,置国家安危于不顾。他们习惯了奢华放荡,挥金如土。没有遭受过苦难的人根本不知道什么是苦难,更不会同情他人的苦难和不幸。

权力的第一原则在于权为民所有;掌权者所有的政治活动都应当围绕人民,以人民的利益为行使权力的唯一出发点和唯一目的——因此,任何不考虑人民利益的治国理政者都是装疯卖傻,将会很快后悔不迭。这种统治模式大约在亚洲国家居多。但在人民有自由权利的国家,想要统治人民却要违背人民的意愿则不啻为疯狂之举。因为他们知道,政府是为人民之利益而存在的。期望从人民自己推举出的代表那里得到一些问候和善意实在是粗鲁和不雅的表现。那些人民缺席的国家,那些冷淡和漠视人民心声和舆论,蔑视和欺哄人民利益和好处,玩弄和欺骗人民呼声和意愿的国家要么是奴隶制国家,要么很快人民将自我觉醒,不再继续做跪拜的臣民。

维持政权不能依靠强权和武力,而要靠民众的同意和认可;若有民众的同意和认可,则不论任何的治国理政者,除了追求人民幸福之福祉,满足人民良好之意愿外,哪里还用担忧什么国家乃至政权之安全? 由一人统治且只为一人着想和谋利为独裁僭主制;由少数人统治且只为少数人着想和谋利为同样之独裁寡头制——只有为全体人民利益着想并且得到全体人民之同意和认可之政府方为自由之政府。所以,当政府一词表示任何其他含义时,就是对这一词语的亵渎和玷污,这一词语所蕴含的意义就被污名滥用了。

自由国家的人民对这一切心知肚明。他们虽是普通民众,但五官感觉与那些高高在上者一样完美,尽管后者常常并不把民众的感觉放在心上。若不是达官贵人们引发民众的憎恨,民众并不想憎恨他们。若是真到了民仇官,民仇富这一步,不管在上者的权力有多大,也不管背后的靠山有多硬,引发民众仇恨的大臣们、部长们谁也逃脱不掉。即便是拥有无上权威的土耳其皇帝大公(Grand Seignior),通常也会被迫舍车保帅,放弃甚或牺牲他的首席大臣(通常是他的女婿,或是妹夫等)借以安抚民众的愤怒和怨恨。

若恰当地治理,人民可能会是君王最好的朋友;反之,若人民的利益受到伤害或压制,则人民可能成为君王最难对付的敌人。君王如果只依靠军队和官僚,那么他常常会受到他们的欺骗并最终走向毁灭;反之,善于倾听百姓的呼声,全心全意依靠人民的君王,则很少受到蒙骗被人民所抛弃。这里的原因就在于——在所有的不是靠暴力和军队维持的政府中,人民所拥有的力量要远远强于达官贵人或是军方要人;并且人民和君王之间的友谊比较而言更加真心实意,纯粹而诚挚,因为人民除了珍爱免受压迫的自由之外别无他求。同时,若是君王得到人民的钟爱和拥护,则种种鲁莽、轻率及不计后果的反对君王的阴谋诡计就不会轻易发生;而且,即便发生此等阴谋诡计,也从不能达到预期的成功。反之,正如马基雅维利说的那样,一旦引发人民不满,对在上者产生仇恨和偏见,那么不论任何事或任何人,最终都会在人民的怒火面前恐惧颤抖。

因此,一定要关注群众的利益和喜好,这对于政府而言至关重要,尤其是那些人民不参与其中的(大略指不行议会制的集权政府,译者注)政府更应该如此。荷兰政府目前的完美状况正是对这一准则如此真实的体现,荷兰政府以宗教般的虔诚维护这一准则,从而得以保全他们自身和目前良善之政府状况。荷兰政府部门中有很多出身小贵族的人任职,很多地方的治安官或法官都从中选出,而荷兰的民众则从不参与其中;但就其精神和实际效果而言,荷兰属于民主政府,在荷兰法院的司法诉讼中,人民的利益、喜好和诉求是最高着眼点和出发点。因为人民看重自身的利益和喜好,所以地方治安官和法官对此都高度警觉。他们害怕激起人民的怒火,因此凡是违背人民利益激发人民愤恨的事,他们从来不做,所以他们永远都会非常安全。

但是,感谢上帝,感谢我们可亲可敬的祖先,是他们为我们争取、保有和捍卫了自由。我们拥有一部宪法,宪法规定人民组成政府的大头——人民是议会立法院的一支,拥有财政预算、拨款的唯一批复权;财权决定一切,所以由人民代表构成的下议院有能力为人民争取公共利益;人民的代表,因此不再令人望而生畏,也不会贪污受贿,总是能为国家的利益而行事;他们自身的一切已经与人民的幸福交织在一起,他们必须与人民同生死共进退。

然而,如果我们的议会代表(delegates)不愿意为人民的利益而承受苦痛,该当如何?又或者,虽然他们愿意,但被武力胁迫所恐吓(如之前的丹麦国)或被高官厚禄所腐蚀(如我国之前复辟的查理二世朝)而随时可能放弃捍卫人民的公共自由,背叛他们委托人(principals,即选举议员并委托议员行代理代表之职责的公民和百姓,译者注)的利益而只考虑自身一己之私利,则又该当如何?我们可以确信的是这一现象绝不会在本朝国王(即指作者写作本文章时1721年的汉诺威王朝第一任国王乔治一世,1714-1727年在位,译者注)如此温文尔雅贤明公正的治理下发生——不过,值得我们深思的是,这种现象以前发生过,而且在未来的国王治下也有可能再次发生。

如果未来真的重蹈覆辙,应该做些什么?对于如此致命的危害,我们的法律可曾提供什么样的应对措施?人民必须忍辱负重,屈服于这些罪恶吗？还是宪法里已经规定了矫正措施？若是宪法中没有规定相应的矫正措施,那才是滑天下之大稽;但是,事实上,人民的手中握有合法的应对手段——这是人民无可置疑的权利,在"光荣革命"前颁布的《权利法案》(*Bill of Rights*)以及革命后颁布的《王位继承法案》(*Act of Settlement*)中对此都有清晰无误的规定和认可。如议员要谦恭地代表人民并且反映人民关于公共事务的牢骚、抱怨和不满,要向政府为人民请愿、伸冤和寻求补偿,因为政府的义务即是解决人民的不满,或是抚平人民的不满。因此,在所有的国家中,这一点确定无疑,即人民的厄运之多少是与这种权利之受到鼓励保护或是打压遏制成反比例的,即这种权利越是受到保护,则人民之厄运就将越少。

事实上,对于政府而言,正视、直面和接受人民的抱怨、牢骚和不满不仅是最好的而且是唯一恰当而可行的政治治理方式;不论何时这种方式得以实行,尤其在全世界内得以践行,我们的国王们已经开始信心满满地体认、接受并把这种治理方式应用到政治实践当中。我们的议会亦是如此,他们是人民自由的看守者和捍卫者,他们向他们的委托人(即人民)表明他们随时准备并乐于接受人民向他们表达的种种抱怨、牢骚、不满乃至抗议。事实上,一直以来都有这样一种共识——即对通过议会代表的温和方式所表达的人民普遍的抱怨、不满等诉求予以抵制和抗拒,如果不说有多么危险,也至少是极其不明智的。

如此举措在贤达之人看来价值千金,而奸佞小人对此却只有胆战心惊。因此,那些手中握有权柄的贤明赤子通常会鼓励民众表达自己的抱怨和不满,而那些手中握有权柄的心怀鬼胎之人则会极力压制民众的抱怨和不满。因此,对于把百姓冷暖好恶放在心上的君王而言,他绝不会只为权宜之计而追求其手下官僚宠臣的赞许和同意,以及他的政府是怎样被大家喜欢,而毋宁是鼓励人民表达抱怨和不满从而使得人民把自己的心愿、期望和要求都一股脑地呈现在君王的面前。君王如此,则其将相谋臣必不敢反对人民公开表达自己的抱怨和不满,除非他们已经给过人民抱怨的机会和场合。

意识到他们自身德治和善行的重要性,站在他们的百姓的立场上,提图斯和图拉真①(Titus and Trajan)也表达过与此类似的观点:他们清醒地知晓:如果罗马人有言论表达的自由权,他们不会发起反抗;若是人民的冤屈能够得到纠正和补偿,则人民也不会寻求报复。

使得人民绝望乃至铤而走险,不是任何别的,而正是对人民的信托和利益疯狂乃至铤而走险的背叛。

---

① 罗马帝国弗拉维王朝(Flavian Dynasty)的三位皇帝——韦斯帕芗(Vespasian,公元70年即位,当政10年,69岁时死)和他的两个儿子提图斯(Titus,公元80年即位,仅在位一年,42岁时死)和图密善(Domitian,在位15年,公元81—96年,45岁时死)。提图斯年轻时以残忍战争闻名,在位时间短,未能让万能的权力迷醉他,反而改良他的道德,使他的政府成为智慧与荣耀的楷模。他死时,除了继任他王位的弟弟外,全罗马都为之哀伤。图密善以暴君闻名。杜兰《西方文明史》第347页描述弗拉维王朝也像朱利安—克劳狄王朝一样,开始时是天使加百利(Gabriel),而结束时却像魔鬼路基弗尔(Lucifer)。图密善死后,元老涅尔瓦于公元96年继位,开创了安敦尼王朝,也即罗马帝国历史上极盛的五贤帝(5 Good Emperors,又称五贤君)时期,五贤帝是在公元96年至180年期间统治罗马帝国的五位皇帝。公元98年年初,涅尔瓦因病去世,正在科隆戍守的图拉真奉召继位(公元98—117年,在位近20年)。图拉真出生于西班牙,他是从外省贵族爬上元首宝座的第一人。图拉真获得了元老院赠给他的"最佳元首"(Optimus princeps)的称号。图拉真是一位善良淳朴但又性格坚毅的君主。在他去世二百五十多年后,元老院在按照惯例宣告皇帝瓦伦斯(Valens,公元364—378年在位)继位的文告中,还表示希望他在造福人民方面超过奥古斯都,而在善良方面超过图拉真。

25. 论专制强权的破坏性与毁灭性，兼论自由之益处，及我国宪法

托马斯·戈登，1721年4月15日

阁下，人民的利益当是政府存在的唯一目的。那些让人民过上幸福快乐日子的政府一定是最伟大和最出色的政府；反之，让人民感觉猥琐下贱，水深火热乃至走上邪恶之路的政府一定是最糟糕的政府。自由政府的权力是全体人民对一个人或少数人的信任与委托，权力被政府用来为全体人民看护安全和追求利益——因此，若是安全得不到保障，利益得不到维护，那么人民对政府、对官员的舆论和观感便可想而知。

然而冥冥之中，也是命中注定，政府官员和人民大众（the governors and governed）在思维观念和利益兴趣方面或多或少总存在一些差异；这种差异在世界上多数国家都存在。由于人民公开表达的信任和委托，才有了政府官员；然而后者却时常背叛前者所赋予他们的信任与委托，从人民大众利益的保卫者摇身异化为人民大众利益的背叛者，转身把人民大众所赋予他们的刀剑与权力抵在人民大众自身的脖颈之上。就此而言，在世界上的大部分地区，若拥有限制与制约政府官员——本应是人民之利益的捍卫者（the defenders of people's interests）——滥用权力的能力与制度，则人民将会过上幸福的日子。

环顾世界，我们能够清楚地看到世界上有多少人屈膝受制于暴君

统治之下，受制民族之众，民众之多让人不胜唏嘘。他们卑躬屈膝，下贱至极，而他们的专制暴君却暴虐无道，胜似桀纣。正如西德尼先生（Mr. Sidney）所观察到的一样，暴君视子民如牛马，满面灰尘烟火色，两鬓苍苍十指黑，终年辛苦劳作，不得歇息；视子民为豢养鹰犬，鼓角争鸣，战场厮杀，横行街市，鱼肉百姓。对牛马，敲骨吸髓，极尽压迫剥削之能事；视鹰犬为对内奴役之打手，对外御敌之炮灰。即便这些百姓当中有崇尚自由之贤达，有拍案而起之勇士，但也只能成为百姓之重负与沉疴，因为这种不服从和反抗只能使残酷的暴君愈发残酷，压榨愈甚，手段愈狠，锁链愈紧。暴君视百姓猪狗不如，百姓愈是胆怯恐惧，压迫就愈是变本加厉。因此，放眼世界，多数的生灵百姓都过着一种不幸悲惨而又猥琐下贱的奴隶生活，而压迫剥削他们的人和他们本是同类。百姓尊奉那些傲慢自大高高在上的主子为神灵，而他们的主子却常常待他们牲畜不如——真是世间少有的谢恩和负责之典范！

　　暴君的残忍并不是与生俱来的天性，因为暴君也是普通人；反之，他们的残暴与他们所掌握的统治权力的本质有关。如果一国之君懂得法治对于治国的重要性，那么健全之良法会使他成为一代明君；但是一旦君王凌驾于法律之上，再智慧的君王也会成为邪恶之徒。克劳狄乌斯(Claudius)①在就任罗马帝国皇帝之前毫无邪念,成为皇帝以后成了名副其实的刽子手,杀人如麻;他的残忍和暴虐与他的侄儿也是他的前任盖乌斯若不是比肩齐备,也是稍逊风骚。卡里古拉同样如此,未继任之前,一直贤良明达温文尔雅,及至登上罗马皇帝的宝座,便也日渐成长为公开屠杀人类的暴君和独夫。

不受法律制约的权力必然会有恣意妄为和骇人听闻的地方,而且这种无法无天的权力是人类永远无法忍受的;因此,既然人类的心智

---

① 屋大维(Gaius Julius Caesar Octavianus),后称奥古斯都(Augustus),为罗马帝国第一任皇帝,公元前27—公元14年在位。屋大维唯一骨血为其与第二任妻子所生的尤利娅(Julia);第二任皇帝格拉古(T)(又译提庇留)(Tiberius,公元14—公元37年在位),格拉古(T)为屋大维第三任妻子利维娅(Livia)与前任丈夫的儿子,系屋大维养子;第三任皇帝盖乌斯(Gaius Caesar Germanicus),别号小靴子卡利古拉(Caligula,公元37—公元41年在位),开始了罗马皇帝自封为神的习惯。盖乌斯父亲为格马尼库斯(Germanicus),母亲为阿格丽品娜(Agrippina)。格马尼库斯的父亲系屋大维第三任妻子与前任丈夫的儿子德鲁苏斯,母亲为安东尼之女安东尼娅(Antonia),而安东尼娅又是屋大维之外甥女,系安东尼与屋大维的姐姐奥克塔维亚(Octavia)所生。因此,德鲁苏斯与格拉古(T)为兄弟关系。阿格丽品娜系屋大维外孙女,是屋大维女儿尤利娅和其第二任丈夫也是屋大维手下大将阿格里巴所生,当时阿格里巴42岁,而尤利娅仅18岁。尤利娅第一任丈夫系屋大维之外甥,即屋大维姐姐与安东尼的儿子马塞卢斯,婚后两年,马塞卢斯死。因此,盖乌斯祖母为安东尼之女安东尼娅,外祖母为屋大维之女尤利娅;第四任皇帝克劳狄乌斯(Claudius,公元41—公元54年在位),克劳狄乌斯是安东尼娅与德鲁苏斯之子,是格马尼库斯与利维拉(Livilla)的兄弟,安东尼与奥克塔维亚的外孙,是屋大维第三任妻子利维娅(Livia)的孙子,也是格拉古(T)的侄子。公元48年娶侄女小阿格丽品娜为第五任妻子。公元54年小阿格丽品娜将克劳狄乌斯毒死,得以让自己与第一任丈夫格奈乌斯·多米提乌斯·阿赫诺巴步斯(Cnaeus Domitus Ahenobarbus)所生儿子尼禄(Nero,公元54—公元68年)继位为第五任皇帝。小阿格丽品娜第二任丈夫为盖乌斯·克里斯普斯(Gaius Crispus),据传盖乌斯亦被小阿格丽品娜毒死,后者得以继承丈夫的巨额财富。小阿格丽品娜父亲为格马尼库斯,母亲为阿格丽品娜,而克劳狄乌斯是其叔父。尼禄的血统更杂。尼禄的祖父与安东尼与奥克塔维亚(屋大维之姐)之女安东尼娅结婚,因此,尼禄祖父称呼屋大维为妻舅,称呼安东尼为岳父;尼禄父亲格奈乌斯·多米提乌斯·阿赫诺巴步斯于公元28年与年仅12岁的小阿格丽品娜结婚。因此从父系支排辈,尼禄祖母为安东尼娅,从母系支排辈,其母亲的祖母为安东尼娅。血亲完全混乱。公元49年小阿格丽品娜召回曾被克劳狄乌斯放逐的哲学家塞内加做尼禄的家庭教师,公元62年尼禄放逐老师。期间,尼禄曾弑亲母,杀亲妹。他的妹妹奥克塔维亚也是他的妻子。

既脆弱又有限,所以永远都不应当把一种不受约束的任性妄为的权力委托给人类。专制与独裁的状态即意味着战争状态;这种状态下的政治放眼即是嫉妒、猜疑、恐惧与憎恨,除此之外,再无其他。反之,在有法可循的君王与其治下之臣民的状态下,则处处充满了相互之间的信任与喜乐之情。专制的君主与他的臣民之间常常互相残杀,以求安全自保。臣民会常常想方设法谋害君王,而君王亦常常嗜血百姓,侵吞他们的财产。

记得东罗马帝国皇帝查士丁尼一世(Justinian)说过:"虽然国王在法律之上,但我们也要遵循法律来生活。"但由于查士丁尼的皇帝身份,口含天宪,言出法随,他的这句话也因此有多种理解;对于那些认为自己凌驾于法律之上的君王而言,他们在实际的政治治理中也时常违背国家的种种法律;实际上,查士丁尼本人用他自身的行为来给这句话做出了正确的注脚。好的君王从来不认为他们自身超越于法律之上。

这是一项发人深省的观察——百姓把权力委托给那些人来保卫自己,然而,在很多地方,权力却转变为毁害人们的工具。正如沃勒先生(Mr. Waller)在议会的一次演讲中说道:"这好比法律只是用来惩罚百姓而不是维护百姓;法律只有杀戮百姓的权力却没有保护人民的力量——就好比太阳的存在只为烘烤我们而不再给我们带来光明,就好比大地的存在只为掩埋我们而不再能喂养和养育我们。两相对照,前者比后者更令人感到可怖。"

专制与暴政权力已把这世界毁坏,使沃土沦为荒野。在亚洲的许多最为文明的国家,原先人民摩肩接踵,生活富足,而今,若你不得已要去那里旅游,则必须借助于指南针的帮助——因为文明已破败不堪,道路淹没、房屋毁坏,人民流离失所。毒辣辣的太阳高悬在天空只是为炙烤着地上的杂草和田园的果子而存在;天降甘霖也只是为着使杂草和果子得以腐败而存在——上帝创造的万物之灵人类消失得无影无踪,就连其他动物也不得见;因此上帝赐给人类的珍贵礼物除了毁灭而不再能被人类和其他生灵享用。一些神职人员胡言乱语说什么奥斯曼土耳其的皇帝大君(The Grand Seignior)是上天派往人间的代理人。稍加琢磨，就应谨记切莫深陷其中，被其谎言所迷惑。因为，不正是这位皇帝大君暴殄天物，把上帝馈赠给人间的珍馐美味给糟蹋殆尽吗？不正是这位自称人民之父的皇帝大君几乎要把他的子民屠戮殆尽吗？很少一些（相对而言非常之少）即便躲过同胞兄弟所经历的凄苦悲惨之命运而活下来的人，也只是作为满足皇帝大君残忍的牺牲祭品而随时可能被摆上供桌。因为皇帝大君无尽的欲望驱使着他狂热地占有和享受其手下那些嗜血权贵巧取豪夺的本不丰裕的罪恶财富。这些权贵和大人物一方面为了满足自身的贪婪欲望，另一方面也是他们对主子的义务和职责要求使然，他们必须使得人民——他们骑在人民头上颐指气使，作威作福，拉屎撒尿——贫穷再贫穷，痛苦再痛苦。

倘若不是土耳其人民的教士祭司和博士巫医们给人民灌输他们宗教中的消极服从观念，土耳其的权贵或是军队不可能永远让民众处于如此凄惨卑贱的被奴役状态。在这种观念的误导下，上帝的圣洁称谓被玷污了，上帝的权威也成了虚假的空壳，万物的命运注定是悲惨的，人生在世就是要历经磨难，所有这些都是在为暴君的所作所为辩护。暴君及其代理人所犯下的登峰造极的罪行被这些巫医和祭司粉饰和清洗，甚至把这些邪恶和罪过虚饰为神圣本身。是的，土耳其的奴隶制度就是这样被宗教维护的，而土耳其的暴君也是这样借助于宗教来欺骗人民和维系罪恶的。

保罗·里科爵士(Sir Paul Ricaut)[①]告诉我们："在（奥斯曼）土耳其，皇帝大君不可以罢黜，而且大君不需要为他的罪行负责，即使他一

---

① 保罗·里科爵士(1629—1700)，英国外交家与历史学家，其对奥斯曼土耳其帝国的记述成为西方了解土耳其的权威信息。其父虽信仰胡格诺教派，但因其保皇党情结，在英国内战中被没收财产监禁于伦敦塔。里科1650年毕业于剑桥大学三一学院，1652年被接受加入伦敦专业律师与法官协会，成为有资格出席高等法庭的专门职业大律师。里科精通西班牙语，后出使君士坦丁堡，成为驻土耳其港口城市土麦那（即今伊兹密尔）的英国领事与代理。1666年，被遴选为英国皇家协会成员。1685年被皇家赐予爵士身份。

天之内不小心误杀了一百个臣民也不需要承担责任。"土耳其祭司和巫医蛊惑人们殉道,即顺从地死于皇帝大君的手上。因此,皇帝大君手下一些最为宠爱的奴隶声称他们此生唯一所求之荣耀和幸福即被大君赐死,从而得以殉道于大君。尽管他们的皇帝大君命令他们集体坠崖,集体跳河搭建人肉之桥,或是命令他们互相残杀以供大君消遣娱乐,他们还是愿意服从,因为在他们眼里,服从就是他们的责任。

慈悲的上帝呀!这也是政府吗?这些大老爷统治所凭借的威权是您赋予的吗?

埃斯特尔先生(Monsieur de L'Estoille)给我们讲了如此令人难以置信的一件事:他说他去印度群岛待了20多天,由于庄园里发生了两三起抢劫事件,当地的国王就下令其余奴隶一起连坐,杀死或者吊死成千上万的人,马路两侧的树上挂满了尸体。

奴隶制度最大的弊害之一就是使得专制向极权发展,暴政向虐政前进,因此整个社会充斥着阿谀奉承与奴颜婢膝。而且是集权和虐政愈甚,则阿谀和奴颜愈甚。

那些手里握有权柄,骑在人们头上作威作福屙屎拉尿的压迫者更容易被拍马屁,因为恐惧使得人们要借助于拍马屁或奴役本身自然就会带来拍马屁,因为拍马屁是求得自我保存的最好手段。而在自由的社会里,由于没有奴役造成的恐惧,人们不需要拍马屁。相反,人们不屑、轻视甚至蔑视拍马屁。保罗·里科爵士把奥斯曼帝国的衰败归咎于臣民的阿谀奉承,他把土耳其人的法庭干脆称作奴隶的监狱。

老莫利(Old Muley),好像现在还活着,被称为摩洛哥的救世主,据说亲手杀死过四千名摩洛哥同胞。这样的人竟然是他们国家的救世主!摩洛哥法律明文规定:莫利有权力杀人,这也是摩洛哥教堂真实的规矩。在摩洛哥,很多人期待能死在莫利的手下:因为在他们看来,若能死在莫利的手下,死后就能进天堂。我还听说,莫利每次骑上马背都会砍掉那个替他举马镫的奴隶的头,以此来显示他不仅是一位了不起的骑手,更是一个出色的行刑者。这一举动在那些殉道者之间引起了长时间的争论,他们都想成为马场上的殉道者;所以立刻就有好多人抢着同时为他举马镫了。慈悲为怀,老莫利有时候会格外施恩砍下两颗人头,从而一刀造就两个"圣人"。

专制权力的实施和运行是有武装的暴君和手无寸铁的臣民之间一场残酷而无情的战争:这种战争是一方的战争,战争不会有和平也不会有尽头。塔西佗(Gaius Cornelius Tacitus,公元 55—公元 117 年,罗马帝国执政官、雄辩家、元老院议员,也是著名的历史学家与文体家,他最主要的著作是《历史》和《编年史》,从公元 14 年奥古斯都去世、格拉古(T)继位,一直写到公元 96 年图密善逝世,译者注)把这种战争描述为"残暴血腥的命令,喋喋不休的控诉,背信弃义的友情以及纯洁无辜的牺牲"。在另一个地方,他还说道:

> 意大利历史上就是一片大屠宰场,很多漂亮的城市要么被破坏要么被毁灭;罗马城虽然有漂亮到极致的高楼林立,但是好多地方都早已化成灰烬:在这里美德被摒弃,厚颜无耻,骄奢淫逸却甚是流行。众多偏远荒凉的岛屿上挤满了发配流放来的卓尔不群之谦谦君子。荒岛上的每一块石头都被屠戮的罪恶浸染得污浊不堪;而在罗马城,残酷更是有增无减;不肯奴颜婢膝,不愿同流合污的德行高雅之士随时都会有危险,生活优越家庭富足会被认为是一种罪行,生而富贵的门庭和血统是最大的荣誉和资本,若是拒绝接受这一荣誉和资本则被认为是极度之背叛;至于美德和功绩,他们则毫不珍爱,弃之如敝帚,毁之若草芥。

这些只是专制政权统治所造成的部分蹂躏、劫掠和狼藉!就普通百姓而言,塔西陀又说道:"他们放荡堕落,意志消沉,懒惰闲散,无所事事,坐看悲凉之罗马烟消云散。"

> 哎!听听这些屈服于暴君脚下的
> 凄惨下贱,可怜人的呻吟

任何人,哪怕是愚蠢透顶或是邪恶至极的人,如果期望去为这种类型的政府的合法性而努力奋斗的话,那么这种政府对他们都是一个压在心口的诅咒,这种诅咒重若千钧,令人无以喘息,透不过气。或者,对于那些奴颜婢膝、投降和屈服于这种暴政的人,这种诅咒同样存在——当然,那些倡导推崇暴政的人最应该尝尝暴政的恶果。法拉里斯(Phalaris)很公正,让发明铜牛酷刑的人最终尝到了铜牛酷刑的滋味(铜牛是一种希腊人的酷刑,将受刑者置于铜牛之中然后烧火加热。普瑞鲁斯作为发明者,赚足了钱,但是最后君主厌倦了这种刑罚,他成了铜牛酷刑的最终受害者,译者注)。

因为一个人手中的专制独裁权力对人性的摧残和践踏,对人类造成的破坏和浩劫甚至比历史上所有的野兽造成的伤害,所有的瘟疫带来的灾难和全部地震摧毁的文明要严重得多。让这些专制独裁者想想他们必须肩负的责任,有谁会支持这种暴君的统治,又有谁会不支持人民抵抗暴政。狗熊、狮子或老虎等野兽会在森林或者荒野里偶尔袭击一两个人;一场地震可能会摧毁城市掩埋一两千个城里的居民;多少年才能遭遇一次的瘟疫也可能会夺去更多人的生命。但是独裁统治就不一样了。独裁者可能会一时兴起,仅仅出于某些荒唐的个人喜好,使得整个国家战火纷飞;一日之内成千上万名生灵族类被宰杀屠戮,而独裁暴君对此没有一丝一毫的懊悔、自责与同情,所有这一切都是毫无来由、毫无征兆,似乎人们的死亡正是独裁暴君的荣耀。专制独裁不可避免会导致愚昧无知,荒淫卑劣,贫困不堪,不过这些丝毫还没有涉及其在道德方面的负面影响。

若把现在的国家与旧时的国家对比,你会发现以前的国家是多么欣欣向荣,而现在的国家是多么弱不禁风。若是认真考虑造成这种令人沮丧的变化的原因,你还会发现更让你恐惧的正当理由,即这种在精神上和世俗上统治人类的专制暴君如果继续维持下去,人类迟早会在地球上灭绝。以前在谈到土耳其时,我曾经说过:美洲大陆几乎都没有人生活了,西班牙人几乎杀光了美洲的四千万土著人;在欧洲的一些王国,尤其是北部的王国,我觉得很多国家的人口数量比一百年前人口数量的一半还要少。

感谢上帝,在欧洲大陆还有几个自由国家人口数量众多,而英格兰是其中最为繁华的国家。当然,这全部要归功于自由的政府。我们可曾高估过自由的作用? 或是我们可曾极度向往过这样的宝贝,它包含了几乎所有人类的幸福和美德? 又或者我们可曾谆谆鼓励过那些为争取自由或促进自由而奋斗不息的人们? 自由是母亲,没有自由就没有美德、没有快乐、没有丰裕、没有安全;自由不仅美丽可爱而且清白无邪。在所有自由与权力的冲突与争论中,权力往往扮演侵略者的角色。如果自由曾经产生过任何的罪恶,那自由本身也可以治愈这些罪恶:自由最坏的后果无非漠视常规,不受约束,但这种状态永远不会、永远不能长久持续。无政府状态不可能永远维持。长时间的无政府状态只能是独裁暴政的产物和副产品。无政府主义并非一种政府的组织形式,而是一种解散摧毁政府的形式,这正如专制独裁是人类的敌人一样。

权力就像火一样;若权力得以约束和监管,则权力之火能给人类带来温暖;若权力受到挑衅,则权力之火会灼伤人类;若权力无限扩充,则权力之火会毁灭人类。因此,权力不仅于人类有用,而且于人类有危险。掌控和运用权力的唯一规则即是人民之利益。又因为权力有突破其边界的倾向性,因此在所有的良政和善治里,任何东西都不应当,或尽可能少的东西,留给概率,或是留给掌权人物的情绪和心情。政治当中的一切事务和运行都当受固定和明晰的规则约束,若一旦出现任何的紧急特殊情况,则应当制定新的规则来补充和修正。这就是所谓的宪法精神,这也是生为英国人得享幸福的原因。这一点我在之前的信函中都有详细阐述。

我们的宪法痛恨绝对权力;我们的国王也没有追求绝对权力;我们的人民永远也不会容忍绝对权力:自由的人民绝不会屈服于绝对权力,除非叛逆国贼背叛人民,窃取人民之自由果实,或是使用暴力逼迫人民屈服就范。但是对于绝对权力这种全部人类罪恶当中最为邪恶和最为可怕的东西,一个国家在任何时候都不可能有绝对把握的防范。有很多原因都可能使得绝对权力登上政治舞台,甚至一些原因初一看来对任何事情都不具有威胁性。在所有这些原因当中,再没有什么比人民陷入普遍贫困更具有凶险性了。普遍贫困必然引发普遍不满,而普遍不满则必然导致革命。革命的战火一旦点燃,究竟会以什么样的情形来结束,恐怕没有人能够预测得清楚。因为凡是革命,几乎没有不伴随武力征讨和军队厮杀的,而武力和军队这种解决方案几乎又总是要比治疗的疾病给人类带来更加恶劣的后果。借助于武力和军队所获得的东西必然会借助于武力和军队来维持。在上文中,我们已经提及军政府治理下的可怕景观。即便在最好的状态下,军政府也离不开暴力血腥,而且军政府和法律与财产永远是矛盾的。

因此但凡使得人民产生不满的任何场合、理由和机会都不啻是一种可怕的邪恶,因为人民的不满很容易导致愤怒和动乱。即便国家有时能从社会动乱中恢复过来,甚至不破不立因此而获得新的朝气,但很多时候社会动乱往往意味着国家生命的终结。英格兰的军队已经今非昔比。当年的军队只是偶尔在战时聚集武装的人;人民自己组成的军队也才是唯一的让人民不感到可怕的军队。因此,在约克和兰开斯特(York and Lancaster)两大皇室家族之间的冲突所引发的多次革命当中,不会因为哪边武装部队失败就会产生战争奴隶:一场战斗解决了双方的冲突。战争结束的第二天,军人们就放下屠刀,拿起他们的另一套工具,完全恢复了他们的正常生活,下地务农了。但是之后,部队的士兵就不再那么轻松容易地解甲归田了。当危险过后,军队常常被领主和国王固执地保存了下来,而这种常备军制度的形成所带来的风险与之前克服的风险近乎一样大。

一些江湖政客宁肯冒公众骚乱之风险,他们声称可以借助于政治技艺来压制人民的不满,或是借助于武装暴力镇压人民。这种言论不仅显露了这些政客的邪恶,也证实了他们的实力:因为,先不提他们内心的这种极度恶意,冒着公众覆灭的风险,来满足私人的欲望;单单说当人民不满的原因和程度不清晰不明朗时,任何事前揣测又怎么能够靠得住呢?他们永远都搞不清人民反对的原因和程度;他们也不能预测事件可能的后果,或最终整个事件会落在谁的掌控之中。

当西塞罗(古罗马政治家、雄辩家、著作家)为了恢复自由和共和而利用屋大维的时候,他做梦也想不到这位为自由而战的青年才俊最终会成为罗马帝国一手遮天的暴君。那些利用克伦威尔来自保的人又有谁预测到最终却受到了克伦威尔的压迫和奴役?但是有一点确定无疑,那些靠手中的重兵来屈服人民、让人民遵从的人口中的自由是决计不可信的。

因此我们可以看到在自由的国度,打破君王和民众之间的信任是多么致命的罪行。忠诚一旦转变成冷漠,很快会转变成憎恨;憎恨将会引发憎恨;抱怨可能产生暴政,愤怒可能引发反抗。因此,凡此种种社会国家政治生活当中的动乱、危害与祸根无一不是由君民双方之间的不信任乃至憎恨所致。他们因此肯定是最为险恶的叛逆之国贼,是一切邪恶的罪魁祸首,当然那些尽心尽力忠心耿耿保护他们的人也是祸根的源头。

卡斯提尔(西班牙古国)的亨利三世说过,他害怕民众的诅咒胜过敌人的攻击。这句话就表明了亨利三世的人道,更表明了他作为国王的智慧。因为只要得到国内民众的拥护,对于国外的强敌他就无所惧怕,而臣民的不满和诅咒最容易为外敌所用而招致进攻。

26. 阿尔格农・西德尼论普遍腐败的恶果

托马斯・戈登,1721 年 4 月 22 日

阁下,本周为了娱乐你的读者,我发给你伟大的阿尔格农・西德尼①先生说过的几段话。西德尼先生是一位政论家,无论怎样高估他的价值或对他的政论无论怎样细细研读都不为过;他是英国贵族的荣誉和象征,他是每一位英国人的骄傲和神祇;他所著述的有关政府的政论文章举世无双,思想深邃,超越英格兰国内外的任何思想大家;他对自由无比喜爱和敬重,他的笔尖流淌着对自由和蔼可亲的描述。他知行合一,不惜以高尚的品格和宝贵的生命捍卫他所崇尚的自由,最

---

① 阿尔格农・西德尼(Algernon Sidney,1623—1683),英国共和政治理论家,军中上校,也是"长期议会"(Long Parliament)的议员。革命爆发后,他是查理一世审判委员会成员,反对处死国王。复辟时期,西德尼因其著作《论政府》(Discourses Concerning Government)被指控阴谋反叛查理二世国王而处死。西德尼死后被尊崇为辉格党爱国者的英雄和烈士。西德尼的系列著作和约翰・洛克的系列著作被认为是近代西方古典思想的奠基之作。《论政府》是西德尼最为著名的著作,也正是这部书把西德尼推上了断头台,但这部书中所提出的共和思想观念却因之而更加神圣和光荣,并漂洋过海最终助推缔造了美国共和。西德尼提出"有限政府"(limited government)、"人民的自愿同意"(voluntary consent of the people)以及"人民有权改变或罢黜腐败政府"(the right of citizens to alter or abolish a corrupt government)等共和思想,与所谓的"君权神授"(Divine Right of Kings)观念针锋相对。据此,他的《论政府》一直以来被认为是"美国革命的教科书"(the textbook of the American revolution)。

终为争取自由而以身殉道。

他觉察到自己无非是伪善之查理二世一朝邪恶和腐败法庭的牺牲品。他强调人权,历数暴政的丑恶;他曝光了他那个时代神圣教义及流行学说之荒谬和卑劣,他还教导人们放弃绝对服从并敢于对世袭继承权说不。他认为这些教义和学说违背常识,把人类的幸福感和安全感毁于一旦! 他还犀利地指出凡是鼓吹这些教义和学说的人自己却避而远之! 他痛斥这些教义和学说荒谬、荒唐、前后矛盾、虚无缥缈。他认为这些教义和学说都是些歪门邪道,是邪恶与罪孽的集大成者。最终,他的教导和反驳既是安在他身上的罪名,但同时也是他引以为豪的荣誉。

西德尼先生对自由的论述清澈透亮,是政论之极品。他遍查通阅了人类文明之历史,鉴古知今,力透纸背。他全部的心血都用在了描述一个自由和理想的民主政府方面。如果错失西塞罗的著作《论共和国》,则阅读西德尼的著作不失为一种极好的补偿。西德尼上校的知识储备丰厚而全面,表达严谨而得体,不愧为政治学和修辞学中的魁首与翘楚;他对自由的热爱如绵绵之醇酒,温暖如初;他对自由的忠诚似痴情之爱恋,从一而终;他对自由的捍卫之勇气更是宁为玉碎,不为瓦全,终至于以身殉道而不悔。

下引为西德尼的论述:

> 如果人们的举手投足都被腐败所浸润销蚀,则自由无以保存;同理,无论人们多么正心诚意,绝对王权下的君主专制也产生不出自由:这一切足以表明凡是那些向往自由政府的人都应当时时来用尽他们手中的权力,尽心竭力反对腐败,因为若不如此,则他们本人以及他们的政府最终都难逃毁灭的命运。反之,绝对王权下的君主专制必然会费尽心机制造腐败,因为若没有腐败,则王权不可能绝对,而君主也不能专制。所有的绝对王权和君主专制体制下,这样的用人制度自然而然,即提拔和重用那些粉饰太平、假装热爱人民、与民同

乐的人。如此一来，则整个体制内所有层次的政府衙门中填满了虚伪和伪善的官员，这些官员也都把欺上瞒下作为治国理政的原则与根本。这不仅是通向腐败的途径，而且是所有途径中最为危险的一种。

因为虽然一位良善之人会热爱一位良善国王，但他之服从国王也仅在国王的发号施令代表正义之时；没有人会愚蠢盲目到不问是非不计利害，不顾礼义廉耻和内心之美德信仰而堕落到唯命是从的地步；因为他拿不准国王的号令与天理和民心是否一致，或根本上就是违背天理与民心。如果绝对王权下的君主是邪恶的化身，那么他的行为举止也必定充满邪恶和罪孽；任何人若效忠喜爱君主，支持他的政策和方案，则无异于宣布他本人与所有良善之人为敌；而这样的人若是得到君主的提拔和重用，则不仅仅是制造、激发甚至增加腐败，而且是以这种方式强化腐败，因此，若不能对整个的政府体制予以全面的革新，则腐败不可根除。任何政府阁僚内都难保没有投机钻营之无德小人；然而一旦这些无德之人当中最为恶劣之人被放置在离王座主权伸手可及之位，并因之被荣誉加身，那么这些小人将会利用这种力量，狐假虎威，呼风唤雨，借此威胁和拉拢所有的人来上他们的贼船。最终，若不除掉这些无德之奸佞权臣以及他们赖以生存的江湖规矩，则他们对正义的裹挟与结党营私之局面将无以阻止和改观。

人类天性尊崇良善（或在人类看来属于良善）的事务。因此，在良政和善治的国家政府中，所谓价值即与美德捆绑在一起，若是不能做出对公共有益之美德善行，则其社会价值与高贵之荣誉便无从谈起。人类从呱呱坠地、牙牙学语之日起便在这样一种教育观念下熏陶成长——这个世界除了修美德、致善行、行公益从而获得高尚、尊贵之荣誉之外，再别无他物值得追求。藉此，美德本身成为人们普遍的追求和信仰。正如古代斯巴达、罗马与其他地方一样，在这些地方，单纯的金钱和财富(金钱和财富伴生名利和欲望,金钱和财富因之被人类赋予无上之荣耀,于是,金钱和财富也就成为万恶之源)要么被完全踩在脚下,要么人们根本对之不屑一顾。当金钱和财富除了能满足人类口腹之美味,居所之富丽外再无其他任何积极之作用,则高德之人必轻视金钱和财富。当亚里斯蒂普乌斯(Aristippus)告诉克里安西斯(Cleanthes)说如果他乐于躬身朝堂,侍奉朝廷和君王,那么他就不必去山间树林寻觅食物以果腹;哲学家回敬曰,既然他满足于东篱田园之粗茶淡饭,忘情于山水密林之犬吠茅草,他就没必要去忍受招安,摧眉折腰侍奉君王。

伊巴密浓达(Epaminondas),阿里司提戴斯(Aristides),福基翁(Phocion),甚至是拉瑟得莫妮安国王(Lacedemonian kings),他们都能安于贫困,以苦为乐,其美德也因此受到世人尊敬,就连世上最奢华最富裕的君主也畏惧他们的英武、勇猛和力量。对于库里乌斯(Curius)、法布里修乌斯(Fabricius)、辛辛纳图斯(Cincinnatus)或是艾米鲁斯·保罗斯(Emilius Paulus)这样的人来说,生活拮据不算什么,恰恰是这种困顿的生活苦其心志,使其安贫乐道,增益其所不能,养其浩然正气。满一杯自家田里麦芽发酵酿造出的清酒自斟自酌而能心满意足怡然自得,贿赂这样的人只能是徒劳无功。就连黄金也不能收买他,因为他从不认为黄金不可或缺。想想若是那些在田地里扶牛牵马,犁锄耕耘的农夫登上凯旋的战车,一当战事结束后,他们会满足于再次回归田野乡间,他们不会受到金钱和财富的诱惑与腐蚀;那些除了贫穷甚至连埋葬他们的费用都没有给儿孙留下的人,他们挂帅出征会把征战马其顿和希腊的劫掠物统统留给士兵分享,因为他们对这些战利品没有丝毫的心动。但是一旦奢侈享受蔚然成风,那些生活起居奢华富贵的人便成为人们竞相追逐和羡慕的对象,尽管这些暴富之人与那些出身低微的奴隶在品行和修养上并无二致,而那些依旧贫穷然而最富有美德的人此时却成为人们公开嘲笑的对象;先前一直是人们美德和正气之源泉的清贫和朴素也日渐变得不为人们所容忍。深谙这一变化对人们和社会造成深远影响的诗人这样说道:

自从贫穷的罗马人死了以后,没有一宗罪不与欲望相关。——尤维纳里斯(Juvenal)

当金钱和财富成为生活的必需,那么对金钱和财富的欲望便会随之而来,而这欲望正是世间万恶之源。若是人们不能靠着高尚尊贵之行为而获得体面、尊敬与荣誉,那么他们必定会想方设法谋取钱财从而从娼妓和恶棍那里购买体面、尊敬与荣誉,因为后者为了获得钱财不惜出卖一切。他们一旦闯入这种人生之轨道,就会如入鲍鱼之肆,后者身上所渲染和勃发出的邪恶和罪孽使得他们难以自拔,很快即沉迷耽溺于这种醉生梦死纸醉金迷的生活状态。当高贵的灵魂俯首屈就于尘世的肉欲,德行的堕落有如江河之决堤,一泄如注,萎靡不振,过往所有向上向善的正心诚意与持守中正瞬间轰然坍塌。那些从梦神(Icelus,古希腊梦神,以动物形象出现。译者注)或那喀索斯(Icelus or Narcissus,古希腊神话中的美少年,因拒绝回声女神 Echo 的求爱而受到惩罚,死后化为水仙。译者注)手中买到军权或世俗行省权的人,只是想从权力中获取更多的钱财,以便进一步用钱财换取更高的职位,或是从保护伞那里获得更多的确定的庇护。这种钱权交易使得世上的政府成为人间最为臭名昭著的买卖;借助于劫掠、暴力与诈骗等罪恶手段积累了大量财富,然后,以钱财换取权力,权力进一步榨取更多的钱财,最终这些钱财大多数都被以比早期财富积累的手段更为罪恶的方式挥霍浪费掉了。

这些罪恶的制造者留在世上的除了罪恶再无其他;不仅如此,因为挥霍无度而陷入贫困的深渊,他们必须在罪恶的道路上越走越远。而这一切正是溜须拍马之廷臣奸佞生活中不可或缺的组成部分；因为作为权力的奴仆和侍从，其天性决定其更多受情感而非理性之指挥，比如情感使得他们自身沉溺于献媚权力，除了寻求感官快乐的刺激，或是紧紧攥在手心的名利与虚荣，再无其他任何慰藉痛苦的方式；除了通过屈膝哀求、窃取偷盗、收受贿赂以及其他卑劣不名之手段终朝聚敛钱财之外，他们再无所求所愿。

　　他们的衙门朝堂或多或少也受到人们的尊敬，这要取决于他们是否能从长官甚或君主那里行贿购买一些供他们施行美德仁政从而为他们沽名钓誉的好机会。他们想方设法施行仁德沽名钓誉并非为了什么高尚的目的，而只是为了进一步榨取更大的利润和聚敛更多的钱财。因此，但凡能达到这种卑鄙目的之方式，他们会无所不用其极；反之，但凡不能为他们带来滚滚财源的方式，他们均会漠然视之，袖手旁观。获得这种机会最为有效的方式莫过于揣摩和领会君王和主子的喜怒哀乐，一颦一笑，喜其喜，怒其怒，哀其哀，乐其乐。奉承捧吹其恶习，煽动点燃其激情，服侍其声色犬马，拥护吹嘘其最坏的施政方案，最终给君主造成一种假象即他们都喜爱他的臣民，他们都以皇帝马首是瞻，死心塌地效忠君王。

　　当英武、勤奋以及智慧的贤达之士被举荐出任朝堂官员时，如果他之前并没有相关的任职经历和表现记录，要说服上院相信他拥有和这种官职相当的才能不是件容易的事；但是若由君王来挑选朝堂之阁僚，则相对简单，如此满朝文武必定各个扮演应声虫角色，以君王之好恶为好恶，欺上瞒下成为为官之黄金准则。因为倘若君王之金口玉言违背仁政与正义，则良善之人必不能昧心服从，由此，君王的身边必时时被无耻之奸佞小人所环绕包围。凡对君王亦步亦趋言听计从之人则必怀不可告人之私心。他们中的大多数人都阴晴善变，见风使舵，麻醉蒙蔽君王之情感，藉此，他们得以步步高升,渐次攀爬至职位和权力之巅峰。水源由此既已遭受污染,若求纯净之水岂非痴心妄想。

这些唯利是图的卑鄙小人随之掌控了朝堂公共事务之管理大权,正义与荣誉都被明码标价,这世上最有利可图的交易买卖由此得以建立。当欧特罗皮乌斯(Eutropius)还是个奴隶的时候,曾经偷拐抢骗;当他做上部长以后,他出卖城市、军队、行省职权。还有人指出,作为克劳狄乌斯(Claudius)众多获得解放的奴隶中的一名,帕拉斯(Pallas)通过同样的方式,用六年的时间,从被驱逐到亚洲的国王身上掠夺了比罗马独裁者和执政官更多的财富。其他人也走了同样的路,以同样的巧取豪夺,以同样的方式而达至成功。他们积聚的财富不包括从敌人那里获得的战利品,而完全是他们贪腐聚敛的赃物。他们只看重钱,而那些贿赂他们的人也因此被提拔为高官;并且无论怎样为所欲为,他们都不畏惧惩罚。相似的结果总是源于相似的起因。

当名利、虚荣、奢侈、挥霍成为风尚,对金钱的欲望必然会成比例地膨胀。当权力落在卑劣的唯利是图之小人手中,他们就会利用职权以获取和他们的官位相匹配的尽可能多的利益。不仅各种小恩小惠可以通过钱权交易买卖,就连公平和正义也会被明码标价;光明正大通往各种荣誉与地方执法官的道路不复存在,而代之以大把花钱来购买各种荣誉和官职。通过这种方式获取官职的人不可能做到为官一任两袖清风,因为没人肯做赔本生意:他认为自己的权力既然可以花钱买来,就一定可以卖掉把钱再交换回来;他如果最初就不想以腐败的方式来做交易,那么他就不会花钱买官来做。不仅如此,如果一个良善之人被时代的大潮所裹挟,尽管内心承受痛苦,若一旦随波逐流,自甘堕落,为虎作伥,花钱换取荣誉和权力,那么上贼船易,下贼船难,他将不得不在这条路上继续走下去。如此一来,他可能赚得盆满钵满来获得他的保护伞的持续保护,或者获得保护伞的赏识,干脆继承保护伞的位置和衣钵。所以腐败一旦在上层酝酿展开,那么必定会在整个政府内部成员当中扩散开来。或者,如果有人(对这一点切不可抱有多大幻想)对自己的罪恶感到内疚,决意放下屠刀不再继续犯错,这种浪子回头非但不会起到任何作用,相反只会给他本人带来灭顶之灾;很快,他就会被秘密消失,所有的事情又会回到先前的状态。

27. 再论普遍腐败——其对公众之不祥预兆,令美德之人沮丧泄气,凡有腐败温床之地,必有致命创伤之处

托马斯・戈登,1721 年 4 月 29 日

　　阁下,可能是萨鲁斯特(Sallust)①,也可能是其他什么人,反正是当年给凯撒写过两篇治国理政散论的作者,他在文章中提醒凯撒皇帝说,凡是那些诱惑人民堕落腐败来获取自身安全的选任官员无一不是葫芦僧乱判葫芦案、疯狂、粗暴、野蛮而无理性。自以为强力压制可以使得民众成为顺民,殊不知这却把人民缔造成狂野粗俗邪恶缺德之小人。由此,他说道:"有德明君之利益在于培养人民的良善与美德;因为一旦人民突破所有规范约束和禁忌,而放荡堕落沉迷于声色犬马、认同于犬儒主义,则政府之统治将岌岌可危。"

---

① 萨鲁斯特原名为盖乌斯・萨鲁斯特乌斯・克里斯皮乌斯(Gaius Sallustius Crispus,公元前 86—公元前 35 年),古代罗马历史学家、政治家。出生于意大利一庶民家庭,终生反对古代罗马贵族特权统治,属于罗马共和末期的平民派,日后加入凯撒的政治阵营。曾出任罗马北非殖民地的总督,与西塞罗一样,期间也非法积聚了大量财富。根据残存的关于古代罗马历史的典籍记载,萨鲁斯特是最为著名的早期罗马历史学家。他的著作包括对关于公元前 63 年的《喀提林战争(阴谋)》、公元前 111 至公元前 105 年的《罗马与努米迪安斯之战》(该书的历史价值在于记录了马略与苏拉先后登上罗马历史的政治舞台,并相互成为政治对手)的记载,以及《历史》一书的部分残存情节。萨鲁斯特记录历史的笔法和风格深受希腊历史学家修昔底德的影响,时有主观性替代客观性,他常常会借助于笔下的历史情节来支撑他的主观判断和意志,从而使得对历史的记录成为为他所用的工具。

普林尼(Pliny)对图拉真(Trajan)皇帝说,他所有的前任,除了内尔瓦(Nerva)及其他一两个皇帝外,都研究过如何借助于各种恶习来诱惑腐蚀他们的子民,如何毁掉他们所有的美德。这样做的原因首先在于皇帝们很愿意看到别人喜欢讨好他们;其次,因为罗马人的头脑和思想已经被奴隶的味道与邪恶颓废腐化了,他们极其温顺而又心甘情愿承受帝国奴役的枷锁。

于是,正是这些罗马的官吏与罗马的敌人为了建立一套集权体制从而摧毁了美德。当然,这样的专制和集权手段一点也不新鲜,一点也不奇怪。

这种手段过去是,未来永远也会是,通往专制王权的不二法门与坦途大道。专制王权就其本质而言永远都是良善与诚实的敌人。罗马人的美德与罗马人的自由双双走到穷途末路,寿终正寝;而专制集权与暴政腐败几乎是紧随其后携手而来的。

这从反面也说明了忠诚良善富有美德的各级执政官员的重要性。对国家而言,这世间再没有什么东西比贪腐的官员具有更大的威胁,也再没有什么东西比贪腐的官员更应该绳之以法。一名手握重权的恶棍无赖之徒,就像一个手里举着火烛的傻瓜蛋在火药库里乱晃一样:你几乎没有可能阻止它爆炸。

罗马共和奄奄一息的临终日子里,正是这些恶棍无赖、奸佞小人像血吸虫一样把罗马吮吸得遍体鳞伤,在他们的推波助澜之下,处处充斥着可怕的挥霍与浪费,声名狼藉伤风败俗之贿赂触手可及,无穷无尽的贪腐没有最大只有更大,一座伟大而荣耀的罗马之城突然的坍塌和陨落早已是命中注定。在这样一种被贪腐所包围的政治环境中,既做到正心诚意,又要出人头地几乎比登天还难。虽然有人赏识并提供高官厚禄,但阿提卡斯(Atticus)终至于守身如玉不为所动。

正如巴利先生(Monsieur Bayle)所说:"阿提卡斯拒绝的背后无疑是对其高贵美德的坚守。因为当时的官场除过厚黑之学的无耻、贪腐与堕落之外再无其他升迁的门道;为官一任,造福一方,本着良心维护公平正义在当时非常罕见,即便真有这样的官员,亦会遭受诸多官场邪恶无耻之小人乃至天王级铁帽子王所抱怨乃至敬而远之嗤之以鼻甚或拳脚相向。他因此宁愿选择良善道义,做江湖山林隐逸之有德野人,而不愿屈尊俯就贪腐堕落,做声名显赫之无赖官人。"

"这种范例何其潇洒迷人、令人陶醉,然而却又何其之少见!若果普天之下皆是阿提卡斯,那么无政府状态的危险将不复存在。但这样的思维和想法又何尝不暴露出我们思维的简单和幼稚;因为放眼望去政府衙门里无不被流氓无赖江湖骗子所占据,为了攫取权力聚敛钱财,他们卑鄙下流费尽心机无所不用其极,而像阿提卡斯这样谨守良心底线的高贵心灵寥若晨星。"

巴利先生接着又给我们讲述说:"一位很了不起的旅行家,在一次集会中用他自己散漫的幽默方式回答说——如果他可以找到一个由坦诚正直之人掌管权力与荣誉,靠美德功勋而论断人事辨明是非的国家,他愿意不再旅行。而听到他这么说的人则回敬曰,此言差矣,你这样肯定会死在旅途的路上。"

通往权力的途径逃不出贪腐、贿赂以及背叛,而这正是阿提卡斯不愿意踏入官场染指权力的原因。正如西德尼(Sidney)上校说过的:"他那个时代有一位富有美德和高贵心灵的人物,他对正义的坚守使他成为贪腐和贿赂的大敌,因此最终的命运在劫难逃,作为当时王室的一桩丑闻从朝堂位高权重的岗位上被逆淘汰出局;原因正如当时的首席大臣所言,因为他在其位谋其政,清廉为政,不肯随波逐流,不能把他的官位和权力转换交易为金钱和利益;而他这种与潮流格格不入的美德与清高使得某些人如芒在背,如鲠在喉。他的存在不啻时时昭示着其他官僚集团成员的贪腐和罪恶,因此劣币驱逐良币的命运因不合时宜的美德与高贵而注定。"

亚历山大(Alexander ab Alexandro)也给我们讲过一则故事,故事的主人公极其坦诚正直,在语言表达和修辞上具有非凡的天赋,然而却长期挣扎于艰辛穷困,生活潦倒不堪。于是他不再对自己的学问抱有幻想,放弃自己长期坚守的真诚与正义,决意踏上另外一条完全相反的人生之路;他迅速转行迈进皮条客行当,辗转于性交易服务。他的生活立竿见影般得到改观,而且不久他便大富大贵,过上人上之人的幸福生活。

西塞罗生活的年代正是罗马乌云压顶,一片晦暗,贪腐遍地的时代。他已敏感地觉察到这个时代的玄机,即便倾其全力用尽浑身解数,即便正心诚意袒露赤子之心都不能挽救罗马倾覆的命运。他在致莱恩图鲁斯(Lentulus)的信函中所言:"在我生活的时代和我之前的时代,虽然我已看到罗马共和早已被贪腐集团和一群铤而走险的亡命之徒所掌控,但无论他们怎样诱惑都不能拉我下水;无论他们怎样收买贿赂也不能把我打动,哪怕常常连最为勇敢的人都无法承受的恐吓和威逼也不能使我惊恐;不,不,他们任何的甜言蜜语和任何的高压逼迫都不能让我软化屈服。"

在谈到罗马元老院这个被权力所惊惧,被贪婪所控制的地方时,西塞罗又说,在这里你要么低三下四毫无尊严地投票赞同当时手握重权的克拉苏与凯撒(Crassus and Caesar),要么就毫无来由地投票反对他们。元老院这些大人物不会主动谋求权力,也不会使用权力,去为他们的国家服务和谋利,因为他们深知若是如此,便意味着他们手中权力的终结;相反,他们会为自身的利益着想而滥用权力。由此,政府的公职和公权力退化为谋生盈利的私人职业,很快,这种退化便造就了共和的腐朽解体与帝国的专制和暴政。在任何国家,如果一个占据政府要职的人仅仅把这种公职和权力当作贪腐敛财回报丰厚的私人职业,那么正如一位大人物的所作所为及其应得的下场一样,他也应该被推上绞刑架来结束他最后的工作。

对于那些把贪腐作为目的的官僚而言,想尽一切办法来贪腐并且嫌恶和憎恨所有不屈服于贪腐的官僚是再自然不过的,而且也是必定而为之的。

但凡有贪腐和贿赂的地方,其背后铁定有不可告人之危害与祸根,我以为这是一条可供世上所有国家参考的律令规则;贪腐贿赂越多,则危害与祸根越多。因此,当人民或他们的委托人(意指议员代表,译者注)贪腐受贿,他们就应当好好思量这贪腐与贿赂的背后绝不会,也不可能,是为着他们自身利益的考量。由于贪腐和贿赂背后的利益纷争,一些能经受得住反复推敲和实践检验的公正和公开的政治方案,此时却受到一些卑鄙无耻和暗箱操作的权宜替代方案的恶意造谣和毁谤中伤。个中缘由尽在此间,若你想说服一个人去扮演恶棍的角色,钱自然是首选的利器,所谓有钱能使鬼推磨;故此,应将此一定律默刻于心——谁若是行贿于你,他必已在内心把你当作恶棍看待。

塔西陀(Tacitus)观察到了在罗马共和行将就木走向终点时,美德与自由也出现了可悲的滑坡和倒退。他指出,罗马共和末期最大的罪恶都得以豁免,而坚守美德正心诚意的代价却是死路一条,真所谓窃钩者诛,而窃国者为诸侯。是的,的确如此,但凡贪腐贿赂与公职犯罪不能得到认真而有效的打击,不能得到严峻而苛刻的惩罚,则不仅自由就连安全都难以得到有效保障。

由朱利斯·凯撒(Julius Caesar)所施行的巨额贿赂是凯撒日后走向专制独裁明确而可怕的预兆。很难想象凯撒行贿的数目有多么庞大,单是把保民官库里奥(Caius Curio)①一个人收买进他的利益集团中,凯撒就花去相当于 50 多万英镑(即 1721 年作者写作该文时的英国货币单位计量,译者注)。根据不同级别,其他各级选任官员和行省官员都分别收受凯撒不同数目的贿赂银两。总之,所有大小官员都拿了凯撒的银子,收了凯撒的贿赂,而且贿赂源源不断。我们可以很容易想象出凯撒从哪里搞来这么多钱。正如他大把大把撒钱收买和贿赂各级官员昭示着罪恶一样,他来钱的途径和方式也充满了邪恶和罪孽。虽然凯撒把大把的银子赏赐给政府官僚和部下,但我并不能称他为慷慨;因为凯撒虽然花的是自己的钱,但买到了罗马帝国;他只泼出去一杯水,却得到了整片大海。

既不正义又挥霍奢华,大把撒钱收买贿赂,只能使得邪恶与暴力成为获取钱财的必然方式;挥霍之后接踵而来的便是对钱财的掠夺。那些浪费国库钱财的人,一般不会止步于此,而是会向罪恶的深渊陷得更深;先是用苛捐杂税榨取人民的钱财,最后干脆强行压迫奴役他

---

① 凯撒在冒险渡过卢比孔河前以金元外交收买保民官库里奥的情节,可参见译序一。

们。公共诈骗因此令人触目惊心,因为数目巨大足以给公众带来毁灭的命运。那么在其他状况下又当如何呢?当公共阴谋私底下沆瀣一气败坏人民财产,把人民当中的诚实和美德毁坏殆尽,甚至使得诚实和美德在人民生活当中没有立锥之地时;当对权力的欲望仅仅是一种对作恶的欲望时;我们还能说什么呢?令人可怕的地方在于罗马的过去就是我们的未来!而且上述情形只是古代罗马的状况;当心这封信结束之前我们可能遇到更为严重的状况。

纵然凯撒和他的党阀并没有他们现实当中所表现的那么干练,对罗马而言也并不可能有更多的好处和安全;因为凯撒更多地是通过贪腐贿赂使得人民道德堕落,行为败坏,直至一步步给人们套上奴役的枷锁,而没有延续他过去所做出的一番经天纬地之伟大事业。人们在某些地方总能看到要去行善积德就必须付出辛劳和痛苦;要知道任何人的内心都有一种恶的本性在作祟。正如民谚所说,究竟什么样的蠢货统治着这个世界,世人根本无从知晓。即便对人们行善积德造成的困难都是来自于一些人本性上的堕落和腐化,这种本性永远的倾向性即是作恶;这种本性上的堕落和腐化是如此强烈以致很多人常常故意冷落正心诚意的巨大愿望,转而拥抱隐藏在内心角落里作恶的丁点欲望。

有观察指出,每个人都有能力作恶,而积德行善的高贵品格一旦丢失,那么就很难找得回来。支持这种观察的原因并非是说这是由于世界的恶意和狠毒所致(常常随时准备发动诽谤和中伤),而毋宁是由于一个恶棍或无赖没有能力悔过自新:他过去是,未来注定也如此。他的灵魂和精神的偏见已达至扭曲状态。如果他曾经行过善,积过德,那也是由于一个卑鄙而不可告人的原因所致。我曾经认识一个人,恣意妄为而终至丧失其全部信誉,对于所有可以重新恢复信誉的机会也同样一意孤行地予以拒绝,即便大好机会就在眼前,他也视若无睹。他不能自抑地,甚至还不辞辛劳故意为之来引发人们对他新的嫌恶。实际上他本可以不费吹灰之力即能获得世间最高的名望和声誉。由此,不难看出去信任一位曾经的邪恶之徒需要冒多么大的风险。并且由此，我们也可得知，凡是那些臭名昭著，血债累累的邪恶之徒，无论触及的是公法抑或私法，都要警惕他们还会卷土重来给世间造成更大的邪恶和罪孽。恶本身具有繁殖特性，罪恶招致罪恶是其本性使然。

借助于对俄罗斯公国的记述，奥利尔乌斯[①]观察到："大公爵（Great Duke）的朝堂与其他君主的朝堂一样充斥着这种状况，邪恶代替了美德，并且攀爬和侵蚀到了皇权宝座周遭。那些越是有资格接近大公和君主的人，就越是狡猾、越是虚伪、越是无耻。他们非常清楚如何利用大公和君主对他们的宠爱，进而从那些向他们汇报工作、请求指示的阁僚官吏那儿寻求能想象得到的对他们最为尊崇、最为谦恭的奴性。其他人在他们面前之所以这样卑躬屈膝无非两方面原因：其一，期望能从他们那儿得到好处；其二，尽量避免他们可能对自己的利益从中作梗，或恶意使绊子。"

这就是宫中的品行和恶习，这里弥漫和充斥着无尽的专制独裁，贪腐贿赂，你不须大惊小怪，更无须困惑不解。但是，若你阅读萨鲁斯特给我们记述的他那个时代的悲凉罗马史，相信你会即刻深受震撼并进而感慨万千。罗马人一度是一个何其富有美德的民族，曾经何其伟大，何其自由啊！

奥利尔乌斯还说，若是他当年看到如此令人不可思议的罪恶是出自如此伟大而优秀的罗马人之手，那么这本来应当会稀释和抚慰他的忧伤。但事实上，他的忧伤和痛苦并没有得到缓和和减轻。他说，缺乏灵魂的那些不幸而又可怜的人儿，他们全部的天分就表现在油腔滑调和花言巧语上，他们最擅长的伎俩与能力即是如行云流水般的滔滔不绝与空话连篇，既厚颜无耻又傲慢无礼，毫无节制地滥用手中掌握

[①] 亚当·奥利尔乌斯（Adam Olearius, 1599—1671），德国学者，数学家，地理学家，图书馆学专家。曾受德皇弗里德里希三世的委派出使波斯（即今日伊朗）和俄罗斯公国，并将出使以及旅行途中所见所闻与所思记录成书，后被翻译为法文、英文、荷兰文以及意大利文，对当时东西方政治、社会与文化的了解和交流起到了助推与传播作用。日后，孟德斯鸠成名作《波斯人的信札》中，有很多素材依据的就是奥利尔乌斯出使波斯的见闻和思考。

的权力,这权力本是靠着运气或是借着别人的惰怠而搞到手的。而且对于当时的罗马贵族而言,他说,他们就像愚蠢笨拙的泥塑一样,他们的门庭出身以及名讳头衔是他们唯一的装点和矫饰。

瞧瞧这帮人利用手中的权力所制造出的这样一个交易买卖的名利场,再瞧瞧他们造成的道德沦丧和文明堕落。所有这一切的结局只能是自由的彻底沦陷,与一个稳稳到来的专制独裁与集权暴政。

28. 回击诽谤者，为加图辩护

托马斯·戈登，1721 年 5 月 6 日

致加图先生：

　　看呀！这一切是多么显而易见啊！您的诚实和您所讲述的真相已经给您本人招来很多嫉妒和流言蜚语。您口吐真言，让对方尴尬无比如坐针毡；您手握真理，让对方无法回应难以辩驳；因此，辱骂和诽谤便成为他们回敬您的不二选择。倘若当初您也像其他大部分周刊的新闻记者一样匍匐在地、卑躬屈节，做权力的帮凶，那么和其他记者一样，您也会做到言不由衷，哄骗麻醉人民。如此一来，您本人必会高枕无忧，再没人对您说三道四、冷嘲热讽。但事实是，您走得至快至远，令他们望尘莫及。难怪那些可怜的坏家伙自知迟重缓慢，还要跟在您身后咒骂您。自然，光彩夺目的事物容易刺伤人们的眼睛：一个很好的例子就是，当一个人直视太阳之后，他眼前的整个世界都会变得嘴巴歪斜、面部扭曲。

　　您想想，先生，在那些文人帮凶眼中，您就像太阳一样，让他们十分崇拜，却又万分痛苦。心灵高贵的人会为别人的成就高兴，而灵魂粗俗的人却会被别人的才华激怒。这帮文人帮凶胡编滥造实乃一群

乌合之众;他们不过是革命早期平等派(levellers)①的僵尸复活而已。这从他们针对您的演讲中显露无遗,言语粗鄙无礼,煽风点火。他们把您看作是压迫他们身心的一顶王冠。他们真是出奇地厚颜无耻、忘恩负义! 您是他们的衣食父母,但却遭受他们的无情辱骂。您和其他很多出色的记者有着相同的命运,一生都在喂养着白眼狼。

那些诽谤您的人,都是卑鄙可耻、不足与谋的小人。但值得深思的是他们在为谁效力,拿着谁的酬劳出卖灵魂,被教唆成了言不由衷的狗腿子。一篇文章如果少了对"加图来信"的颂扬,几乎很难站稳脚跟;很多人都不遗余力、竭其所能地手握笔杆,追随着加图;但却发现在加图面前,他们的努力全是无用功。弘扬公共精神的重任,对他们这样卑微的御用雇员来说犹如水中捞月。于是,他们突然毫无征兆地转移了阵地,投敌叛变,谎话连篇,开始诽谤中伤加图:他们对自己和他们的主顾真可谓是言听计从啊!

因此,也难怪这些文人帮凶会用既令人称许可敬又滑稽诙谐的笔法,把他时而描述为一位离经叛道的无神论者(atheist),时而又描述为一位顽固的长老派教会成员(Presbyterian);而另外一些人则开门见山地指证他既是一位热忱的詹姆斯二世党人(Jacobite),又是一位彻头

---

① 所谓平等派是英国资产阶级革命(在英国也被称为宗教内战)初期(1642—1651)的革命激进派。1646年,克伦威尔领导的"新模范军"击败国王后,革命的第一阶段结束。由于议会对军队心存畏惧,要求解散军队,遭克伦威尔拒绝,于是形成议会"长老派"与部队"独立派"的对峙。随后,军队控制了议会,直接与国王谈判。但在与国王的谈判当中,军队内部也发生了分化,一些在中下层军官支持下的军队士兵形成"平等派"。"独立派"要求实行宗教宽容,不得把长老派强加于人,不允许国教的主教有任何特权。政治方面主张改革议会制度,扩大选举权。在"独立派"的要求被国王拒绝后,"平等派"提出更加激进的主张:废除王位与国教、取消上议院和贵族特权,提出人民是国家权力的源泉,建议由人民选举产生的一院制议会行使国家主权,此外,还提出一些不受国家干预的人权保障,如信仰权利,不得强制服兵役等。"平等派"虽然代表下层人民,但也仅限于有财产的小生产者。最终,克伦威尔在1647年强制镇压了"平等派"。在军队内部发生分化斗争的同时,"长老派"的议会与国王达成妥协,面对强敌,"独立派"与"平等派"冰释前嫌再次联合,很快击败叛乱王党军。1648年冬,军队清洗了议会,将"长老派"驱逐出议会,只保留"独立派"议员,史称"残缺议会"。本文作者对"平等派"的保守态度自然有其历史局限性,但也与作者对"君主立宪"制度的态度遥相呼应相辅相成。

彻尾的共和主义者(republican);也就是说,一个支持君主制的人和一个反对一切君主制的人。今天就在这篇文章里,我要让你们看看它们之间巧妙的一致性。

加图曾描述和说明过公众混乱的可怕后果,并且也主张过惩罚我们阵营的记者文人:因此加图既代表着政府和秩序的敌人,又代表着混乱的倡导者。

加图曾发自内心地也是真诚地赞美过国王陛下;与此同时,却也对国王诸内阁大臣的能力和忠诚有过积极而公正的认可:因此加图被指控既对国王及其内阁叱责非难,又对国王和内阁冷嘲热讽。

加图曾在文章中反对土耳其、亚洲和其他各种专制与独裁统治:因此加图既被认为是我们宪法的伟大拥护者,又被认为是我们宪法的公开反对者。

加图主张严重叛国者应该被处以绞刑:因此加图之被诽谤诋毁,似乎由于冒犯冲撞了内阁。

加图坚称政府的目的是使得人类的生活更加美好:因此加图被认为反对乃至摧毁一切政府。

为使得国王陛下的王座和江山千秋万代永不动摇;同时,为了确保他的人民永远爱戴他们的国王,加图提出一些特定的规则:因此加图被认为是一个詹姆斯二世党人(Jacobite)。

加图曾大力宣扬"有限君主制"(limited monarchy)的好处,特别是在我国:因此加图被认为是一个共和主义者。

加图曾指出民众暴动和民众革命的可怕;内战的残酷和痛苦及其结局的不确定:因此加图被认为是人民的动乱和反叛的煽风点火者。

罪大恶极之罪犯却很少被送上绞刑架,加图为之哀叹悲痛:加图因此也被诅咒理应被推上绞刑架。

在谈到土耳其时,加图满怀温暖和关爱,因为他看到上帝的圣名被辜负,宗教的圣义遭亵渎,上帝的子民生灵涂炭,而罪魁祸首——暴君却安享太平,稳如磐石:因此加图被认为指桑骂槐以污言秽语谩骂攻击英格兰教会。

加图曾指出过专制独裁权力的种种毁坏性特征,以及它是如何使得地球上的人类近乎绝迹:据此,有人指控说加图头上戴着黑色假发。

加图曾抱怨这个伟大的国家备受凌辱、欺骗而精疲力竭;贸易颓废;信贷尽毁;制造业低迷。他断言所有这一切都是那些叛国之徒的所作所为而引致的报复;他还断言保护那些叛逆之徒的不是别人而只能也是叛逆之徒;他认为应该鼓励发扬公共诚信和公共精神,以此抵制公共贪腐、行贿受贿和强取豪夺;加图指出要尊重人民的权利、特权和性情,常备军是人民可怕的梦魇;军事政府不仅暴力而且血腥,他们是最邪恶的叛逆之徒,他们会破坏国君和臣民之间的信任,伟大人物的行事总是直来直去;因为诚实的措施是最好的方法。因此加图得到的回应是认为他稀奇古怪,不可理喻,说着奇怪的话,想着奇怪的事;甚至连他做的梦都奇特古怪。

加图受到如此强而有力的指控和攻击;受到如此巧舌如簧的诽谤和指责。是的,他真是一名了不起的大罪犯;他高声呼喊要保护人民的权利和财产,大声疾呼那些企图毁坏人民权利和财产的人们要有良心,要践行正义。他的确是一名詹姆斯二世党人,不允许某些位高权重的圣人无法无天,为所欲为。在此,我想问的是,对于一位觊觎王位的人(Pretender),可否能期望他为受伤的民众挺身而出遮风蔽雨,可否能指望他为受伤的民众四处呐喊奔走呼告,又可否能寄望他为受伤民众拔剑出鞘快意恩仇呢?然而,所有这些正是加图夙兴夜寐甚至不惜为之献身而苦苦奋斗的事情。又或者,欺压、盘剥和压榨善良而无辜的民众难道不正是保皇党人惯常使用的手法从而使得他们愈发显得假眉三道矫揉造作吗?然而,所有这些却恰恰是加图极力谴责和曝光揭发的对象。

加图独立于所有党派之外,所有观点和见解光明正大。他就事论事、正直诚信、义薄云天,他的所作所为除了有益于人类社会外再无一点私心私利;难怪每一位正直而聪慧的英格兰人都竞相传阅他的文字和作品,对他的观点更是口服心服,当然除了那些人民的罪人和他们的幕僚、走狗以及附庸。他写的东西得到了人们的认同:尽管有人抗议和反对,但依然有人要做大无赖;想想要是没人抗议和反对,那无赖们该会怎样变本加厉?尽管正义的背后站着无数的支持者和捍卫者,但正义依然在光天化日之下遭受着毫无廉耻的对抗和暴力的践踏;想想要是没有人站出来维护正义,那正义岂不必然会被摧毁殆尽?想想又怎能不让人感到忧郁和凄凉:在向正义之巅攀爬和进军的过程当中要点滴积累,更要寸土必争,否则只能是半道崩殂,登顶无望;邪恶愈黑腐败愈甚,则追求正义捍卫安全的心地就应愈坚韧。真希望这样的事情永远不会在我们国家出现;但是我知道很多国家都曾经历过此种情形。

某些身居高位的叛逆之徒对加图满腔怒火,我对此一点也不惊讶。他们就像一位江湖郎中,吹嘘自己的药方包治百病百发百中,虽然病人被他们折磨得痛苦不堪叫苦连天,但郎中却对满腹狐疑的病人说:"好了,现在全身放松放下意念,不要说话,放松再放松;所有的病痛,我自有应对之道,一切的困难,马上就要结束。"这难道不是让人忍受痛苦斩断心念迎接死亡吗?是的,一定是这样的。然而,要知道虽然人民能够被蒙骗和压迫一时,可一旦悲伤和痛苦发酵到难以忍耐的当口,火山终究会让苦难的人们内心向往自由的吃语喷薄而出。①

在耶稣升天节(Ascension Day,复活节后第四十天,译者注),当威尼斯的总督用指环在船舰上主持与大海的联姻仪式时,掌舵的舰队司令做出了一件大胆而鲁莽的事情:他用自己的项上人头向元老院担保无论狂风暴雨必能安全应对。假如此仪式恰好发生在一场狂风暴雨的气氛中,或是舰队司令预先在舰船上钻个洞,那么他对元老院的担保就会显得更加疯狂和莽撞。

我因此呼吁全国人民觉醒起来,每天向议会发出请求救济的声音和反戈一击的呼号;即便他们的观点与加图不尽相同;我呼吁受苦受难的人民,苦大仇深的人民,水深火热的人民,地不分南北,人不分东西,或者追随加图,或者另起炉灶,总之,没有什么来由,也不要谈什么依据,就是我口说我心。

---

① 鲁迅先生讲"不在沉默中死亡,便在沉默中爆发"与此处有异曲同工之妙。

要说理由,那真是显而易见,对他们证据确凿的指控就是最强有力的理由。要知道,有罪的人面对事实真相所激发出的怒火和所遭受的羞辱要甚于无辜的人受到谎言的伤害:据我所知,很多圣哲先贤也都有过这样的经历,他们不在乎你如何误解他们,但绝不能容忍你颠倒是非。

一小撮对"加图来信"抱怨批评找岔子的绅士无异于自取其辱。为什么这些来信会应运而生？如果说这些叛逆之徒还不至于从头顶腐烂至脚后跟,那么再多问几个问题就会让他们暴露更多的贪污和腐化。一位本应接受人民审查的流氓无赖大恶棍由于钻了空子逃过检查而终至于逃之夭夭溜之大吉,这不正是去年夏天才发生的事情吗？造成此种疏漏的动机是什么？是谁在背后公开为这种肆无忌惮的罪恶遮风蔽雨提供保护？又是谁在想方设法为罪犯隐瞒罪行销毁证据？是谁在声色俱厉地威胁和恐吓那些力主追捕罪犯的人？又是谁不停地为议会行使权力制造种种不便和障碍？是谁故意拖延着整个合法追查的过程？又是谁在挖空心思百般刁难使得调查无疾而终？是谁激起了人民的不满还反过来斥责人民的不满？[①]

他们编造谎言斥责加图,歪曲他的形象,玷污他的名声,但这一切攻击都是徒劳:他们的行为出卖了他们；处心积虑地要给加图贴上每个党派的标签,但结果却证明他并不属于任何一党一派；加图自身的一言一行也证实了这一点。然而,我认为,最好能一次性做个了结,给人们一个交代,细数加图的罪行,认清他的敌人。他最大的罪行就在于不肯放过任何罪行；对"加图来信"最大的反对在于"加图来信"无懈可击。我对加图或他的敌人——正是后来接任主事的一帮人(The

---

[①] 作者在这一段的感情抒发还是针对"南海公司"的股票债券危机事件所引发的天怒人怨,作者的诘问有针对席卷人民财产出逃国外的叛逆之徒,也有作者认为的更大的叛逆之徒即那些与前者有共谋的政府内部黑恶势力保护伞。可参考第21篇与第22篇。

late directors)①以及他们的朋友及同伙——有没有误读和误判就只能交给读者诸君来明辨了。

至于那些可怜的周刊文人记者,他们的原则就是为钱而活,所谓有奶便是娘。他们诽谤"加图来信",败坏其名声纯属为了养家糊口而非故意伤害,所以这帮人虽是可恶但并不值得我们抱怨。他们的职业就是为人豢养供人差遣。教堂的神圣和肃穆并没有因之而减损,因为这些受人差遣的诅咒和辱骂无论怎样高踢脚和高抬腿,面对教堂伟岸的身躯,都无非狂犬吠日而已。因此,可怜的不是加图而正是这些吠日的豢养之犬,我们除了可怜它们也应该对它们抱以轻蔑的无视;给你写这封信的主要目的正是为了揭露一些人虚假的诽谤和不公正的责难。与那些虽不诚实但危害性亦寥寥的周刊文人记者相比,这样的人则大有人在。

这种人对加图的种种猜测也都无非笑谈而已。他们需要进一步认识加图,无论正确或错误都对加图了解不够。就让他们继续猜测吧;任凭他们怎么猜,我都敢断言他们是骗子,即便他们偶尔的猜测歪打正着。因为他们空口无凭,光靠猜测就想下结论;而诚实的人在证据不充分时是不会这么做的。

---

① 此处"后来接任主事的一帮人"联系上下文可推测应该是"南海公司"股票泡沫事件后,因公司管理层和政府的一些人遭受议会惩处,而接替就任的公司管理人员和政府机构人员。

29. 对议会发布调查某些莫须有渎神俱乐部决议的反思

托马斯·戈登,1721 年 5 月 13 日

阁下,在这封信中,我要主动宣传和赞誉一下议会最近颁布的调查决议,这条决议不啻标志着国王陛下对美德与良心的极大热情。该决议在 4 月 29 日的新闻报上全文刊载如下:

1721 年 4 月 28 日,圣詹姆斯法庭(Court of St. James's)决议目前,国王最为杰出和优秀的议会权威代表一致同意:

国王陛下已经获悉,并有充足的理由怀疑,在伦敦与威斯敏斯特等城市之前一直存在并且目前仍旧活动的一些社团和俱乐部,这些社团和俱乐部是由一帮青年人组成的。他们时常聚在一起,用最不敬神的邪恶话语傲慢地辱骂我们神圣宗教最为虔敬的原则,亵渎我们全能的主上帝。由此,这帮人在灵魂和德行上不断堕落和腐化;因此,国王陛下正在向国人表明他决心奉天承运,不辜负全能的上帝所赐托给他的全部皇家之威严,对这帮无法无天冒犯天威的奸臣逆子施加惩罚,决意要在他们再次兴风作浪惹起天怒人怨从而毁灭这个国家之前果断出手,一举粉碎他们密谋的惊天诡计和对

上帝的亵渎与不敬。陛下已经命令他的大法官(Lord Chancellor,主持上议员,大法官庭和上诉法院),并要求大法官集合全部米德尔塞克斯郡(Middlesex,英国英格兰原郡名)和威斯敏斯特所有治安法官,振奋精神,群策群力,充分发挥各自的聪明才智和认真细致的调查精神,一定要把这些渎神不敬的俱乐部以及其他类似组织查个水落石出,全力以赴防止这帮人在远离上帝的道路上越走越远;同时,在调查的过程当中,要随时向大法官汇报沟通,最终目的是要采取一切得力措施来防范和阻止这些青年人继续做出此等令人嫌恶和可憎的行为来。国王陛下还指示大法官要求全部的治安法官全力履行各自职责,精力充沛地投入战斗,不放过任何蛛丝马迹,对任何的渎神、堕落与道德败坏严惩不贷。正如全体法官虔敬全能上帝之神的祝福一样,他们同样珍爱国家幸福美满的生活,但若是那些神圣与美德的事务受到蹂躏和践踏,则这种幸福美满的生活只能是镜中花、水中月;同样,若是法官们对国王陛下的坚毅仁心投桃报李,那么此情此景,此时此刻,除了敞开怀抱热情万丈鞠躬尽瘁,再没有什么能够表露出他们满腔的赤子之心的了;大法官对全体治安法官的训令即如是——正如国王陛下本人的心底除了满满的上帝荣耀再无任何其他,因此,面对上帝遭受如此邪恶的攻击,每位法官都应该立志追随国王荣耀上帝,对那些满口谎言亵渎上帝的嫌犯迎头痛击;一个人必须竭尽全力去调查那些亵渎上帝的有罪之人,只有如此,方能算得上是对国王陛下或他的政府付出最伟大的辛劳和做出最杰出的贡献。对于这些渎神的邪恶之人,要在这片土地上的法律所允许的范围内给予最为严厉的阻击和惩罚,对他们的惩罚要公之于众,要让他们名誉扫地,身败名裂。

新闻报接着又补充说:

国王陛下也已经向他的主要内阁臣僚颁布敕令,要对此予以严格而认真的调查,不论任何人,包括国王陛下的眷属和臣仆,凡是卷入此渎神事件,都要予以严查并直接向国王汇报。

这些渎神的社团和俱乐部一定是精神错乱。到目前为止,我一直怀疑是否存在这样渎神的团体和俱乐部;但是我也从未怀疑他们的确罪有应得,应该惩罚;而且,我以为对于这样邪恶的亵渎,还应当给予最为严厉的惩罚。对于这种渎神的行为,无论年轻抑或饮酒都不能作为托词和借口,因此也就不值得同情;若是要对他们进一步惩处,我倒以为只有把他们关押在伦敦疯人院最为黑暗的牢房中才能对得起他们对上帝的亵渎。然而虽然这些人心中无上帝,行为极端无礼,但与那些人比较起来,他们倒又的确罪不至此——因为正是那些人野蛮残忍而又毫无人性地四处散布消息污蔑一些正人君子是这些俱乐部的成员,而这些正人君子与这些俱乐部真正是势不两立。这些恶语中伤、诽谤好人的大魔头,其罪过比那些杀人犯更加可恶;因为他们绞尽脑汁剥夺的正是在好人看来比生命还要宝贵的东西。这些人才正是我们要寻找的真正的大魔头,只有他们才真正配得上全能的上帝所能够施加的惩罚。

上述议会决议富有正义和美德,属于无可挑剔的精美范本;尽管国王陛下与众法官的热情万丈与众志成城依然不能阻止和杜绝民众个体的心灵堕落以及道德的滑坡,但无疑这份决议有敲山震虎的功用,它对那些正在掠夺公共财富和正在滥用政府权力的大魔头具有震慑作用。议会决议中所说的那些缺乏头脑而轻率粗鄙的背离上帝的青年人,他们对上帝不敬和堕落的因所结出的果子至多只能降临到他们自己头上,并不波及他人;再说,这帮青年人的胡言乱语,虽然的确有些发狂,但也只能是蚍蜉撼树,改变不了我国的宗教信仰。与此相应,另外的罪犯才真是值得我们重视的魔头,他们的所作所为唯一目的即损人利己,而且所损的人近乎涉及全英格兰每一位国民,这帮魔头压榨和剥夺的是英格兰本身。他们使得三个国家(英格兰、苏格兰与威尔士)被廉价销售；任何一位心怀上帝的良善之人都会自动抵制那些亵渎神灵的恶劣影响；但我们头脑中的美德和心灵中的良善却无力抵制那些公开掠夺我们财富的恶魔，这些魔头一边把诚信之人的钱财洗劫一空，一边又背过身戏谑地调侃诚信本身。试问，阳光之下，可否还有比这帮恶魔所犯的罪过更加可恶的吗？他们一边肆无忌惮猎獗劫掠人民财富，一边又将贪腐一脚踢给他人并把给人民和国家带来的灾难迅疾遮掩抹平。抑或这世间可否还有什么其他罪恶不是这帮魔头引发的呢？

因此，我们一定会认同：

> 既然上帝遭受如此邪恶的攻击，国王陛下必定要对那些满口谎言亵渎上帝的嫌犯迎头痛击；一个人必须竭尽全力去调查那些亵渎上帝的有罪之人。只有如此，方能算得上是我们对国王陛下或他的政府付出最伟大的辛劳和做出最杰出的贡献。对于这些渎神的邪恶之人，要在议会法律所允许的范围内给予最为严厉的阻击和惩罚，对他们的惩罚要公之于众，要让他们名誉扫地，身败名裂。

我们亦会认同：

> 国王陛下也已经向他的主要内阁臣僚颁布敕令，要对此予以严格而认真的调查，不论任何人，包括国王陛下的眷属和臣仆，凡是卷入此渎神事件，都要予以严查并直接向国王汇报。

因此，我们确信，与对宗教信仰一样的严厉调查已经展开——只要在去年的南海公司股票丑闻中与公司管理层以及他们的同伙有过权钱交易，有过官商勾结，有过罪恶勾当；不论这些人是国王陛下的亲信宠臣，抑或是他的眷属臣仆都在劫难逃。因为他们的罪恶已玷污了他们的双手，让国王陛下蒙了羞丢了脸，就连全能的上帝也震怒了。

就宗教信仰的调查而言，这至多只是关乎我们私底下的道德与伦理，与那些明火执仗公开劫掠人民财富的流氓政客显然不可同日而语；而且私下的宗教信仰不论怎样堕落，与后者的作恶都不可能产生交集，无论作恶的和有罪的怎样期望，也无论诚实的和贫贱的如何领会。因此，擒贼先擒王是我们除恶务尽的总纲，在这过程当中任何新出现的蛛丝马迹所涉及的小鬼小判都不能中断我们找出那作恶的首领的进程。当我们追逐世间最为凶悍残忍的虎狼之群时，若是不能除恶务尽，则他们依然会百僵而不死，继续他们毁灭世界的罪恶勾当。因此，我们不能被林中突然出现的狐狸与野獾打乱阵脚而转移注意力，尽管这些小鬼小判的魑魅魍魉也会给我们的私人生活制造麻烦，譬如偶尔流窜到农家的鸡舍饱餐一顿。

我们的共和美德是最美好的也是最为确切的证明——即我们能够奉献出我们各自的虔敬，虔敬与正义须臾不可分离；信徒每天哪怕祈祷十次，也不能赎回杀人者或抢劫者每月一次的罪孽；当内容与形式不符甚或自相矛盾，则再美好的外在装扮也是徒然。故此，要想向世人证明我们心灵的纯洁，最便利的方式即是向世人展示我们洁净的双手。因此，凡双手沾满罪恶和腐臭之人，我们必将与之斗争到底，严惩不贷。

这亦是检验我们是否珍爱美德与纯洁的试金石！

对于私底下不敬神、亵渎神的人，如果我们认为尚且当予以惩罚，那么对于那些假公济私肆意贪腐公共财产的大硕鼠不该给予绞刑吗！紧紧盯住宗教信仰上的正统与否，而置社会与公共正义于不顾，无论怎么说都是自我欺骗自我矛盾。让我们都敞开心扉，扪心自问：一边是一群轻率轻佻、榆木脑袋、可怜可恨之人在酒馆云山雾罩东拉西扯乱弹琴；一边是一个政治党派小集团，个个都是流氓党棍老滑头，他们明目张胆、有计划有步骤地劫掠公共财富；究竟是前者还是后者对国家的伤害更多更大？不仅如此，后者一边伸出黑手犯下伤害国家和人民的罪孽,一边还假装一脸肃穆,以宗教正统自居,说些言不由衷的伪善鬼话。而这帮赶来善后接任主事的人(The late directors)个顶个都是如此,把自己乔装打扮成良善正义的基督信徒。我再多问大家一个问题——让这帮人以及他们背后的主谋靠山整日整夜都泡在"地狱之火俱乐部"(Hell Fire Club,地狱之火俱乐部早在18世纪的英国由弗朗西斯·达修德爵士创立,组织的成员包括成功商人、贵族皇室和宗教人士,随后逐渐发展成了英国精英阶层的社交俱乐部,译者注),而不去密谋和执行毁灭英格兰的罪恶阴谋,这对于英格兰整个国家来说是不是一项更好的选择呢?上帝啊,您能否告诉我们这两者当中哪个才是您眼中的大魔头———一者把您的所有财富劫掠精光,但从不对您咆哮和诅咒;另一者对您甚至是对他自身喋喋不休诅咒不停,但却从没有拿走您一分一毫。

凡正义受到尊崇的地方,宗教也必受到虔敬的对待;假眉三道装出一副对宗教毕恭毕敬虔诚无比的样子,但却对正义置若罔闻肆意践踏,这一定是世间最为荒谬和最为滑稽可笑的事情。只有真正的美德才能生出虔敬的宗教,甚至,美德本身即是宗教;反之,凡对神不虔敬、亵渎上帝的人必定也会滑向贪腐堕落,一旦腐化,则必然会酿下无穷之苦果和罪孽。

与那些掌握着公权公开抢夺和劫掠的政治流氓恶棍相比较,个体民众私底下对宗教的亵渎,对人类社会的危害不及十一。全体人类的美满与幸福自然是上帝存在的原因;因此,任何时候,只要我听到那些海外信奉天主教的专制君王以对宗教虔敬的名义发布征兵出征敕令时,我就会把这些君王看作是对上帝无比的嘲弄和反讽,因为他们磨刀霍霍大肆屠戮的教徒正是上帝所创造的子民。

詹姆斯·内勒(James Naylor)因为亵渎神明而遭受严重惩罚;然而,就其后果而言,内勒的罪行与这些(南海公司)后任接替者(late directors),以及他们的支持者和教唆者可有何相提并论之处吗?内勒自欺欺人误导了一些无知愚昧之人,他们所犯之错即是他们最大的罪过。但是我们当下面对的这些纵横江湖的大骗子,这些空手套白狼的南海公司的管理层,瞒天过海恶意劫掠抢夺了整个国家近三亿钱财,并因之使得整个国家一片混乱匮乏不安。

然而,这件坏事对我们而言又未尝不是一件好事,因为我们注意到国王陛下和他的内阁大臣们正满腔热情积极讨论出台依法确定包括国教正统地位与财产所有权的相关法律。尤其我们的国王陛下前所未有地屈尊俯就——上帝,我确信这非同寻常——告诉伦敦市长大人和埃尔德门法庭(Court of Aldermen)①说他在最近南海公司的丑闻中并没有任何的股票买卖与交易。我认为国王陛下所展示的这种皇家姿态和魅力是之前任何的臣民所不曾享用过的。就此,我们不难读出国王陛下向人们传递的信号——即对于南海公司股票泡沫丑闻背后邪恶的管理层及其背后贪污腐败的政府靠山和权力主子的惩罚乐观其成,要知道这帮人正是对国王陛下皇冠和尊严最具破坏力的敌人。

"国王陛下正在向国人表明他决心奉天承运,不辜负全能的上帝所赐托给他的全部皇家之威严,对这帮无法无天冒犯天威的奸臣逆子施加惩罚,决意要在他们再次兴风作浪惹起天怒人怨从而毁灭这个国家之前果断出手,一举粉碎他们密谋的惊天诡计和对上帝的亵渎与不敬。"

我是说,我们敬爱的国王陛下目前正在振奋精神,满腔专注于对宗教虔敬和国家利益的保卫与捍卫之上。南海公司的股票丑闻对整个国家所造成的伤害前无古人,后无来者;这帮乱臣贼子的贪欲、腐化与堕落所犯下的罪孽更是亘古未有,这给国王陛下的江山帝祚绵延千秋造成的伤害更是不可承受之重,因此国王陛下必定要查个水落石出。让我们回望过去,上帝的天罚和报应可曾有超过去年南海丑闻对

---

① 埃尔德门法庭是经选举组成的政府机构,是伦敦市政当局的一个组成部分。埃尔德门法庭由大伦敦地区二十五个郡法庭组合而成,伦敦市长是整个埃尔德门法庭的联席会议主席,伦敦市长也代表其中一个郡法庭。该法庭最初负责整个伦敦地区的行政事务,但在十四世纪时,很多业务被市政议会法庭接管。埃尔德门法庭下各郡法庭每年在伦敦举行九次会谈磋商。目前该法庭体系的业务包括对伦敦地区新的行业会员准入以及伦敦市民自由权利的批复与核准,并任命经由大法官推荐并由资深律师兼任的刑事法院法官。该法庭体系还兼任埃塞克斯地区王室护林官。

整个英格兰民族与国家残酷无情的抢夺与劫掠吗？可曾还有比这帮欲壑难填的贪腐之徒对上帝和人类所犯下的罪孽更深更大的吗？这帮丧失人性的大魔头分明是要把人类文明的美德连同人民积攒的财富连根拔起，洗劫一空。他们在物质与财富上的贪欲与成功超越了他们在道德和灵魂上的堕落与肮脏，因为他们早已是罪不容诛！他们的猖狂表明他们早把这人间最后的审判者——上帝置之脑后，他们的疯狂更表明他们对整个人类的司法审判和公理正义及其背后的自然神性不管不顾，甚至是蔑视和藐视。这帮邪恶的置上帝于不顾的疯子对整个英国社会而言不啻是毒瘤一枚；相信他们身上所散发的恶意与敌意全部人类都能感同身受。恶有恶报，这帮魔头到头来只能品尝凄凉与悲惨的果报，不论前台唱戏的，还是幕后坐台的无一能免。

凡亵渎神圣虔敬之物的必是邪恶之人，这种邪恶譬如不良之教养也。然而，若是一个人一门心思要把一个荣光喜乐而幸福的国家引领进欲壑难填、水深火热、懊悔悲苦的境地；那么又有什么样的罪名和惩罚，有什么样的痛苦和毁灭不当是他应该承受的呢？这样的人就是毁灭一切的恶魔撒旦，譬如一条疯狗，有千张血口，逢人便咬，见人便撕，一时间其周遭之生灵伤亡无数，哀鸿遍野。

就上述讨论的"议会法令"，再次强烈表明本人的观点：即正如我们虔敬全能上帝之神的祝福一样，我们同样珍爱我们国家幸福美满的生活，但若是那些神圣与美德的事物（如私有财产权利、自由的公共信仰以及宝贵的公共正义）受到蹂躏和践踏，则这种幸福美满的生活只能是镜中花、水中月；同样，若是我们对国王陛下的坚毅仁心投桃报李，那么此情此景，此时此刻，除了敞开怀抱热情万丈鞠躬尽瘁，再没有什么能够表露出我们满腔的赤子之心的了。换言之，若是我们珍爱看重这一切，那么就让我们满怀热望携起手来勇往直前，一起围追堵截并惩处责罚这帮乱臣贼子和叛逆之徒；在他们再次违天悖逆毁灭这个国家之前一举将他们铲除粉碎！

另附：首先申明鄙人本属嫉恶如仇之人，嫌恶对邪恶之罪孽推迟正义的惩罚;故此,这里就议会决议中所涉及之渎神俱乐部的存在与否提出自己的一孔之见。首先,鄙人以为即便给予最为严厉的调查,恐怕决议中所谓的俱乐部都只能是道听途说,是莫须有的存在,或者说可能的确存在——就存在于上述的议会决议案中。因此,凡能发现或指证该俱乐部成员,并一俟他们被法律证明有罪,本人愿意公开给予悬赏和报酬;但,与此同时,也敬请我们不要随意主观指证我们的邻人;以免冤枉任何一个好人,因为若是如此,这种不公与冤屈会双倍返还给我们自身。无中生有,屈枉他人不仅卑鄙而且羞耻;若是人真的无辜,那么要强迫他自证其罪的确不仅野蛮残忍,而且毫无人性。所以人若是指控他人有上绞架的罪行,但却被证明是诬告,则指控人就不啻犯下上绞架的罪行,可以让他去泰伯恩刑场(Tyburn,旧时英国伦敦刑场,位于泰晤士河支流泰伯恩河岸边)宣称属于他的权益。反之,若是人违背良心包庇那些本该上绞架的罪犯,那么他本人同样犯下上绞架的罪行,也应当把他送到绞架上。还有没有比这更符合公平和正义的呢?阁下,我向您保证,我衷心期望这一切都将发生。

30. 一封布鲁图斯致阿提卡斯的美文信函，兼对此信函的解释性介绍

托马斯·戈登，1721年5月20日

阁下，今日再寄你一封伟大的布鲁图斯所书写的美文信函。前次寄给你的布鲁图斯的信函，有人说无非我的臆想伪造，不过是想借此对一个人给予最崇敬的赞美而已；然而，若非考虑对我辈同侪可能造成的羞辱和可耻，无论是谁，但凡能写得出那封信的人也一定是我们这个时代最了不起的人物。

给你寄去的上一封由布鲁图斯书写的信函，我随附了一些相关的历史情节的绍介；今次同样另随附你相关绍介，而关于这一切的背景资料和信息同样要感谢法国的思想家梭罗先生。

刺杀凯撒之后，布鲁图斯与卡西乌斯逃离罗马。凯撒的侄儿屋大维闻讯即赶赴罗马，其时，他还未满一十九岁；史载屋大维赶赴罗马后的第一件事情即是与马克·安东尼发生争执，因为安东尼一脸轻蔑，视屋大维为一个未长大的孩子。而实际上，屋大维的心智已相当成熟，具备驾驭世界的能力。随后，西塞罗与安东尼公开决裂，屋大维的一干朋友都说服他投靠西塞罗。于是，屋大维与西塞罗之间结成联盟，因为双方各有所图，所以一拍即合：西塞罗掌控元老院，而屋大维趁势掌握了他叔叔凯撒手下的军团，并以此为依托散财而聚人广交朋友，展开新的蓝图规划。而安东尼此时则成为两人的敌人，也成为他

肆无忌惮攻击而西塞罗极力保卫的共和国的敌人。

屋大维与安东尼之间的争执正好给了西塞罗大好机会以展示他的演讲天赋,日后这些演讲被称为"抨击性演说"(philippicks,即指西塞罗对安东尼的抨击和痛斥。西方历史上称得上抨击性演说的还有公元前4世纪古代雅典雄辩家德摩斯提尼,Demosthenes,公元前383—公元前322年,雅典政治家和演说家,举世赞誉的雄辩之士,反对马其顿霸权,其抨击菲力王的演说成为古代自由民主政治绝响);这些演讲是西塞罗热爱和捍卫共和国永久的纪念丰碑,从中也展示了这位伟大人物精彩绝伦的演说口才。

西塞罗和屋大维成功了;他们俩的结盟战胜了安东尼,把安东尼赶出了罗马。但是,凭借着自己的利益捆绑和游说活动,安东尼很快又组织了一支武力,因为安东尼认为自己有资格成为罗马的新主人;在这种野心的支撑下,安东尼自然不会服输,磨拳擦掌要与屋大维和西塞罗决一死战。但是屋大维也不甘示弱,大把撒钱,很快就把凯撒先前的旧部与爱将团结起来,与安东尼的大军形成两军对垒之势。随之,整个罗马从凯撒遇刺的惊天霹雳被迅速转移到屋大维与安东尼的厮杀。自从屋大维落脚罗马之后,西塞罗就开始积极从事对他的保卫和捍卫,并借自己在元老院的权威极力巩固他的事业,并对屋大维作为共和国的第一仆人不遗余力地予以赞誉。随之,屋大维荣誉加身,大富大贵;他被任命为地方长官,并有权号令三军;国家应当对他的军队给予粮饷补偿;他应该补选进入元老院;虽然尚未达到法定年龄,但他可以要求赋予他共和国所有一切的最荣耀的尊严;甚至罗马应当给他矗立一尊塑像。

与此同时,被屋大维和西塞罗联手赶出罗马的安东尼正向山南高卢地区(Cisalpine Gaul,即阿尔卑斯山以南罗马城以北的地区,今意大利北部地区。公元前49年,凯撒渡过的卢比孔河就与山南高卢地区临界。凯撒的许多士兵都是山南地区的高卢人,后凯撒赐予他们罗马公民权。译者注)进军。安东尼在山南高卢抢占了德西穆斯·布鲁图斯(凯撒渡过卢比孔河占领罗马后任命其为山南高卢的总督,他与本文的主角布鲁图斯是表亲,也一起参与了刺杀凯撒的行动)的地盘。由于兵力不足,德西穆斯敌不过安东尼,遂后撤到当时的罗马殖民地摩纳德(Modena,今意大利北部地区城市);德西穆斯在摩纳德高挂免战牌,期望元老院发来救兵援助。安东尼于是将摩纳德围困起来,打算攻下摩纳德以此作为根据地,而后占领征服高卢地区,这样就可以像当年的凯撒一样,为他打回意大利建立罗马霸权奠定基础。

安东尼对摩纳德的围困激发并改变了元老院几次集会的基调;最终,元老院一致同意将安东尼视为共和国的敌人;元老院指派赫尔提乌斯(Hirtius)与潘萨(Pansa)两位执政发兵前往支援德西穆斯·布鲁图斯,元老院还派遣了屋大维与两位执政一起前往。

在上述事件发生之时,我们的布鲁图斯与卡西乌斯曾一度待在意大利。在他们撤离罗马后,布鲁图斯在马其顿,而卡西乌斯在叙利亚,双双各自另起炉灶,组建政府,招兵买马以捍卫共和。

而此时的西塞罗,则正处在权力的巅峰,事无巨细,罗马几乎全在其掌控之中:由于两位执政远征而缺席,西塞罗一头坐镇元老院,一头又非同寻常地兼职履行执政的职责,权力炙手可热,可谓风头无两。这种状态下的西塞罗急切地想知道布鲁图斯对他本人以及他在罗马的治理有何观感。很明显,布鲁图斯的肯定是西塞罗最为渴望的好评和认可;西塞罗认为若是能设法得到布鲁图斯的认可与敬重,那将会是对他自身美德与功绩最为显著的肯定,也是对他美德与功绩最为荣耀的回报。然而,在布鲁图斯的所有信函中,他都对西塞罗这位大人物保持沉默不置一词。因此,西塞罗便差遣他和布鲁图斯共同的朋友阿提卡斯向布鲁图斯传话,试图了解布鲁图斯对他的看法。也就在此时,消息传到罗马,摩纳德的围困得到解除,两位执政与屋大维击败了安东尼。阿提卡斯于是在给布鲁图斯的信中讲述这一消息,并在信中讲述了他对西塞罗的一些想法与思考。

下面这封信就是布鲁图斯坦诚而公开地回复阿提卡斯的信件。在这封信中,布鲁图斯恰如其分地指责了西塞罗对安东尼过于暴力的仇恨与攻击。因为这样一来就使得他转而不得不对屋大维展现出非理性的关爱和顺从,因为屋大维是他反对安东尼的指望。西塞罗最终认识到自己的错误,但已经悔之晚矣;他加固于屋大维身上的权力和荣誉是以他的生命和罗马的自由为代价的。西塞罗一手主持赋予了屋大维等身的荣耀与权威,然而,屋大维最终放弃了西塞罗,使得西塞罗以羸弱之身横死于安东尼一腔怒火的刀剑之下,而西塞罗一直以来慷慨支持和保卫屋大维为的就是反对安东尼。最终屋大维利用共和国信任他保卫他的军事武力将整个共和国踩在脚下。这位伪善的奥古斯都(Augustus,公元前 27 年屋大维 35 岁时接受奥古斯都的徽号,译者注)小小年纪就已经熟稔绝对王权的诡计狡诈与感恩图报之心,何其之早熟啊!

附:布鲁图斯致阿提卡斯的信

您告诉我说,在我所有的信件中,西塞罗始终没有弄明白为什么我从来没有向他吐露关于我对他在罗马的行政管理与政治治理的丝毫情绪与意见;故此,写这封信把我所有的情绪和意见都倾诉给您,我知道您也诚挚迫切地想知道我的所思所想。

西塞罗本质上襟怀坦荡正心诚意,高风亮节正直诚实,我对此亦是高度认可,他对共和国的满腔热情和夙兴夜寐的确是有目共睹尽人皆知而且亦是成绩卓著。虽然西塞罗君稳健慎重世故精明并且博学睿智,但在很多方面亦表现出鲁莽愚蠢的执着热情与自负徒劳的感情用事。我这里给您讲讲西塞罗在一些事情处理上的不理智,你也可以加以评判。正是这些事情改变了他,本该义无反顾勇往直前,但思前想后踟蹰犹豫间他成为可怕如马克·安东尼一样的敌手的嫌恶对象。他自忖自己如此行事全是为着共和国的利好;但恰恰相反事与愿违,他这样做,不仅没有如他内心所想达到制衡和约束屋大维之危险权力,反而进一步点燃和提高了屋大维的政治野心和权力欲望。不仅如此,对屋大维的讨好与殷勤对西塞罗而言更是致命的一剂毒药,为了讨好权力,西塞罗必定要在屋大维面前搬弄是非,对我们以及我们心爱的共和国,西塞罗必定会不惜使用世间最为苛刻与狠毒的语言;然而,这种对别人的恶毒最终双倍返还给了自身,所谓自掘坟墓;若是我们刺杀了一个人,那么他却谋杀了一群人。我们刺杀了凯撒,他则谋杀了喀提林一干人。按照西塞罗逢迎屋大维的说法,卡斯卡(Casca)①是蜂拥上前刺杀凯撒的第一人,则因此就应该被认定是真凶主谋;那么西塞罗本人又何尝不是一名杀人凶手,他必须坦诚悔过自己的谋杀罪行,这正如西塞罗最大的敌手贝斯蒂亚(Bestia)②对西塞罗咄咄逼人的指责和指控所赢得的掌声。

呜呼!因为我们的生命定格终结于3月15日,故此,我们选择这一天刺杀凯撒,恨不能食其肉,饮其血。这正如西塞罗的生命开始于12月5日,在这一天,他镇压了喀提林的阴谋叛乱,而这正是西塞罗在不论任何场合大书特书为自己贴金擦粉的得意之事;我们且来用心观赏,看看西塞罗究竟如何搬弄是非,颠倒黑白,如何诋毁我们谦逊质朴的淡泊心,又是如何拔高他浮华虚荣的名利心?看看西塞罗究竟玩些什么花样,又能否找出比贝斯蒂亚强烈谴责他更多的理由来

---

① 卡斯卡(原名,Publius Servilius Casca Longus,公元前84—公元前42年),罗马史传记载,他是下手刺杀凯撒的第一人。史载他的家庭忠于凯撒,他的兄长曾是凯撒的密友,最终兄弟俩参与了对凯撒的刺杀。史载提利乌斯(Tillius Cimber)最先动手抓住凯撒的长袍借以分散其注意力,而后卡斯卡刺出了第一剑。刺杀凯撒后,卡斯卡逃离罗马。他在人民议会的同事提斯(Titius)遂提议罢免了他的人民议会议长之职。卡斯卡逃离后加入布鲁图斯(Marcus Junius Brutus)和卡西乌斯(Gaius Cassius Longinus)等刺杀凯撒的主谋一伙。在公元前42年菲利皮战役(Battle of Philippi)失利后,他自杀身亡。

② 贝斯蒂亚(Lucius Calpurnius Bestia),"喀提林阴谋"(Catilinarian conspirators)阵营中的一员。公元前63年被选为保民官,一俟上任即公开指责西塞罗的政策可能引发革命与内战。最终,"喀提林阴谋"被镇压。西塞罗执政官到期卸任后,贝斯蒂亚公开向西塞罗发起决斗挑战。

责备我们呢？两相对照，不难发现，我们的所作所为（即刺杀凯撒）是为全人类着想的光荣与勇敢；而他西塞罗在执政的位置上所犯下的罪行（对喀提林的镇压）只能是严刑峻法的残酷与血腥。

西塞罗所到之处，逢人便吹嘘是他维持和支撑了对安东尼的战争；然而，有谁可曾看见西塞罗戎装披挂冲锋陷阵，原来他之武器无非耍耍嘴皮，玩玩文字而已。退一步说，就算如此，就算是他击败摧垮了安东尼；然而，假如他制服了一条饿狼，又引出一头猛虎，那么究竟胜利又在何方？是的，他摧毁了安东尼的独裁与专制，然而在这制服和摧毁的过程当中，他却又在国内树立起另外一个专制和独裁，而且后者不仅比前者更为可怖，并且可能更为难缠和麻烦。若如此，那西塞罗的功劳究竟是什么呢？不错，如果我们屈服，这就是我们要面对的残酷现实。这也正是西塞罗挥动他那如橡之笔作文著书，说什么（屋大维）不是专制，亦不是他所恐惧的独裁；他之恐惧的唯有安东尼。若是一个人可能走向专制，且不论这种专制中的粗暴与残忍或多或少，则对我而言，皆当比量齐观。质言之，我所担忧和恐惧的正是专制和独裁本身。

西塞罗一系列的所作所为让人可悲可叹，他在为专制与独裁的成长推波助澜，这一点已是无可置疑。屋大维是全部的重中之重；上天垂爱，赐予他一场胜利；他的军团亦是运气连连；屋大维的四周遍布阿谀逢迎，从头至脚披满了荣誉。目睹这一切，西塞罗情何以堪，惭愧羞耻，怎一个卑鄙下贱失魂落魄而了得！他一切的公共行为，他在元老院所做的一切演讲与提议，全部围绕服务于他的主人；对于西塞罗这样一位伟大的执政人物，这一切难道不是一桩丑闻吗？对西塞罗这样一位如此深孚众望的名流大家而言，这难道不是一个可耻的污点吗？

正如我此时的心情一样,下笔千钧,心如绞痛,相信你展信阅读定有同感;但给你写这封信又是你布置给我的任务。另外,我知道你内心对我们公共事务的种种想法和信念,尽管它们如今形容枯槁非同一般已行至绝望之境地,但你相信这一切都只是表象,假以时日,只要重新走上正常轨道则自会予以纠偏修正。然而,亲爱的阿提卡斯,我并不责备于你;对共和国抱以信心正好可以慰藉你的内心;而且你此时的心态与你的年龄以及你甜美的脾性正好吻合,并且对你孩子们的成长也不无裨益。因之,我相信目前的你既怠惰懒散又豁达乐观;你浑身所散发出的秉性和气质对我来说依然遥不可及,我对你的想象依然停留在我的朋友弗拉维乌斯(Flavius)传递给我的你与他之间的观感。

让我们再次返回到西塞罗身上:让我们一起来叩问上苍,在西塞罗与那卑躬屈膝的萨尔维蒂娜乌斯(Salvidenus)之间可曾有什么不同?屋大维手下这位卑劣可鄙的家臣与侍从为其主子的荣耀而兢兢业业,其所投入的热情与辛劳可曾多于西塞罗呢?对此,你可能会说,西塞罗之所以如此,其担忧的依然是内战(应是凯撒与庞培之间的内战,译者注)所遗留给人们的可怖。然而,这种想法与疯狂无异;想想这世间可曾有任何人会担忧恐惧于一个被击垮的敌手,而对另外一位敌手——由于战争的胜利而得以指挥千军万马并且手中所握有更难对付的权力——不闻不问而无动于衷吗?这样一位乳臭未干的黄口小儿,他打着保卫共和的名声而披挂出征捞取资本,而今他捞取的资本足以毁灭共和,对于他的鲁莽与轻率,难道没有引起一丁点的警觉吗?难道西塞罗正是因此而为屋大维加固王权与权威吗?他之赋予屋大维如此之多,难道西塞罗如此盘算即若是拒绝把所有赋予屋大维将立即招致危险吗!呜呼,若是如此,则西塞罗何其胆怯而懦弱,何其可怜而可恨,何其不幸而愚笨! 由是,西塞罗的所作所为不啻于起于追求安全而终于减弱安全,起于恐惧专制与独裁而终于增加专制与独裁!与这种自酿苦果而叠加造成危如累卵的恐惧程度相比较,难道立于天地之间而无所畏惧不是更好的选择吗?

事实是我们过于恐惧贫困、放逐与死亡乃至出现幻觉;由此,我们的幻觉膨胀了他们的恐怖和野心,乃至蔓延得无边无际。屈服和退让造成的罪孽远不止此;若是西塞罗对此断然否认,那么一定是他的判断出现错误。然而,截至目前,西塞罗本人一切都安好无恙,大家都迎合他迁就他,他的提议总是受到注意与关注,他所参与的诉讼案件总是得到大家的同意和认可;若是西塞罗事事受到大家的取悦,处处得到大家的赞扬,他自然没有理由抱怨奴役与压迫,而奴役压迫与光荣名誉总是相伴而生;敢问,在最为世俗下贱而又卑鄙可耻的人类本性当中可否还有所谓类似光荣与名誉这样的东西。

屋大维可能的确尊称他为西塞罗父亲,把朝中所有琐碎事务尽委托与他的法律顾问(西塞罗),以表扬和赞美来安慰他的劳顿与付出,并向西塞罗表达无比的感激与钟爱。然而,在这一切过程当中,屋大维除了要付出一些不痛不痒无关紧要的赞誉之词,什么都没有失去。真理最清晰的表达就是事实真相,因此上述的一切都只能是虚假的表象。屋大维尊称一位不再拥有自由之身的人为父亲,这世间可还有比这对常识更具有侮辱性的事情吗?

然而,西塞罗对屋大维如此这般阿谀逢迎满腔热忱,这一切究竟为何?背后原因难道仅仅因为屋大维对西塞罗展现的慈悲吗?呜呼,我们伟大的西塞罗,他的一切行为和规划如今怎会显得如此渺小、卑微和可耻!由此,西塞罗的人品实在不敢恭维,无疑,他的灵魂已经重新改造,脑子填满了卑躬屈膝和阿谀逢迎的东西。西塞罗著作等身,他的文章无一处不在给人们讲述人生的美好、理想的高雅、灵魂的高贵;所有的文章都关注公共自由,真实而可信赖的荣耀,对死亡、放逐与欲望的蔑视,然而,这一切如今看来让人感觉何其讽刺啊!还有,西塞罗为世人所设定的美好的道德规则该怎样让菲利普乌斯更好地来理解执行呢?要知道西塞罗本人对屋大维的顺从与屈服要远远胜过菲利普乌斯,而后者正是屋大维的岳丈大人。

让我们祈祷西塞罗停下这种自鸣得意的政治伎俩,因为一切都只能是徒劳,只能使得亲者痛而仇者快,而这痛苦本应由他来承受。所以,我再次重申我方才所讲述给你的要点——我们究竟能从一场胜利中获得什么利好?这一切难道不只是把安东尼手中的致命权力转移到一个新的篡位者手中而已吗?还有,从你的来信中,我也能体察出安东尼是否完全败北仍然不得而知。

总之,天要下雨便由它去吧,既然西塞罗能够忍受一种顺从屈服如奴隶的生活,就随他吧!想想,西塞罗一生叱咤风云,荣耀等身,对罗马共和的奉献更是让人有几多难以忘怀,如今熬到这样一把年龄,正是受人礼遇和敬重的时候——可是转眼间,西塞罗竟然晚节不保,把一生所追随与坚守的东西弃置脑后,令人感到何其羞耻又何其痛心,真所谓一失足成千古恨呐!

就我本人而言,只要我一息尚存,我必与安东尼势不两立;换言之,我之要战斗的对象就是所有那些把人抬高到超越法律的极权与专制。因此,不论条件多么优越多么诱人,只要其中含有奴役的成分,都甭想诱惑我偏离这伟大而高贵的生活理想与德行节操。是的,连安东尼也不能动摇我的理想与信念,尽管他先前的确是一位可尊敬的人物,可能你认为他至今也是。但是,据我观察,安东尼所展现出的性格和气质并非一以贯之,时常是自相矛盾的。我秉承祖先的判断和精神——他们不会接受哪怕是自己的父亲来做他们的王权和暴君,我亦复如是。

　　我今天在你面前打开天窗敞开心扉完全是我对你的信任和慈爱;设若我对你没有如许之信爱,又怎会对你倾诉如此之多,我对你的信爱正如西塞罗认定的他之受到的屋大维的信爱。然而,这一切可悲可叹的事实真相(即西塞罗认定的屋大维对他的信爱,译者注)对我的影响要远远多过对你的影响,这正是我的内心煎熬和痛苦之处;因为你与所有的朋友都相处甚欢,喜爱有加,而至于西塞罗,你更是视若同怀知己莫逆之交。但就我个人而言,我真希望您能相信我对他的感情一如既往,虽然我对他的敬重大打折扣;然而,我之如此,实是本性使然。对我而言,判断人或事好与坏的标准绝不可耽于外表的假象,所谓眼里揉不得沙子。

31. 关于人性弱点与矛盾的几点思考

托马斯·戈登,1721 年 5 月 27 日

阁下,自我研究世间事物以来,对人性的研究一直就是我最感到有乐趣而且也是我研究和关注的主要话题。研究固然有益,但结果却多半令人忧郁。对于一位本性良善温厚的人而言,经过研究却发现世间除过人性本身之外,再没有什么东西有如此令人恐惧或顽劣如此的能力了,这该是一件多么令人恼恨的事情。然而,若是对人性知之甚少的人恐将永远不能洞明世事,练达人情,若果真如此,也便很难从他人的幽默与热情中解读出世事之明暗与人情之冷暖。

研究表明,人性当中具有一种向罪恶狂热屈服的特质,即便是基督教也无法平息人类无休无止的罪恶欲望。而欲望常常驱使人们走向罪恶与暴力,这种欲望更是与《圣经·新约》福音书对我们的律令——你们愿意人怎样待你们,你们也要怎样待人①——南辕北辙格

---

① 这句《圣经·新约》中的黄金律令出自《马太福音》第 7 章第 12 节。原文为"所以,无论何事,你们愿意人怎样待你们,你们也要怎样待人,因为这就是律法和先知的道理"。此一黄金准则同样出现在《路加福音》第 6 章第 31 节。《路加福音》第 10 章第 25—37 节关于"好撒玛利亚人"中也出现《圣经》中关于爱的最高准则,即爱人如己。有律法师问耶稣如何做才可承受永生,耶稣对他说按照律法上写的尽心、尽性、尽力、尽意爱主你的神;又要爱邻舍如同自己。《圣经·旧约·利未记》第 19 章第 18 节中也出现这一律令:不可报仇,也不可埋怨你本国的子民,却要爱人如己。这实际上与我们孔孟儒学思想倡导之"忠恕"境界有相通之处:"忠"即所谓"己欲立而立人,己欲达而达人";"恕"即所谓"己所不欲,勿施于人"。

格不入。因为现世人们总体的行为规范与福音书中这条完美无瑕的神圣律令完全冲突,人们甚至对此律令不屑一顾。若是人们能细细思量,单单这一条律令就可以使人类重新回归到坦诚正义而过上幸福快乐的生活。然而,不幸的是现世中的人们却沉湎于贪腐贿赂,深陷于对自我利益病态般的维护,相互之间明争暗斗,背信弃义,横眉冷对甚至拳脚相向。

不,从来不是平和、慈爱、宽容的基督教引发了长久以来的仇恨、敌意、争吵、暴力、破坏与压制;而是缘于基督在尘世的使徒们,他们无视人类的贫困、无视教义宣扬的公正与博爱,他们把自己乔装改扮为罗马教廷合法的继承者,他们是真正的幕后黑手与罪魁祸首。藉此,他们名正言顺地一门心思暴敛世上的财富与权力;由此,他们合理正当地将人类置于奴役的枷锁和羁绊之下——这种奴役要比他们眼中所谓异教徒对人民的奴役所采用的诡计与欺骗更加糟糕、贪婪、苛刻。因此,驱使世界堕落的更多的是人性当中具有破坏性的罪恶腐化与弄虚作假,而非耶稣基督仁慈神圣的箴言戒律。

因此,真相就是我们不得不接受这样一个令人忧郁而伤感的事实,即人类律法并不能把人的双手捆绑起来从而远离邪恶,宗教也几近无能为力。我们抵抗暴力最确定的保证就是法律的保证。因此,法律的制定有一个根本假设即所有人本性为恶,而拥有美德最确定的标志就是遵守那些富有美德正义的法律条文。因此如果我们要探寻一个国家的德行,就必须在其政府的本性中寻找。他们所信仰宗教的名称和模式并不就代表他们的德行品性,而且两者之间并无特定的因果关系。意大利人信仰基督教而土耳其人不信神,因此就可以断定意大利人要比土耳其人高尚吗?我相信没有人会这么认为,至少那些生活在专制王权下的人不会这样认为。恰恰相反,可以确定的是,大土耳其的臣民不会比那些教皇压制下的人更加悲惨,因此,前者也不会比后者更加邪恶与顽劣。

人性所有情感之中最强烈的当属自爱(self-love),这也是所有其他情感之源;或者毋宁说人类所有不同的情感无非是自爱的多种表现形式或模式的多种名称或称呼而已。罗什福科公爵(Duke of Rochefoucauld)指出,自爱是对个体自我的关心和怜爱,对我之外所有事务的喜爱也都是为着自身的利益考量——这就使得人们成了自我的偶像与他人的暴君。他发现人类是一种矛盾的混合体:专横又顺从,真诚又虚伪,怯懦又勇敢,仁慈又残酷;人们可以牺牲一切快乐来赢取财富,又倾尽所有财富去换取快乐;人们有时候欣然于自己的老成持重,隔岸观火,喜怒不形于色,但在自己的奶酪被移动后却又难以自抑,火冒三丈,暴跳如雷;人们能够去恭维逢迎那些他所痛恨的人,但对自己挚爱的人却常常不惜给予破坏和毁灭。

这便是人类的真实写照;若是有谁对此不予认同,那么就请拿出证据来为我们描绘一幅人类更为美好的图景。我时常也在想,断言和人类相关的任何事情要么好得不得了,要么坏得不得了是否也不大可能,但是一切自会证明。他们性本善良却自然而然地坠入邪恶的现实,在同一个人或是同一类人身上可以同时找得到高尚和邪恶最为明显而有力的证据,而这一善一恶或许正是产生于同一动机或类似动机。对于世上风俗习惯当中那些无足轻重细枝末节的规范,哪怕是表现出些微的认可或非议都可能造成截然相反的结果——要么珠联璧合,握手言欢,缔结盟友;要么仇人相见,分外眼红,兵戎相见。

他们从来不把与他们有所不同的他人看作正常之人与理性之人,而且也从来不从共同的人性这一最大公约数角度上来对待他人;而是仅仅凭借着不同语言文字与风俗习惯的力量来进行人为的强化或分割。这种简单思维模式怎不让逻辑理性蒙羞!凡不是出生在和自己相同的气候区域范围内的,或和自己不是河流乃至山脉一岸一侧的,又或不同风格的穿衣戴帽,或不同发音的话语表达,乃至不同的思想、气质或口味等,凡此种种都是导致强烈憎恨,甚而至于引发殊死搏斗的起因。无论人们怎样想或是怎样做,特别是如果他们已经为其找到很好的托辞,那么不论这些想法和做法有多么愚蠢或多么糟糕,在他们眼中都是最明智和最优等的选择。这还不够,我们还要去不断困扰和折磨我们的邻居们,直到他们慑于我们的威严而放弃自己的想法和行为。①

每当思忖起人类相互之间如何利用,如何人为设防、画地为牢,又是如何可怜而可恨地受到自己情感的摆弄时,我就不能释怀忧心忡忡。他们的情感宣泄几乎找不到适合的对象;他们会对没有施与援手但未伤害过他们的善人怀恨于心,却又为杀戮压制他们的恶棍祷告祈福。世上从未有堪比宗教法庭(Inquisition)一般可怕的特别裁判法庭:在那里,最善良无辜的人得不到庇护,最富有美德的人最易受攻击;在那里,所有的恶意,所有精明算计的暴行,所有的苦痛,所有属于恶魔的狂怒虚假都得以凸显伸张,所有属于炼狱的苦痛折磨都得以效仿重现。然而正是这样恐吓、奴役、摧毁百姓的法庭却深受他们的爱戴,他们宁愿和一切脱离关系也不愿意脱离法庭。在战争后期,随着巴塞罗那的投降,居民屈服了,却还坚持着宗教法庭不应被取缔。甚至在英国,我们还会记起那段岁月,那时人们因坚称有权用武力来保卫自己的财产而被击垮,而暴君则企图违抗法律来剥夺人们的这项权利。在那些歪曲全能神上帝(Almighty God)之人的引领下,百姓变得愚蠢至极,精神错乱,歇斯底里。他们曲解上帝的圣言来满足世俗的傲慢。人们相互之间尔虞我诈、怒目相对。

整个世界都败坏堕落了,如此颠倒是非、充满虚妄欺骗,人们看到的事情越是光彩夺目,其背后就越是污秽不堪,以致人们眼中的聪慧之人只会念叨冗长的说教,以致所谓真理对世界的益处远不及在真理外表与矫饰掩盖下所造成的罪孽。因此,普天之下,大家都把拯救人

---

① 匈牙利裴多菲君有言曰:"生命诚可贵,爱情价更高,若为自由故,二者皆可抛。"所谓自由高于生命与爱情。然而得享自由的一个不可或缺的前提即宽容或曰容忍。宽容是自由的根基,所谓没有容忍即没有了自由。宽容的对立面即"喜同而恶异",而后者大略又是多数人的一种自然本性。所以自由高调好唱,但现实宽容难行。不能宽容不能容忍本质上是一种自高自大目空一切傲娇一切,唯我独尊真理独占的一种偏执和狂妄。因此,宽容或容忍本质上是一种谦恭谦卑,是一种诚心正意,也是一种求真求善求美之虚心良心爱心。唯如此,方能求同存异,多元共存,方能"各美其美,美人之美,美美与共,天下大同"(费孝通语)。

类的灵魂看作是世间最为荣光而无尚荣耀的事业。如此,为了灵魂得救,人们曾经遭受,而且目前还在继续忍受那些欺世盗名之江湖骗子所带来的,这世间最不能承受之伤痛和奴役,这些骗子高高在上,稳坐在这世间最为黑暗,然而迄今又是最为金碧辉煌的光鲜教廷中,假扮上帝在人间的代理人,佯装拯救人们的灵魂。这样一来,世俗政府便成了人类社会的捍卫者与守护者;但是神学家普里多(Dr. Prideaux)却持怀疑态度,他担心民众从世俗政府所获得的益处能否足以弥补改善由于世俗政府愚蠢、错误与管理不善所带来的灾难。就此反观当前国内与国民的现状,清偿国债的提议是如此动人心弦,如此民心所向又切乎可行,以至于几乎每个人都参与进来;但是,结果自会明晓。①

罗马元老院奉承崇拜暴君尼禄(Nero)及卡利古拉(Caligula);罗马士兵则杀戮庇索(Piso)和佩蒂纳克斯(Pertinax)——元老院崇拜暴政与士兵摧毁贤德,很难说两者之中哪一个罪孽更加深重。然而为了个人的利益与安全,人们宁愿选择无休止地破坏公益!每逢想到西班牙菲利普二世(Philip II of Spain)②狰狞而血腥的座右铭我就会不寒而栗——他说自己宁愿在一个废墟一片、苦痛遍地,但却萧索沉寂的王国做主子,也不愿在一个殷实富裕、国力强盛,但却吵嚷不休的王国做国王。为了践行和维护自己的座右铭,菲利普二世不惜迫害驱逐王国最为勤勉的子民以及摩尔族人(the Moors)③,让国土沦为一片不毛之地——但是另一方面,菲利普二世却表现出虔诚十足的样子,常常为

---

① 最末句应是民众对南海金融公司债券泡沫破裂后对政府愤怒的声讨和回应。
② 菲利普二世也作腓力二世(1527—1598),哈布斯堡王朝的西班牙国王(1556—1598)和葡萄牙国王(称菲利普一世,1580—1598)。他执政时期,西班牙国力达到巅峰,即欧洲历史上所谓哈布斯堡王朝时期。他坚持并强化的中央集权和官僚体系可与东方国家媲美。他剥夺一些在历史上与西班牙有松散联系的王国和民族地域(阿拉贡,卡斯蒂利亚,巴伦西亚,特别是加泰罗尼亚)的独立性。他严酷镇压尼德兰人民的反抗活动。他还是一名狂热的天主教徒,中世纪的宗教审判和迫害异端在他统治时期达到登峰造极的程度。他使1568—1570年被强制迁徙到西班牙内地的摩尔人受到残酷迫害。其穷兵黩武政策以及宗教纯净化政策终于导致四处树敌,国力不堪承受而很快衰亡。
③ 摩尔人,公元8至15世纪在北非和西班牙建立文明,信奉伊斯兰教。

朝圣者洗足;换言之,他对无所事事的宗教流浪汉十分彬彬有礼、仁慈慷慨,对治下俗众百姓,芸芸众生的普世幸福却百般阻挠,甚至兵戎相见。

这使我想起了俄国大公爵(Great Duke of Muscovy)约翰·巴斯洛维茨(John Basilowitz)统治下的那段历史:

> 关于他的临朝执政,人们所谈论的只会是贯穿于其整个统治时期对芸芸众生所施加的闻所未闻的暴政,其可怕的程度没有任何一位暴君可以与之相提并论。尽管他的所作所为已不配忝列人类的行列,但主教保罗·约维乌斯(Bishop Paulus Jovius)却评价他为虔敬热诚的基督教徒。确实,他常常前往教堂,亲自参加礼拜、参与唱诗班、出席教会仪式,去行使修道士的职能。然而一旦走出教堂,他却凌辱上帝与众生,没有半点人性。(《大使游记》73—74)

虔诚与残暴是如此混杂而扭曲地集于一身啊!无独有偶,法国路易十一世(Louis XI of France)国王也是一位扭曲、邪恶、暴虐的君主,与此同时又是一位世所罕见的偏执顽固的盲信者。罗马史上一些最伟大的圣徒同时又是恶棍流氓、血性狂魔。所有的宗派盲信者在最固执的时候都不愿意相互容忍。他们对宗教表现出的激情越是狂热,他们就越加背离宗教和上帝;他们越是期望获得别人的慈爱与宽容(而不肯付出自己的慈爱与宽容),就越是表明他们根本不懂基督教的真谛[①]。确实,缺乏博爱、宽容与节制便不能成为一名真正的基督教徒。

眼睁睁地看着人们真假难辨,美丑不分,善恶混淆,岂不让人莫名其妙,五味杂陈,如坠云里雾中!土耳其人热心于放生笼中之鸟、喂养饥饿污秽的野狗并为它们建造医院,对骆驼更是致以信徒般虔诚的崇敬。但是,就在他们像人类和信徒那样来使唤鸟类和兽类的同时,他

---

① 这与上文中的《圣经·新约》中的黄金律令以及"爱人如己"是一脉相承,一以贯之的。

们使唤人类和信徒却比对待兽类更糟糕。对他们而言,面包宁愿喂给街边的野狗也比施舍给在枷锁奴役下挨饿的基督徒更好,尽管这样做除了滋生感染再无其他任何好处。对于一位可怜的基督徒,他们宁愿对其雪上加霜,不仅给他套上重轭,而且让他衣衫褴褛,并且认为这样做不仅恰当而且虔诚;但对于畜生与动物,他们倒是良心发作,无端生出慈悲和怜爱,不忍动物们受一点委屈和痛苦。

当人类的本性自然流露不受干预时,对于那些生活不幸与受苦受难的人们,天主教国家的人与其他地方的人一样会给予同样多的怜悯、同情与恻隐;以至于在目送小偷、强盗甚至杀人犯押往绞刑架或轮式刑车之时都泪眼婆娑、叹息不止,那些纤弱温柔的女性尤其如此。然而当一个不幸的无辜者因为他真挚而虔敬地说出真相、因为(撇开教廷)自己阅读和解读经书,又或把自己的读经心得向他人传授而被给予火刑惩罚,以残忍的方式被慢慢地活活烧死时,除了群情雀跃,除了人们高声地点头应允与欢腾地奔走相告,人们双目所及两耳所闻再无其他。在这种最需要也最呼唤人们表露出他们真挚情感的时候,一切的慈爱、悲悯、虔敬瞬间却被抛到九霄云外。一名天主教牧师因为暴动或谋杀在英格兰被绞死,当你把这一切告知一位西班牙女士时,她会立刻泪流满面、痛苦万分;但是当你向她讲述她的一位亲戚因为反对圣餐变体论而被活活烧死时,她竟会将这份荣耀归与上帝,并会因之感受到内心舒畅而通达的一种喜悦。

同样,在新教国家,人们终其一生招摇撞骗、节衣缩食、相互欺诈,但有多少人在他们死后会将毕生积攒的财富留作宗教之用?人们打着上帝的旗号积累财富,就好像人们是为了上帝才变得如此胡作非为。我曾听说一个人为了国家利益,而捐赠了自己一半的财产用来修缮宽阔的道路。他还说,他也很乐意捐赠剩余的另一半财产,因为英格兰还未有一艘船只、一位商人或是一个新教徒由此获益。多么奇怪的矛盾所在啊!由于他前一半财产的捐赠,两三英里的公路得到很好的修缮,但却只是对马蹄的恩惠;而他后一半财产的捐赠,我想,可能会使得整个英格兰都陷入一片苦痛与荒凉!

一年来的艰辛、磨难和苦痛都再清楚不过地显示了最恶劣的无赖德行与劫掠破坏。① 道德败坏疏远了人心,每个人都为了富裕自己而处心积虑地相互诱骗毁损,英格兰进入了互害模式。诚实正直则遭恫吓欺辱并被驱赶至角落;人性消失殆尽;所有的友情也都烟消云散;甚至连血浓于水的亲情也遭弃置不顾。随着人们对财富的欲望无节制地膨胀,人们情绪和激情也都被无端的戾气所笼罩,普遍都变得极度地铁石心肠;各行各业到处都充满了人们相互吞噬残害的身影。相比之下,反倒是那些在这场毫无节制追求财富,引发众生癫狂、愤怒和互害的大潮中扮演重要引领者及其同谋角色的人却以伟大虔诚之人自居,尽管他们蔑视万能上帝,劫掠万物众生;同时他们拨出善款资金以作慈善之用。于是,他们一方面无情地使芸芸众生沦为乞丐,另一方面却把大把的银子拨付给那些既没有任何价值又出身贫困的宠幸佞臣。但是如果这些恶行获得持续成功的话,我丝毫也不怀疑他们的名字将会永垂青史被后人所称颂;正如劫掠人民财富的其他公共强盗一样!那些在世的编史家以及写颂者(historians and ode-makers)十分适合这项任务。诚然,大多数人确实一度相信那些引领者是伟大且值得敬重的人物,正如一位正直的乡村牧师去年夏天在路上告诉我,约翰公爵(Sir John)是一位杰出的富有公共精神的人物,因为他美化了他的圣坛(chancel,教堂里供牧师和唱诗班就座的圣坛,译者注)。

总之,我们坚决不能以我们对公平正义自命不凡的标准和对行为规范自以为是的认定来判断他人;因为最恶劣的人也会行一些善事,而且世间之人都曾有过善念。因此,我们必须根据他们全面的行为及其后果来进行评价和判断。完全的正心诚意需要全面而长久的印证,因为良久以来一直被我们认为诚实正直的许多人到最后却被证实是流氓恶棍。正是因为基于缺少证据、证据不足或是虚假证据之上的盲目判断而导致了人类长久持续的不幸福。

---

① 指1720年崩盘的南海公司股票债券的泡沫资产所引发的政治社会恐慌和动乱。

32. 对诽谤的反思

托马斯·戈登,1721 年 6 月 10 日

阁下,在写给你的这封信中,我打算向世人谈谈我对诽谤一词的一些想法与反思;所谓诽谤这种书写模式即不仅对公众而言没有任何益处,而且会伤害到特定的普罗个体;在我们当下这个时代,诽谤广为人所诟病。不过虽然抱怨的理由听起来似乎义正辞严,但仔细分析,大多又似是而非,矫饰虚伪,不能切中肯綮。

所谓诽谤即为了追求真相而对他人造成的诋毁、中伤或毁谤。这样说似乎有些矛盾,但无论从法律角度而言,抑或从常识切入而言,都并不矛盾。比如有些真相本不适于披露,那么这种情况下,即便一丁点瑕疵的发现和披露都可能造成巨大的痛苦和灾难;又或是即便发现和披露了严重的错误和问题,但并不能带来什么益处,因此还不如根本不去发现和披露这种所谓的真相。当然对于无中生有的生编滥造,所披露的瑕疵、毛病乃至问题根本就不存在,这种诽谤所带来的危害就更为严重。

但以上观点仅仅在针对普罗个体以及私人之缺陷或问题的时候才能成立;一旦个体的罪过可能影响到公共利益时,就需要对这种陈述和观点做完全的修正。对人民来说,没有什么东西能比国家显得更为亲和珍贵,国家利益至高无上,其他任何利益都不能与之匹敌。任

何违背公共利益的犯罪都是大罪,虽然这些大罪当中也有重有轻。无知和愚昧虽然可以为个人的鲁莽和罪责开脱,但这种个人的罪责一旦关涉公共伤害,造成公共损失,则无知和愚昧再不能成为任何开脱罪责的理由;这里我们很快将发现,愚昧不仅可以毁掉政府和国家,而且私人个体的无知一直是造成社会动荡和公共失序的源头和推手。

故此,曝光与公开那些危害公共利益的邪恶与犯罪就其本质而言永远都不能被看作是诽谤,因为这种曝光与公开是每一位追求真理和热爱自己祖国的人应该肩负的一种义务和责任;因此,凡把这种曝光与公开的行为称之为诽谤的人,最终将陷自己于不义,把自己推到人民的对立面。因为阅读"摩西十诫"①而自觉受到冒犯和侮辱的人,如果他胆大包天,他也会认为"摩西十诫"是一种诽谤;但是,与此同时,他的这种莽撞也必定会引发大家对他人生观与道德观的判断和质疑。想想看,任何把公共道德与必要真相称为诽谤的人,必定会引发大家重估他的人格和品质,并促使我们提高警觉来反对他的奇谈怪论。据此,我也就不再怀疑了,若是前任阁僚依然雄踞在议会之上,正如他们一度对自己的规划和设计那样,他们必定会把来自下院反对他们的投票称作错误而羞辱的诽谤。

马基雅弗利(Machiavel)曾说,对国家来说,恶言中伤(Calumny)会造成巨大伤害,而有根据的指控则大有裨益。他举例指出,多个国家曾因没有或是忽略这种指控身为罪犯或是被认为犯有罪行的伟大人物的制度设计能力,而遭受巨大苦难甚而至于葬送了国家;由于对大人物的恶性行为缺乏约束,因之民情汹涌,造谣中伤,谩骂和痛斥遍及朝野,而这也正是人民抛给政府的唯一补救方案。因之不难发现,造谣中伤谩骂的罪恶源于人们对正义的渴望,所以应该受到指责的不是人民,而是那些遭受人民谩骂的政客;因为人民的谩骂和中伤是被逼无奈的,而这些罪恶的政客正是罪魁祸首。不仅如此,他们还对人

---

① 《圣经》记载上帝在西奈山借带领古以色列人逃离埃及地的先知摩西晓谕全体以色列人的十条告诫、戒律和约法。"摩西十诫"是以色列人一切立法的基础,更是日后西方文明核心之道德观念,十诫蕴含宗教、法律和道德三个层面上的指导原则。

民的不满大声呵斥,咆哮不已,甚而至于罗织罪名进而惩罚民众。造谣中伤乃至谩骂自然非常低劣卑贱,为正人君子所不齿。但有一点可以确定,人民被逼无奈的谩骂和中伤既不能对那些罪孽之政客造成指责和控诉,也不能给甚至是两袖清风的好政治家造成诽谤带来更多身心伤害和名誉蒙羞。

　　长久以来,我一直在想世人对诽谤一词的定义、理解及其特质一定存在很大的误解。迄今为止,世人对于诽谤的理解通常意指两个层面——一则对于选任官员的中伤,二则对于普罗个体的中伤,除此之外,再无诽谤。而今,我要补充指出诽谤第三个层面上的意义,且此一层面上的诽谤较前两个层面上的诽谤完全可能具有同样的杀伤力和破坏力;此一层面的诽谤,即对于人民所造成的诽谤与中伤。然而,在古代雅典和古代罗马却是截然不同的境况。在那里,虽然某些特定的人,尤其一些伟大人物,根据他们的所作所为常常享受着更多的自由和更苛刻的要求;但人民,人民中的主体构成部分,却被致以最崇高的敬意与敬畏。在古代雅典和古代罗马这些聪慧、伟大而自由的城邦国家中,"人民神圣的特权""人民不可侵犯的威严""令人敬畏的人民权威"以及"不可上诉的人民的裁决"等属于妇孺皆知的常识性政治话语。自此之后,其他种类的话语模式渐渐风靡,而底层民众的疯狂到如今甚至已经走向反面。但不论什么时候,但凡人民走火入魔,那么这种癫狂必是由外部原因所致。他们说,压迫常常使得聪明而智慧的民众变得疯狂;而伴随压迫的欺骗也从中推波助澜。因此,在既没有压迫亦不存在欺骗的地方,则人民对财产事务的判断上鲜有失误,因为对人民财产的保护是政府的首要职责。可能政府对待人民没有一丁点的厌恶、轻蔑、神秘、冷漠、矫揉造作、装腔作势,乃至没有一丁点的私房储备金,甚至连众多的奸佞宠臣也都没有任何的用武之地,但若是这些东西仅仅是政府用以掩饰自己缺乏正心诚意与辨别判断的唯一面具,则人民当中有财产的那部分人,正如政府的虚伪与矫饰一样,同样有理由蔑视其乏味可鄙的伎俩与行径。

　　马基雅弗利在他的书中还证明人民大众比君主的性情更加稳定,

也更富有智慧,但他却抱怨说人民之信誉却每况愈下;按照马氏的说法,盖因任何单个的民众都有自由去表达他的喜好而反对那些与其意见不相一致的人群;但却鲜少有人敢冒天下之大不韪去发表言论来反抗君主。对此,我也常常百思而不得其解,为何长久以来无视人民利益对其攻击谩骂,并限制人民自由之行为的无赖政府却没有被人民认为是罪恶的源头。

我必须指出,根据事物之永久和原初的本质意义,若是连削弱乃至背叛人民的自由都不能归结为叛逆之罪行,那究竟何种行为可以算是叛逆罪行?让我们重新反省,政府之得以或能够组成究竟是为了什么;让我们重新思索,政府与人民孰重孰轻,何者更应该受到尊重。当然,政府和人民双方之间互有职责和义务;然而,一旦出现任何越界违规之罪行,则平时受益的一方无疑应承担更多责任。而现今情况却恰恰相反,几乎在世界各地,人民若使政府官员蒙受损失,都要遭受千百倍的报复性惩罚。不,不仅于此,在一些国家,人民甚至要因此要遭受天谴与死罪等极刑,而不仅仅是承受政府各种压迫剥削以及残忍的惩罚。这些惨无人道的压迫和惩罚正是由权力机关等各种刀把子国家机器强行加之于人民头上,而令人感到讽刺的是,这些权力恰恰是人民赋予政府机关的。

而事情的真相是人民宁愿忍受痛苦,只要能保有自己的财产安全,是的,大多数人民都抱有这样的心愿。但即使是这样的小小心愿,在大多数地方也难以实现;他们向政府纳税,政府非但没保护他们,还会变本加厉,将他们洗劫一空。我知道,政府劫掠百姓通常以这样的口实——即人民疯癫狂躁、薄情善变、滋事生非、难以驾驭等。殊不知,这些由头根本不是实情;人民之所以疯癫狂躁,实乃政府逼良为娼;至于薄情善变,更是一派胡言。恰恰相反,他们对千百年来为世人所接受认可的风俗习惯乃至规范制度几乎抱有强烈的守旧爱好乃至癖好,对于他们早已习以为常的门庭名讳乃至声望与名誉,他们更是表现出深入骨髓般的酷爱和留恋。至于说到滋事生非,同样不值一驳;百年以来,查遍历史,也找不到任何人民为难政府官员的事例。相反,历史昭示的全是政府官员搜刮民脂民膏,人民生活于水深火热之中。人民之所以挽弓搭箭,实乃政府逼上梁山。不,不止于此,十之八九,人民都是能忍则忍,逆来顺受,百般受辱而不反抗。若非人民连一口保命的饭食都难以保全,若非人民忍无可忍,则人民不会抛家舍业,落草为寇,与政府为敌。

对此话题我将在另一封信中给予详细说明,下面还是接着叙述关于诽谤这个话题。

同其他类型的诽谤一样,针对政府的诽谤也总是违背道德与法律之行为,且通常有害;尤其当政府被厚颜无耻地指控,蒙受不白之冤之时。有一点可以确定,只要政府官员个体私人的恶习和缺陷与公共管理无涉时,我们就不应当给予干预;但是,当政府官员的恶习与缺陷一旦影响到政府的公共管理事务时,那么就不可能堵住人民的嘴巴。此种情况下,官员可能会被激怒,进而会向世人不管不顾地袒露他们的内心。这些官员知道上司与长官们的心满意足是建立在他们的苦难与悲哀之上的,因此他们有权利从上司和长官那里得到安逸与幸福等回报;所以如果上司与长官们的表现让他们失望,则他们会任性而随意地发泄他们的怒气。①

事实是,多数诽谤完全是个人之情感行为。它对人不对事,浅薄且怯懦。因个人恩怨与喜好等因素而撕破脸皮,指名道姓,泼妇骂街等实为卑劣低俗;因那些无关痛痒、鸡毛蒜皮之蝇头小利而争吵,或是为一些和当事人八竿子扯不着的事情而争吵,诸如此类,实为蠢之又蠢之行为。这种争吵只能表明我们在攻击谁,我们攻击对方不是因为对方做了什么,而恰恰是由于他们是谁,这种解决方案只能激发他们的愤怒而并不能对他们有任何的帮助与改进。因此,所有这种类型的争吵皆为诽谤,这种诽谤与伤害几乎与所有国家的法律不相融合,尤

---

① 由是,人民对政府官员的言论表达不仅扮演了对权力的监督作用,而且使得权力内部开始了分化和制衡。因为若是感觉屈枉的官员,必然要自证清白或要讲述自身的不得已,由此,必然会牵扯出背后其他的官员和权力。所谓"若要人不知,除非己莫为"。如此这般,只要人民有不妥协的坚韧,如此抽丝剥茧,事实与真相必将水落石出,此即如今之所谓"调查性新闻报道"之实务与学问。

其背离我国法律的精神。因为这种诽谤与伤害完全掩盖了诽谤的积极意义，即其可能对受到伤害的人的品格与未来人生所可能带来的一定比例意义上的修正和挽救。因此，正如财产应当受到法律的保护一样，个人的名誉和声望同样应当受到法律的保护。

公正无私的行善者所得的最高奖赏即是人们对其善行的肯定与褒扬，而企图将肯定与褒扬从行善者手中夺走的人则是邪恶、忘恩负义的中伤者与诽谤者。另一方面，广受指摘、声名狼藉的作恶者将受到约束和限制，这种约束和限制如果不是为了他，也是为了谨防他人有样学样坠入沼泽与泥潭。若人随心所欲地行事而未遭报应或未负责任，虽其人可能名留青史，但公正自由将不复存在。无论是恶行在身还是口出恶言而不受惩罚，人类社会和世界和平都将因此蒙受不能承受之伤害，我将请求整个世界对此给予审判。公平正义自在人心，恶行与恶言终将受到惩罚，尽管二者罪孽不同。

所有诽谤类型中，诽谤的目标越高，就会被认为越具有恶意；因此若是针对君主的诽谤，则对诽谤恶意的测量即罪莫大焉。帝王君主的阁僚，其存在的目的即保卫他的人民与人民之财产；故此，凡正心诚意勤勉有加兢兢业业乃至鞠躬尽瘁为人民服务之政府，皆应得到最高荣誉的赞许与褒奖；反之，任何人若是诋毁诽谤这样的政府阁僚则必为社会与人类之敌人，理应受到热爱政府之全民认可而惩罚之。然而，在一个自由国家中，根据普通法（general law）惩罚任何这种罪有应得的诽谤基本上是不可能的；因为普通法由若干法律分支组成，覆盖范围宽泛，会使得任何类型的写作，不论该写作有多么纯洁无辜，以及使得任何人民的谈话和聊天都处于不安全的状况。果真如此，就如在（奥斯曼）土耳其一样，尽管印刷得到法律许可，但这种许可没有任何意义，因为没人胆敢印刷任何的文字材料。

只要世上还存在如写作和印刷这种东西，就会有诽谤发生，这实际上就好比白璧微瑕。而认为新闻会带来灾难所以要将之封锁的人们应注意到，太阳会导致火灾，尼罗河水也会泛滥；所以，若要享受上帝给人类的总体安排和祝福，就应当忍受这当中特定的些微不便，岂能因为火灾和水患而拒水火于千里之外。

在各种类型的诽谤中,粗俗而下流的诽谤一定是最为卑劣可鄙但也是最无害的,甚至连真相都会因之而受损;同时,这种粗鄙而无礼的诽谤还会遮蔽谎言。我以为第 27 期《周六邮报》(*Saturday's Post*)中刊载的书信是我在所有新闻报章与讲坛布道中所听到看到的最为登峰造极的粗鄙下流。这封书信的作者一定患了癫痫与疯狂病,满口胡言,精神错乱,前言不搭后语,踉踉跄跄,手舞足蹈;该文虽极尽含沙射影,但处处荒谬而不可言;虽极尽类比描摹,但语言粗鄙而不堪入目。该文满眼堆积全是谎言与假话,更无一处显露文以载道之思想,不仅形式粗鄙,而且精神也下流;几乎所有站在国王对立面的他的政敌都被他连说带写,夹枪带棒,绘声绘色地给讨伐教训了个遍体鳞伤。

然而,即使粗鄙下流与人民为敌如这封信函一样(私底下,我以为世间再无出其右者),我认为也不当剥夺此类写作的机会,因为若如此就等同于摧毁了写作的目的。我们知道,总有一些人时时刻刻处心积虑,要以遏制诽谤为借口而扼杀自由;这正如詹姆士二世国王(late King Jame)一样,当年因为镇压"蒙默斯叛乱"(Monmouth's Rebellion)①得以组成一支部队,他随后便处心积虑,想把军队保留下来(即所谓常备军,译者注);因为其他的叛乱确实可能发生,镇压叛乱就是詹姆士二世保留常备军的理由。

---

① 英国资产阶级革命后,查理一世被送上断头台,但克伦威尔的军政府由于背离英国传统政治制度,很快无以为继,查理二世遂得以复辟斯图亚特王朝。复辟初期,国王与议会处于平衡状态:国王虽不可立法,但可否决议会法案。议会控制财权,国王则负责行政。议会虽可弹劾大臣,但国王有权任命官员,并统帅军队和士兵。议会虽无法强迫国王按议会旨意办事但可通过财权节制国王权力,国王虽可自行指定或解散政府但不可随意解散议会,更不可实行革命前的个人强权统治。因此,主权问题没有最终解决。由于查理二世没有婚生子女,而正统继承人其弟约克公爵(即日后的詹姆士二世)信仰天主教,因此围绕接班人的问题爆发了英国议会史上托利党人与辉格党人的大辩论。托利党人坚持王位正统原则,支持约克公爵,而辉格党人坚持宗教改革原则,坚决反对约克继位。最终,托利党人胜出,约克公爵继位。而辉格党支持的查理二世的私生子蒙莫斯公爵于是揭竿而起,剑指其叔叔的王位,但很快失败。蒙莫斯及其部下以及大量辉格党人遭清洗。此次辉格党人受挫也为"光荣革命"后的重新崛起埋下伏笔。

我必须承认,就我而言,我宁愿诽谤者逃脱法律制裁,也不愿言论自由与新闻自由受到损害;然而,在英国再没有人比我对诽谤的消极与坏处考虑和体会得更多;尤其那些企图对当下"新教确立"(Protestant establishment,所谓新教确立,也即英国宗教改革过程中的确立国教,即日后的"安立甘国教"的确立。日后美国的宗教自由在英国国教的基础上更进一步,即宪法第一修正案中所谓"国会不得立法以确立国教",也即美国"权利法案"中的 establishment 条款。译者注)的公开诽谤。

　　道德败坏贪腐堕落之人与其背后主谋使用见不得阳光的下三滥手法,处处寻找机会非难谴责新闻媒体。这些人连做梦都希望能堵住新闻媒体的嘴巴,因为他们害怕新闻媒体披露的真相。反之,那些诚心正意心地坦荡之人,他们两袖清风视名誉如生命。他们知道即便邪恶粗鄙下流如诽谤,也不能给他们带来伤害。他们总是支持新闻媒体与言论表达的公开与开放,因为他们知道这不仅是自由得以存在的一个最为明显的标志,而且也是自由得以维系的最为主要的原因。

　　避免诽谤之恶意与伤害的最好方法即不要去做招惹诽谤的事情;但是,即便纯洁如天使也难以完全避免恶意的语言和舌头所带来的攻击和伤害,因此对此类诽谤的惩罚依然有存在的必要。然而,所谓惩罚并不是说——只要新闻媒体出现错误就强迫其关门大吉。正如没有人会仅仅因为一些人在高速公路上打家劫舍,而提议通过一条法律来禁止人们在高速公路上出行。若如此,这才是滑天下之大稽的笑料。

　　通常认为,世上再没有国家能像英格兰那样不仅容忍这样的新闻纸带来的伤痛,而且允许新闻纸流布于海外;仅凭此一点,亦证明世上再没有国家能比得上英格兰所享有的自由。在自由无法容身的国家,当然也就不存在自由带来的所谓消极影响。在君士坦丁堡(Constantinople),没有人会因为诽谤而受惩罚。在那里,新闻自由与新闻自由的滥用也因此没有任何的区分;因为只有那些坦诚、正义与自由的人们才能观察和体会得到这一区分。

33. 千万警惕权力滥用的本性

托马斯·戈登,1721 年 6 月 17 日

阁下,想想看,人究竟是一种什么样的物种——若人拥有了至高无上的权力,那么要让他受太多的约束和限制近乎是不可能的。当然,他也可能把权力驾驭运用得当,甚至造福于民;但这其中的一个前提即民众一定要假设手中重权在握的人可能会用权力来作恶,因之一定要对权力的行使提高警惕,极尽审慎和智虑,用一定的约束和规范来限制权势人物,来当头棒喝手握重权的人不要逾越雷池半步,否则后果极其严重。

人一旦把所有的恐惧都踩在脚下,很快便会对一切的羞耻毫不在意。古代罗马皇帝格拉古(T)的元老院议员塔西佗(Tacitus of Tiberius)说:"最终,当所有的羞耻与恐惧都消失后,他会顺从他的本性而坠落进犯罪和耻辱的深渊而不能自拔。"甚至连大暴君尼禄在最初的时候也温文尔雅,对人民秋毫无犯,以美德来治国理政。但当尼禄终于发现他手中的权力可以让他为所欲为的时候,他便开始放纵他那血腥的欲望,如此惨不忍睹、如此骇人听闻、如此毫无人性的屠杀和暴行一发而不可收,就好像作为皇帝的他除了全身心地投入到残暴的

压迫和屠戮之外,再无其他。就连尼禄良善的导师与顾问塞内加①与伯勒斯(Seneca and Burrhus)也曾一度反思尼禄残暴的本性如何修炼而成;无疑,尼禄最初认为如果他直接而露骨地压榨和剥削人民,人民一定会奋起反抗与报复。但是,尼禄渐渐发现人民几乎能够承受一切压迫,而且他的士兵也绝对会俯首听命于他。于是他逐渐公开蔑视人民,每天放纵淫荡地沉溺于对人民的血腥压迫中。由于没有任何对手,他看起来像是在和自己竞争,由此他的邪念和罪恶日甚一日。

然而,尼禄并不是最残暴的一个,有成千上万的人像他一样残暴,并且他们唯一想要的就是和尼禄同样的机会以炫耀他们的残暴。事实上,世上有很多国君比尼禄屠杀过更多的人,给人类带来了更多的灾难。在此,我列举一起晚近的例子,他压榨剥夺残害过的生灵,也许是尼禄的一百倍。尼禄杀害生命是因为残暴,而后者纯粹是为了自身的荣耀,究其本质这两者并没有什么区别。然而,世人却有可能因由头和称谓的改变而受到欺骗,让人厌烦尼禄,转而对后者却无端生出钦佩之情;对于一个民族和一个国家而言,当人民惨遭屠戮,不管是被刽子手,还是被骑兵队,不管是在监狱,还是在战场,性质都是一样的;当野心给人民造成的伤害与残暴的后果一样巨大,那么野心并不比残暴强多少。

一点都不奇怪,若是有人认为自身无需(向他人)负责,那么在行为上便不去负责(我行我素)。以此类推,只要可能,所有人都认为自己无需(向他人)负责。即便那些谨小慎微中规中矩,任何让别人不高

---

① 也有翻译作"塞涅卡"的,塞内加时期,除了暴虐的皇帝尼禄,整个帝国的臣民都暴露出人性中最可悲与最黑暗的一面。由是,塞内加的思想中表现出了严重的悲观和沮丧情绪。在塞内加看来,政府虽然可以纠正人类的邪恶,但终究只能作为权宜之计。塞内加认为道德和宗教美德要超越于公民和政治美德,作为斯多葛学派的塞内加所萌生的神学主义思想已经为中世纪的到来揭开了序幕。塞内加之后的哲学,尤其表现在中世纪初期和中期,averages次以伦理替代了政治、以社会替代了国家、以信仰取代了理性、以神话取代了科学、以宗教替代了法律。塞内加也是古代罗马著名悲剧家,写了大量的文学悲剧。公元65年,他因涉嫌谋杀尼禄而被迫自杀。塞内加的哲学思想和他的生活实践是矛盾的。他提倡简朴的生活和内心的宁静,鄙弃财富,却从尼禄那里获得大量钱财,成了罗马帝国一大富豪。

兴的事情都没有做过的人,他们也知道只能在某一时间或另一时间,自己方可无需负责;而且,若如此,则任何人都不会介意他人是否展现出完全的宽容与怜悯。由此出发,即是认定如果任何人都只尊崇自己的意愿,那么所有的人都将行使统治之权,那么世间无人可以承受这种痛苦。也因此,人们之所以要把自身放置在法律的约束之下,并且任命某些被称作选任官员(magistrates)的人来行使法律,这一切与其说是考虑到人的本性意愿和倾向,不若说更多是基于人结成社会的必要性与迫切性。因为,若不如此,则法律永远不能实施,任何人都不可能形成一种主观上遵纪守法的良善美德;而且,恰恰相反,当法律牵涉到他们自身与他们的财产时,多数人都会认为自己受到法律的不公对待。

"他自己法律的制定者,也是他自己法律的践踏者",这就是庞培的特征:什么样的法律条款对他的统治有利,他便制定什么样的法律;一旦法律成为阻挠他本人意愿得以实行的障碍,他便废除自己制定的法律。这也几乎是所有拥有庞培权力的政客的特征:他们制定法律为的是自身的安全,以及对他人的恐吓和威胁。这表明了人与人相互之间的不信任;这也使得一位伟大的哲学家(系指英国大哲托马斯·霍布斯,译者注)把这种自然状态称之为战争状态;这种界定某种意义上是对的,因为人类社会与人类法律是人类结成社会的迫切性、必要性与经验性的产物。鉴于此,若所有人都声称自然赋予他们以无限的自由,那么每一个人都会因之而干预他人,并与他人争吵不休;每一个人都会去掠夺他人的财物;一个人的劳动果实将会变成另一个人的财产;软弱将会成为暴力的牺牲品;并且一个人的勤勉会成就另一个人的懒惰。

因此,组成政府的必要性呼之欲出;所谓政府,即是一些人所达成的彼此之间的一份契约。契约就组成联盟和结成社会的特定条款达成一致意见,如果他们中有谁违背了这些条款,就当受到法律的惩罚。因之这些条款也被称为法律。这些条款,即法律,被授权给一个人或一些人来实施。于是,人们放弃他们部分的自然状态下的自由以换取结成社会后的安全。但是,这一治疗方案常常被证明比疾病本身更糟糕;因为结成联盟社会后,人民自己所挑选的选任官员往往要比自然状态下人类所遭遇得到的敌人更为凶猛与残暴;不论何地,只要被人民信任委托过多权力,这些行政官员总是会滥用权力,并且会给那些赋予他们权力的人民带来越来越多的伤害。

当处于自由状态时(所谓自由即她使得她的行政官员在一定界限内行使委托权力,译者注),古代罗马能够以屠弱之躯而抵御整个世界并征服世界;然而,一旦处于奴役状态时(即她的行政官员在权力的行使上突破边界的约束,译者注),甚至连单单一个她自身的暴君,罗马都无法抵抗,更遑论抵御外敌保家卫国;因为他们的疯狂与残忍,他们毁灭了罗马正直的美德和自由的精神,并逐渐耗尽了罗马全部的力量。所有这一切都表明,那些行政官员绝对蔑视民族和国家,要么他们不能使得民族和国家维系永久,要么他们不愿忍受民族和国家维系永久所带给他们的痛苦;就这样,这些手握重权趾高气扬的叛国之徒不仅堕落了自身,而且连带也埋葬了整个国家。

为了满足一己之私利,一个人宁愿牺牲整个国家甚至是全人类的公共利益,这样的人想想都会让人觉得恐惧!亚历山大和凯撒就属于这类人;他们连年征战,使得整个世界战火纷飞、血流成河,然而也没能有效地给予治理。人民憎恨自己,而且自己的确罪有应得,对此,卡利古拉(Caligula)心知肚明;然而,这并没能从根本上改变他。"只要对我心怀恐惧,我就不怕憎恨",这就是卡利古拉的口头禅。卡利古拉这头恶魔一门心思追求的就是让人们颤栗于他的恐怖和残忍,从而成全他所谓的千秋伟大。大多数的这类专制暴君一旦自我感觉功成名就,实际就是他们大限来临之时;正如他们的统治手腕和伎俩一样,他们也定会死于暴力和恐怖。然而不幸的是,这一切并没引起后继者的警醒和改观,于是后人哀之而不鉴之,及至皇权尚未握稳,宝座尚未暖温,落花流水春已去也,终至于收获与前朝同样的命运。尽管历史反复昭示,凡行罪恶的必无结果,然而人们依然前赴后继绵绵无绝地踏上这条不归的黄泉路。这种缘木求鱼南辕北辙的侥幸与投机怎么会花开繁盛富强人民呢？悲夫，若是这种不幸之罪恶如此青出于蓝，以至于放眼尽是粉饰太平，皇恩浩荡，满庭芬芳，呜呼，你我当言无可言矣！

　　常言道：凡阳光普照之地皆无罪恶，但对于那些随心所欲，恣意妄为而免受惩罚的人，想想仍让人莫名恐惧。当依仗手中的权力可以走得更远，他们在作恶和犯罪的道路上又怎会轻易止步；同样，只要罪恶和犯罪可以提升手中的权力，那么他对权力的欲望有多大，作恶的速度就会有多快。一位罗马历史学家这样说："但凡一个人对正义拿捏不准，游离不定时，他就会很快从正当滑落到腐败，从腐败坠落入犯罪，从犯罪跌落进地狱的无尽深渊和人生的险象丛生当中。"尽管在其他一些场合中，他说了很多不着调的话，但就此而言，他判断得恰如其分；这位历史学家正是拍权力马屁的卑鄙小人维里乌斯·普特克勒斯（Velleius Paterculus）。因此，当我们看到任何打着安全的幌子而给人民造成巨大危害时，我们或许有理由担忧这种危害会越来越大。

　　世界由人来治理，而人的治理又依靠其激情和欲望：由于激情与欲望的无穷尽与不满足，因此若是激情与欲望不能予以适当控制，则人的治理便总是会令人感到可怖。想想看，这世间可曾有谁满足于现有的财富，或是有谁会对手中的权力感到厌烦，抑或有谁又会对等身的荣誉感觉疲倦呢？关于亚历山大大帝，有一个大家耳熟能详的典故。传说在其征服至东部海洋（应是指印度半岛两侧的阿拉伯海与孟加拉湾，译者注），摧毁劫掠了在当时他所知道的世界后，他为此而哭泣，因为再也没有另一个世界可以供他征服了。这个传说，不管是真还是假，都把人的内心展露无遗，或更确切地说是人的本性，人的内在本性即欲壑难填。

　　由于对人的本性的无知，人们时常遭受毁灭性的灾难；因为对人性的无知使得人们轻易受骗，使得人们对特定的一些人抱有太多的信心。他们天真地以为，那个在他们许可下手握大权的人定会对他们的善良给予回报，因为他的一切都是人们给予的，他怎能不感恩戴德？但是，哎呀！他们是多么经常地误解他们所喜爱和信任的人啊！他们给予他们所喜爱和信任的人越是多,这些人就越发贪心不足而想获得全部,并对人们的慷慨给予毁灭性的回报。普通百姓通常认为伟人必然有伟大的头脑,不屑于做卑鄙的勾当;这个判断如此荒谬,要知道世间所有最卑鄙最恶劣的勾当都出自伟人之手。或许他们并没有如市井无赖般偷盗私人腰包,但是他们做的事情更加卑劣;他们时常骚扰、欺骗和掠夺整个世界。要知道一个人若是有能力做这世上最有危害性的事情,那么他就有能力干这世上最卑鄙的事情。能够掠夺国家数以百万计金币的一个人,在合适的情况下他也会偷盗一把银汤匙;能够偷盗抢劫一个王国的征服者,在卑微的情况下,也会偷窃一只旅行皮箱或者抢劫一个果园。

因此,人们抱有政治嫉妒之心不仅必要,更是一种值得赞美的激情。但是,就一国之高级选任官员(chief magistrate)而言,若是他们对人民抱有嫉妒之心则荒谬至极,因为人民所抱有的政治嫉妒之心或者说追求与夙愿仅仅是出于保有自身财产、安全和利益的考量;反之,权力之天性即在于尽力扩充权力,并因之侵犯那些手中没有任何权力的人。选任官员最值得称赞的嫉妒即是其本身为治下人民所嫉妒;这种嫉妒表明官员对人民的喜爱,以及人民安居乐业。然而一旦选任官员对人民抱有嫉妒之心则表明官员与民争利,以及人民水深火热。人民的嫉妒之心是为了保有自由;而君王的嫉妒之心则是为了毁灭自由。威尼斯属于光荣的前者,英格兰也是如此;而世上所有丢掉自由的民族与国家,大抵是对后者凄惨而悲凉的明证。

权力就其本质而言具有积极主动性,令人警惕性与不可信任性;由于这三种本质特性使然,权力会采用各种手段和方法来固化和强化权力本身,来破坏和消灭一切反对权力的因素,哪怕是萌芽中的反对因素,而且只要有任何约束权力的因素存在,都会让权力感觉焦躁不安。权力会做它喜欢的任何事情,而且权力不喜欢对其本身的制约。而今,因为人民的自由可以惩罚权力也可以约束权力,所以权力必欲清除自由而后快;因之,自由有太多原因去拥抱政治嫉妒之心,而且这种政治嫉妒也只能使得自由处于守势。相比自由而言,权力往往拥有太多的主动之优势;因为通常有太多的宪兵来护卫权力,有太多的人去品尝和享受权力,而权力亦可生成和调动太多太多财富;此外,权力的背后有着太多的政治狡诈和现实经验,而缺少正直诚实与纯洁天真。而且,在大多数情况下,没有自由的地方,权力可以生存,而没有权力的地方,自由却不能存活;综上,也正如历史的启示,自由的敌人就在一门之隔。

有些人说,因为只对上帝负责,所以选任官员应该知道除了上帝再无其他限制。但是这种逻辑推理不仅邪恶而且轻率;因为良善之人从不会在意伤天害理的路上究竟会埋有多少的惩罚与报应,因为他们本无意作恶。一位无意行凶谋杀之人对于谋杀者的死刑惩罚并不介意。而至于恶人而言,若是只对上帝负责未免可笑,因为他们根本不惧上帝,因此指望上帝来制止他们的愚蠢和恶毒不啻与虎谋皮;至于说什么若是反对他们我们可能就更没有安全保障可言,这类说辞既是对常识的无知,又何尝不是对常识的羞辱。因为这种说辞根本上违背了自然之道的第一法则(first law of nature),即人类的自保法则(self-preservation)。人类的理性告诉我们,对于那些不依靠规则和制度而是为满足个人之权力和财富欲望的统治者而言,指望他们以内在的良心来顺从和敬仰上帝不啻缘木求鱼。这些人称不上什么统治者,他们根本就是一群劫掠的匪徒;因为蔑视上帝和人类,所以他们不会受到上帝律令和理性法则的庇护。

我们被禁止捕杀一只狼,或焚烧一位患有传染病的船员依据的究竟是道德的律令还是神的旨意呢?防止邪恶和苦难,并抵抗制造邪恶和苦难的幕后黑手与法律相冲突吗?罪恶能否因其带来的伟大而被洗清罪孽甚或推上神坛?比起偷窃一个基尼(single guineas,英国旧金币,价值一镑一先令),谋害一条生命的人,谋杀千千万万生灵性命的窃国大盗犯的罪孽就轻吗?难道防止、限制与抵抗世间最大的恶行,即压迫和屠戮整个人类与宗教的道德原则相违背吗?当然,还不至于有如此明目张胆、如此不知廉耻、如此自私自利以鼓吹无法无天的权力欲望的骗子!若是给政府和官员带来不快,便是犯下了上帝不可饶恕的罪孽；当他们压迫他人或是借助于压迫他人而谋利时，对他们的反对也不可饶恕！当他们自身受到哪怕一丁点的伤害，或仅仅想当然地以为自己受到了伤害，他们就会成为叫嚷抱怨自己受伤得最厉害的人群，他们深知还会因之采取最为粗暴的报复行为。但当其他人受到劫掠、压迫与屠戮时，抱怨声却被看作是扰乱、叛乱甚至是暴乱；人民请愿伸冤的呼声被认为是对政府的非难，从而被严厉镇压打入地狱。上述这些难道不就是世间一切邪恶和罪孽的幕后推手和制造者吗？

  结论：不受控制的权力仅仅和上帝有关；除了上帝，世间再无一人有资格拥有如此之权力，因为肉身凡胎不相匹配。事实上，人性当中包括诸多的激情、善变，以及如许的自私欲望等，以至于我们在防范这些人性弱点的发作中几乎难有过多的灵丹妙药。我们能拥有的使得手中握有权柄的人做到正心诚意的唯一安全防范措施即是——做到正心诚意符合他们自身的利益；我们能拥有的防范他们作恶的最好的防卫措施即是——让他们明白若是作恶必要承担可怕的后果。正如很多人在某些环境下会爆发出邪恶的人性，而在另外一些环境下则会表露出纯洁的人性；所以最好的办法就是使得人性当中的邪恶和罪孽在任何环境下的发作都处于不安全状态。

  附言：这封信是对人性探讨的续篇；并且两篇信函都为介绍我将要动笔写作的一篇文章，这篇文章是关于一切明智国家对于他们的行政官员的约束。

译后记

最初遇见《加图来信》是十多年前的 2002 年。那一年,我为备考北京广播学院的"国际新闻"专业博士生入学考试而翻阅展江老师译介的《美国新闻史》。该书第一章《美国新闻界的历史遗产》的最后一个小标题即"加图来信"。书中这样写道:

> 约翰·特伦查德(John Trenchard)与托马斯·戈登(Thomas Gordon)以笔名"加图"发表的"加图来信",在英国和美洲都卓有影响。他们的一系列"来信"刊登在 1720 年至 1723 年间的《伦敦新闻报》(*London Journal*)以及后来的《不列颠新闻报》(*British Journal*)上。他们以令人信服、引人入胜的文体,讨论关于自由权利、代议制政府以及言论自由等理论问题。①

然而,这第一次的遇见基本上是擦肩而过的一次遇见,我只是知道了这世间有《加图来信》这样一本书信体裁的新闻时政评论文集,知

---

① 埃默里 M,埃德温 E.美国新闻史:大众传播媒介解释史[M].展江,殷文,译.北京:新华出版社,2001:18.

道她对日后英属北美殖民地的思想启蒙与独立革命都起到了莫大的推动作用。然而,我并没有沉下心来去阅读她。

我博士毕业后在给学生们讲授《美国新闻史》这门学校公选课时,再次遇见《加图来信》,并且这次相遇之后,就一直没有分开。借助于网络,我把《加图来信》四卷本 138 篇文章全部下载下来。为了配合《美国新闻史》这门课程的教学,我在 2012 年编著了英文版教材 *American Press and Society: Democracy Evolutions, Freedom Boundaries and Judicial Precedents*(《美国报业与社会——民主进程、自由界定及司法判例》)。在谈及"美国新闻自由的英国遗产"时,我把《加图来信》中的第 15 篇 *Of Freedom of Speech: That the same is inseparable from public liberty*(《论言论自由,兼论与言论自由不可分割之公共自由》)作为阅读材料编辑在教材当中。

在这几年的教学实践当中,我发现很多学生在阅读该篇文章时有很大难度。也难怪,不仅仅是由于文章写于近 300 年前的 1720 年代,更由于文化与传统的隔阂,如文章中提及查理一世、查理二世以及詹姆士二世;提及天主教与新教的对峙;提及君主王权与君主立宪;以及"褫夺公民权法案"等。更多次援引 2000 多年前的古代罗马时代的人物与事件,如贺雷修斯、瓦勒利乌斯、辛辛纳图斯、小普林尼、布鲁图斯和卡西乌斯以及"人民之友"等等。然而,这些人物乃至事件又是横亘在每一位想要了解西方传统、品尝西方思想、领略西方文化之精髓的人面前不可逾越的屏障。这就好比说,一位想要品味和领略中国思想与文化要领的外国人却没有起码的诸子百家乃至孔孟儒家之常识,这是一样的不可思议。因此,让同学们更准确也更贴切地理解西方文化之精髓是我翻译《加图来信》最直接的动因。

因此,我愿意将翻译成中文版的《加图来信》献给我课堂上过往的学生与未来的学生:我爱你们,因为你们是我存在和意义的彰显。也借此献给我那可爱的刚满 11 周岁的儿子一鸣。一鸣曾认真地问我:既然凯撒是大英雄,那为什么反对他的加图也是大英雄?我告诉他说:凯撒有文治有武功,出身高贵,却心向贫民,确为古今中外罕有之大英雄;而面对大权集于一身日益滑向专制而独裁的凯撒,手无寸铁无非一文弱书生的加图却能在大家都保持沉默甚至为虎作伥的时候高声断喝"不!",不更是大英雄吗? 这不就是孟夫子所谓"富贵不能淫,威武不能屈,贫贱不能移"吗! 不正是太史公所谓"千人之诺诺,不如一士之谔谔"吗! 儿子似懂非懂地点了点头。以后每次他放学回家见我伏案工作都会问我:老爸——《加图来信》的进展如何? 世间之喜乐与福分,想想未尝不过如此!

日后给外语学院研究生讲述《大众传媒与美国文化》这门课程当中,我与各位研究生一起如切如磋,如琢如磨,耐心阅读《加图来信》,并要同学们尝试翻译成中文。翻译的挑战的确很大,很多同学之前没有阅读过这样的内容、体裁与文体,如对"权力"(power)与"权利"(rights)两个词语的使用和适用上常常混淆,对文论中念兹在兹的"特权"(privilege)一词不能理解,对"宪政"(constitutionalism)、"共和"(republic)、"自由"(liberty)等概念术语更是显得有些局促不安与茫然无措。这也愈发坚定了我要把《加图来信》早日翻译成中文与同学们见面的信心与决心。因此,未来几年我的生活、工作与学习,除过按部就班地教书之外,就已经被命定与《加图来信》捆绑在一起了。今此第一卷即将付梓,立此存照,作为自我激励之生活动力。

《加图来信》第一卷共 33 篇文章,剔除前 10 篇探讨"南海公司股票债券泡沫"的评论(整个《加图来信》的写作由此事件引发,但 10 篇过后,两位作者笔锋一转直指英国代议制政府对保护英国人民自由和权利的责任与义务,并由此一发而不可收。由于时代局限,前 10 篇对股票债券危机事件的时政评论对今世参考意义不大,故不作翻译)后共 22 篇。我的研究生刘宇、董晓荣和刘姗姗分别翻译了第 19、20、21、22、23、31 篇;第 12、24、25 篇;第 28 篇。另外,外语专业的其他研究生虞筝翻译了第 15 篇;张书豪翻译了第 16、17、18 篇;徐非翻译了第 14、26、27 篇;徐敬晗翻译了第 32 篇;赵璠翻译了第 33 篇。首都医科大学的蒋嘉惠子翻译了第 11 篇。

我自己翻译了第 29、30 篇,并将同学们的翻译初稿比照英文逐字逐句进行了校对、修改与最后的定稿,另外对文论中一些关键的人物、事件以及术语等撰写了全部的译者注。因此,翻译当中出现的问题当由我来负责。因为文章写于 300 年前,加之在文章中随处可见作者对西方经典中人物与事件的援引与借用,因此,我又写了长短两篇译者序言以帮助缺少西方文化相关背景的读者在阅读《加图来信》时能比较快地进入到具体的文本环境当中。译序一主要谈及古代罗马自由与共和制度的架构,以及加图和凯撒在罗马共和末期的冲突乃至冲突背后的矛盾与无奈;译序二主要谈及《加图来信》在英国和北美所发挥的影响,尤其谈及其对日后美国的共和思想以及宪政安排等所起到的不可替代的重要作用。

翻阅《加图来信》四卷本遑遑 138 篇文章,篇篇都是雄文和檄文——对旧制度的恶愤世嫉俗必欲根除之而后快,对新制度的善无限憧憬必以全身心而捍卫之;篇篇都是美文与经典——直陈人性之深处,既警醒邪恶与罪孽之原罪,又高举正义与良善之旗帜;远溯古代罗马和古代希腊之良善伦理、政治自由以及民主共和,各种典故与轶事,信手拈来,看似漫不经心,娓娓道来,实则绵里藏针,柔中见刚,"像匕首,像投枪"。其高屋建瓴的恢宏气魄、鞭辟入里的分析洞见以及丝丝入扣的逻辑推理,时时让我在翻译与阅读中既有汲取知识智慧乃至自我成长的心灵满足感,又时时让我生发出一种高山仰止相见恨晚乃至生也有涯而知也无涯的感慨!

2015 年我在拙著《言论表达与新闻出版的宪政历程——美国最高法院司法判例研究》一书中谈及的"新闻报道的自由权利与政府官员的诽谤诉讼"这个主题中,从 1964 年"纽约时报诉沙利文"(*New York Times Co. v. Sullivan* 376 U.S. 254,1964)一案溯及 1804 年"纽约州人民诉哈利·克罗斯威尔"(*The People of the State of New York v. Harry Croswell*,3 Johns. Cas. 337 N.Y. 1804),以及该判例在当时的纽约州议会和宾夕法尼亚州议会所留下的历史性遗产。纽约州议会将 1735 年殖民地时期费城大律师安德鲁·汉密尔顿(Andrew Hamilton,1676—1741)为约翰·彼得·曾格(John Peter Zenger)一案的辩护原则——若新闻报道为真,则可以此免予诽谤诉讼(That the truth is an absolute defense against libel)——确立为州宪(It was always lawful for libel defendant to introduce in his defense that the statements at issue were true,in order to justify it);而宾州议会更进一步,指出:在任何的刑事诽谤诉讼审判中,若诽谤原诉人为政府官家人员,则仅仅以报道为真即可予以充分而足够的辩护要件(That the truth of the charge alone was a sufficient defense in any criminal libel trial where the target of the alleged libel was an officeholder)。然而,及至我读到《加图来信》的第 32 篇《对诽谤的反思》时,我愕然了,因为加图早在 1721 年(本篇文章的写作时间)就明确把"诽谤诉讼"与"公共利益""公共管理",及其背后的"行为主体"或"诽谤对象"——"政府官员"以及"个体私人"——放在一起来加以捆绑与区分考虑:

故此,曝光与公开那些危害公共利益的邪恶与犯罪就其本质而言永远都不能被看作是诽谤,因为这种曝光与公开是每一位追求真理和热爱自己祖国的人应该肩负的一种义务和责任。……对国家来说恶言中伤会造成巨大伤害,而有根据的指控则大有裨益。……只要政府官员个体私人的恶习与缺陷与公共管理无涉时,我们就不应当给予干预;但是,当政府官员的恶习与缺陷一旦影响到政府的公共管理事务时,那么就不可能堵住人民的嘴巴。……只要世上还存在如写作和印刷这种东西,就会有诽谤发生:这实际上就好比白璧微瑕。而认为新闻会带来灾难而要将之封锁的人们应注意到,太阳会导致火灾,尼罗河水也会泛滥;所以,若要享受上帝给人类的总体安排和祝福,就应当忍受这当中特定的些微不便,岂能因为火灾和水患而拒水火于千里之外。……反之,那些诚心正意心地坦荡之人,他们两袖清风视名誉如生命。他们知道即便邪恶粗鄙下流如诽谤,也不能给他们带来伤害。他们总是支持新闻媒体与言论表达的公开与开放,因为他们知道这不仅是自由得以存在的一个最为明显的标志，而且也是自由得以维系的最为主要的原因。

就诽谤公法的思想历史渊源而言，加图之后的18世纪英国的激进辉格党人詹姆斯·伯富（James Burgh，1714—1775）在其最为著名的三卷本《政治专题文论》（*Political Disquistions*）中对这一思想亦曾经有过经典陈述：

> 人类历史反复表明，为了保有自由，每一位国民都须擦亮眼睛，紧紧盯住国王、首相大臣，以及议员们。而且一旦当公共自由（public liberty）可能受到破坏时，不仅要自我抗争和保护，更为紧要的是唤醒同胞以群起反应。

正是在这种逻辑推理下，伯富对诽谤的观点给予了前所未有的宽容。他尤其指出：

> 凡是关于政治行为（political conduct）的激进指责和辩驳都是应该接受的，因为只有这样，才能为保障公共自由提供言论和辩论的思想交锋自由平台，那些政治官员在政治行为辩论中可能受到精神伤害正是保障公共自由所必须付出的代价。

用伯富的话说，这种激辩所可能产生的诽谤属于"公共诽谤"（Public Libel）。伯富之所以将"公共诽谤"排除在犯罪或法律的惩治范畴之外，是因为伯富认为凡是"公共诽谤"指向的人物都为政治人物，用今天的话说即为社会的达官贵人、名流上层之"公共人物"（public figures）。这位激进的伯富甚至以不友好的戏谑口吻反诘说——倘若不能忍受"公共诽谤"的刺激和中伤，则可以选择做一位淡出江湖的"普罗大众"(private figure)。换言之,若你"自愿"(voluntarily)选择成为"公共人物",则你必当忍受"公共诽谤"带给你的精神烦恼。伯富的这一思想——即是否"自愿"——后来在美国最高法院裁决公共诽谤与新闻自由的界限时,被发展为如何界定公共人物的一条主要的参考界限。当然日后的美国最高法院又进一步丰富了这一参考界限,除过自愿之外,又添加了是否"主动"(actively)以及"能否避免"(avoidable or unavoidable)。

篇幅有限,仅举此一例,让我们在阅读中一起享受《加图来信》带给我们关于对美德、良善、正义、真理等无尽的思考。借本卷《加图来信》第15篇的结尾句来收尾本篇译后记:

> 捍卫自由是一项高贵神圣的职责,只有有自由的地方才能捍卫自由。正如马克西穆斯所述:若无加图,自由将情何以堪?若无自由何来加图。(What liberty without Cato? No more than Cato without liberty.)

最后,感谢本书特约编辑张静女士认真、细致而专业的编辑和校对,还要感谢黄松毅和阳金洲两位老师对出版的积极策划和热忱付出。

图书在版编目(CIP)数据

加图来信 /（英）约翰·特伦查德(John Trenchard),（英）托马斯·戈登(Thomas Gordon) 著；贺文发译. —北京：中国传媒大学出版社，2017.5
（新闻学与传播学经典译丛·大师系列）
书名原文：Cato's Letters
ISBN 978-7-5657-1998-1

Ⅰ. ①加… Ⅱ. ①约… ②托… ③贺… Ⅲ. ①时事评论－英国－近代 Ⅳ. ①D756.109

中国版本图书馆 CIP 数据核字(2017)第 115453 号

加图来信
JIATU LAIXIN

著　　者	〔英〕约翰·特伦查德　〔英〕托马斯·戈登
译　　者	贺文发
策划编辑	阳金洲
责任编辑	黄松毅
特约编辑	张　静
封面设计	运平设计
责任印制	日　新
出版发行	中国传媒大学出版社
社　　址	北京市朝阳区定福庄东街1号　邮编：100024
电　　话	010-65450532 或 65450528　传真：010-65779405
网　　址	http://www.cucp.com.cn
经　　销	全国新华书店
印　　刷	北京中科印刷有限公司
开　　本	880mm×1230mm　1/32
印　　张	8
字　　数	223千字
版　　次	2017年7月第1版　2017年7月第1次印刷
书　　号	ISBN 978-7-5657-1998-1/D·1998　定　价　39.00元

版权所有　　翻印必究　　印装错误　　负责调换